Bernward Schmidt

Kirchengeschichte des Mittelalters

THEOLOGIE KOMPAKT

Professor Dr. Bernward Schmidt lehrt Historische Theologie am Institut für Katholische Theologie der Rheinisch-Westfälischen Technischen Hochschule Aachen.

THEOLOGIE KOMPAKT

Bernward Schmidt

Kirchengeschichte des Mittelalters

Die Deutsche Nationalbibliothek verzeichnet diese Publikation in der Deutschen
Nationalbibliografie; detaillierte bibliografische Daten sind im Internet über
http://dnb.de abrufbar.

Das Werk ist in allen seinen Teilen urheberrechtlich geschützt.
Jede Verwertung ist ohne Zustimmung des Verlags unzulässig.
Das gilt insbesondere für Vervielfältigungen,
Übersetzungen, Mikroverfilmungen und die Einspeicherung in
und Verarbeitung durch elektronische Systeme.

© 2017 by WBG (Wissenschaftliche Buchgesellschaft), Darmstadt
Die Herausgabe des Werkes wurde durch
die Vereinsmitglieder der WBG ermöglicht.
Satz: Lichtsatz Michael Glaese GmbH, Hemsbach
Einbandabbildung: Sakramentar Heinrichs II., Autorenbild Gregors d. Gr.,
Bayerische Staatsbibliothek München, Clm 4456, fol. 12r.
Einbandgestaltung: schreiberVIS, Bickenbach
Gedruckt auf säurefreiem und alterungsbeständigem Papier
Printed in Germany

Besuchen Sie uns im Internet: www.wbg-wissenverbindet.de

ISBN 978-3-534-26891-7

Elektronisch sind folgende Ausgaben erhältlich:
eBook (PDF): 978-3-534-74247-9
eBook (epub): 978-3-534-74248-6

Inhaltsverzeichnis

Vorwort 7

Das Mittelalter und das Mittelalterliche – eine Einführung 9

I. Das Erbe der Antike 12
1. Bekenntnis 12
2. Kaisertum 13
3. Die kirchliche Hierarchie 14
4. Mönchtum 15
5. Die Ausbreitung des Islam 16
6. Germanen auf römischem Boden 17

II. Die Christianisierung Europas 20
1. Der Süden Europas 21
2. Die britischen Inseln 22
3. Das fränkische Reich 25
4. Skandinavien 30
5. Osteuropa 31

III. Kaiser, Könige und Päpste 34
1. Karolingische Grundlagen 35
2. Von Otto dem Großen zu Heinrich III. 39
3. Erschütterung der Welt 43
4. Konsolidierung des Papsttums im 12. und 13. Jahrhundert 47
5. Machtfülle und Ohnmacht des Papsttums im 14. Jahrhundert 50

IV. Bischofsamt, Klerus und Seelsorge 54
1. Struktur der Kirche im Frühmittelalter 54
2. Streit um die Investitur 57
3. Bischofsamt und Seelsorge im Hoch- und Spätmittelalter 62

V. Synoden und Konzilien 66
1. Synoden im Frankenreich 67
2. Synoden und Konzilien im Zeichen des Reformpapsttums 70
3. Höhepunkt und Krise der päpstlichen Konzilien 72
4. Reformkonzilien und Konziliarismus im 15. Jahrhundert 74

VI. Mönchtum und Orden 80
1. Mönchtum zwischen Antike und Mittelalter 81

2. Reformen des Mönchtums im 10. Jahrhundert 83
   3. Reformorden im 12. Jahrhundert 86
   4. Bettelorden im 13. Jahrhundert 89
   5. Beginen 92
   6. Konflikte und Reformen im Spätmittelalter 93

VII. Häresie und Inquisition 97
   1. Heterodoxe Armutsbewegung im 12. Jahrhundert 97
   2. Dualistische Strömungen 98
   3. Die Systematisierung der Abwehr 100
   4. Häresie im Spätmittelalter 103

VIII. Die Kreuzzüge und das Verhältnis der Religionen 105
   1. Kreuzzugsidee(n) und ihr Wandel 106
   2. Die Kreuzzüge ins Heilige Land 109
   3. Die Ritterorden 113
   4. Das Verhältnis der Religionen 114

IX. Theologie im Mittelalter 119
   1. Theologie im Frühmittelalter 119
   2. Monastische und scholastische Theologie 122
   3. Universitätstheologie im 13. und 14. Jahrhundert 125
   4. Theologie am Ende des Mittelalters 128

X. Mittelalterliche Frömmigkeit 132
   1. Gott, das Heilige und die Heiligen 132
   2. Heiliger Ort – heilige Zeit – heilige Handlung 136
   3. Divergierende Tendenzen im Spätmittelalter 140

XI. Die mittelalterliche Reformation – ein Ausblick 144
   1. Frömmigkeit 144
   2. Theologie 145
   3. Reform an Haupt und Gliedern 146
   4. Kirche und Landesherren 146
   5. Ekklesiologie 147

Literaturverzeichnis 149

Namensregister 157

Abbildungsnachweis 160

Vorwort

Docendo discimus – ein Lehrbuch wie das vorliegende wäre ohne einschlägige Lehrveranstaltungen nicht möglich gewesen. Es beruht ganz wesentlich auf Überblicksvorlesungen, Seminaren und dem anhaltenden Bedürfnis, den Stoff „studierbar" zu machen – also zu reduzieren und sinnvoll zu gliedern. Dieses Buch möchte daher keine Gesamtdarstellung der mittelalterlichen Kirchengeschichte liefern, es möchte Studierenden und allen Interessierten helfen, sich ein Grundgerüst zu erarbeiten. Daher liegt der geographische Fokus dieses Buches auf Mittel- und Westeuropa. Sein Aufbau orientiert sich nicht an der Chronologie, sondern rückt bewusst Themenfelder der mittelalterlichen Kirchengeschichte ins Zentrum, die ihrerseits dann chronologisch behandelt werden. Auf diese Weise werden inhaltliche Zusammenhänge und Entwicklungslinien sichtbarer als bei einer rein chronologischen Abhandlung. Natürlich hofft der Verfasser, seine Leser mögen durch das Buch angeregt werden, sich weiter mit dem Mittelalter zu beschäftigen.

Docendo discimus – daher gebührt Dank in erster Linie den Studierenden jüngerer und älterer Semester in Aachen, Eichstätt und Münster, die an Lehrveranstaltungen zur mittelalterlichen Kirchengeschichte teilgenommen und durch ihre Fragen, Diskussionsbeiträge und Hausarbeiten manches zur Klärung meiner Gedanken beigetragen haben. Herzlicher Dank gilt meinem Aachener Kollegen Harald Müller, der einen Großteil der Kapitel gelesen hat und manch wertvollen Hinweis gab. Ohne die sorgfältige Arbeit von Sarah Herschbach als Hilfskraft hätte das Buch kaum in dieser Form gedruckt werden können; sie hat auch das Register erstellt. Inniger Dank gilt meiner Frau Almut, die das Manuskript mit Interesse, Sorgfalt und spitzem Bleistift durchgearbeitet hat und sich – wieder einmal – über einen längeren Zeitraum die Aufmerksamkeit ihres Mannes mit sehr fernen Mitmenschen teilen musste.

Bernward Schmidt

Das Mittelalter und das Mittelalterliche – eine Einführung

Eine historische Epoche „Mittelalter" zu nennen, scheint auf den ersten Blick nicht allzu einfallsreich – aber mit dem Begriff ist doch mehr über diese Zeit ausgesagt, die wir der Einfachheit halber von ungefähr 500 bis ungefähr 1500 reichen lassen. Denn in einem gewissen Sinn haben mittelalterliche Denker ihre Lebenszeit aber selbst als *media aetas* (mittleres Zeitalter) verstanden, als die Zeit nämlich zwischen dem Wirken Jesu auf der Erde und seiner Wiederkunft zum Endgericht. Die Ausrichtung auf das persönliche wie auf das universale Endgericht ist ein wesentlicher Aspekt mittelalterlicher Frömmigkeit.

Dennoch führte nicht ein solches geschichtstheologisches Verständnis zur aktuellen Einteilung der Geschichte in Epochen, sondern eher die Mittelalter-Begriffe von Humanisten und Reformatoren. Als erster grenzte der Hallenser Historiker Christoph Cellarius (1638-1707) eine Geschichte des Mittelalters von Antike und Neuzeit ab. Das Mittelalter reichte bei ihm vom römischen Kaiser Konstantin (reg. 312-337) bis zur Eroberung Konstantinopels durch die Türken 1453. Die moderne Geschichtsschreibung zieht Epochengrenzen weniger scharf, geht eher von Übergangsepochen aus und benennt Bündel von Faktoren für einen fundamentalen Wandel.

Periodisierung

Ende der Antike – Beginn des Mittelalters	
375	Vordringen der Hunnen als Beginn der „Völkerwanderung"
380	Christentum wird Staatsreligion im römischen Reich
476	Ende des weströmischen Kaisertums
498	Taufe des Frankenkönigs Chlodwig
529	Gründung des Klosters Monte Cassino
604	Tod Papst Gregors I. des Großen
622	Hedschra, der Auszug Mohammeds von Mekka nach Medina
Ende des Mittelalters – Beginn der Neuzeit	
1453	Eroberung Konstantinopels durch die Türken und Ende des oströmischen Reichs
um 1450	Erfindung des Buchdrucks
1492	Entdeckung Amerikas
1517	Beginn der Reformation
1789	Französische Revolution (Ende der Ständegesellschaft)
1806	Ende des Heiligen Römischen Reiches Deutscher Nation

Abhängig von der jeweiligen Perspektive können so ganz unterschiedliche Abgrenzungen des Mittelalters vorgenommen werden – bis hin zur verfassungsgeschichtlichen Perspektive, in der das mittelalterliche König- und Kaisertum in Frankreich und Deutschland erst durch die Französische Revolution und ihre Folgen unterging. Ein einzelnes Ereignis reicht jedoch niemals aus, um einen Epochenwechsel zu konstatieren. Aus eher pragmatischen Gründen hat sich jedoch die zeitliche Definition des Mittelalters als Zeitraum von ungefähr 500 bis ungefähr 1500 etabliert. Diese 1000 Jahre werden üblicherweise in Früh-, Hoch- und Spätmittelalter eingeteilt, wobei die Grenzen ebenfalls je nach Fragestellung und Akzentsetzung variieren. Das Frühmittelalter wird insbesondere als Phase des Übergangs von der antiken Reichskirche zu den sich neu bildenden und festigenden Formen im Reich der Karolinger verstanden (bis ins frühe 10. Jahrhundert). Das Hochmittelalter als Zeitraum vom 10. bis zur Mitte des 13. Jahrhunderts als eine Phase stetiger Prozesse von Reform der Kirche, der allmählichen Etablierung und Verfeinerung kirchlicher Strukturen und fundamentaler intellektueller Auseinandersetzungen um das Christentum steht im Zentrum der Darstellung. Als Spätmittelalter gilt hier der Zeitraum von der Mitte des 13. bis zum frühen 16. Jahrhundert, eine Epoche der Krisenerfahrungen auf den Ebenen der obersten Kirchenleitung, der Frömmigkeit und der akademischen Theologie.

Das fremde Mittelalter

In der Neuzeit bezeichnete „Mittelalter" häufig etwas Fremdes. Sowohl die humanistischen Philologen des 15./16. Jahrhunderts als auch die Reformatoren sahen das Mittelalter als eine Verfallszeit zwischen dem Höhepunkt von Sprache oder Christentum in der Antike an. „Finster" wurde das Mittelalter im Licht der Aufklärung und es wurde der pauschale Vorwurf erhoben, Aberglaube und religiöse Vorurteile hätten zu äußerer und innerer Unfreiheit, Fanatismus und der Verfolgung Andersdenkender geführt. Die Romantiker des 19. Jahrhunderts stilisierten die fremde Welt des Mittelalters zu einer Art „goldenem Zeitalter" und benutzten sie so als eine Gegenwelt zu ihrer eigenen Gegenwart. Eine andere Mittelalter-Glorifizierung findet sich bei Größen des Nationalsozialismus bzw. in von der NS-Ideologie beeinflussten Geschichtsschreibung: Hier meinte man im Mittelalter die Wurzeln des „Deutschen" in Reinform zu finden. In unserer Gegenwart schließlich scheinen Mittelalter- und Fantasy-Bilder oft genug ineinander zu fließen – womit das Mittelalter wahlweise Bilder des Unaufgeklärt-Rückständigen oder des freizeittauglichen Staunens und Gruselns zu liefern hat.

Religiöse Prägung der Welt

Charakteristisch für die Welt des Mittelalters ist ihre konsequente Prägung in allen Bereichen. Der Raum wurde in Einheiten gemessen, die auf den Menschen – Gottes Ebenbild – bezogen waren: Elle, Fuß, Schritt, Tagesreise. Darstellungen der Erde erfüllten keinen kartographischen Zweck, sondern sollten die Ordnung der Schöpfung vor Augen führen. Die eigene Lebenszeit wurde in die Heilsgeschichte eingeordnet und war auf das Gericht am Ende aller Zeit hingeordnet. Schließlich war jeder Mensch in die ständische Gesellschaft eingeordnet, die sich – einer klassischen Formulierung des Adalbero von Laon (um 947-1030) zufolge – in betenden Klerus, schützende Krieger und arbeitende Bauern und Handwerker einteilte (*oratores, bellatores* und *laboratores*). Der Klerus trug die Verantwortung für das Heil aller Menschen, die Krieger für ihren Schutz, und beide sollten von den Bauern ernährt werden, die dafür Anspruch auf Schutz und Seelsorge geltend machen konnten. Diese Ordnung war in den Rahmen des christlichen Glaubens gestellt und von Gott so gewollt, ihre Störung führte zu gravierenden Krisen, war gar Beleidigung Gottes. Was für die heutige historische Untersuchung also besonders spannend ist, war für die Menschen des Mittelalters Anlass zu ernster Sorge um das eigene Heil. Doch das Gericht am Ende der menschlichen Zeit gab auch und nicht zuletzt Grund zur Hoffnung, dass Gott für alle Mühsal und Plage eines irdischen Lebens reichlich entschädigen würde.

I. Das Erbe der Antike

> **Überblick**
>
> Die Gestalt, die das Christentum in der Spätantike gewonnen hatte, prägte seine mittelalterliche Erscheinungsform entscheidend mit. Denn auch wenn im Westteil des römischen Reiches mit eigenständigen germanischen Reichen etwas gänzlich Neues entstand und dieser Wandel auch an der Kirche nicht spurlos vorüberging, markieren doch Bekenntnis, Institutionen und Strukturen wesentliche Momente von Kontinuität. Bevor in den folgenden Kapiteln die Brüche und Neuanfänge thematisiert werden, die ins Mittelalter hineinführen, sollen zunächst wichtige Aspekte des spätantiken Erbes benannt werden, die der christliche Kirche in der Umbruchphase zwischen dem 4. und dem 8. Jahrhundert ihre Form gaben.

325	Konzil von Nizäa
375	Einfall der Hunnen in das Gebiet des Schwarzen Meeres
380	Etablierung des Christentums als Staatsreligion
395	Teilung des Römischen Reiches
410	Eroberung Roms durch die Westgoten
451	Konzil von Chalcedon
529	Gründung des Klosters auf dem Monte Cassino
632	Tod Mohammeds
711	Eroberung des Westgotenreiches durch die Araber

1. Bekenntnis

Nachdem Kaiser Konstantin (312-337) und seine Söhne das Christentum bereits auf unterschiedliche Weise gefördert hatten, wurde es mit dem Edikt *Cunctos populos* des Kaisers Theodosius (379-394) zur Staatsreligion des römischen Reiches erhoben. Ein guter römischer Staatsbürger war von nun an Christ. Freilich wurde ausschließlich der Strom des Christentums, der das Glaubensbekenntnis des Konzils von Nizäa (325) akzeptierte, zur Staatsreligion.

Konzil von Nizäa

Demzufolge hat Jesus Christus das selbe Wesen (οὐσία) wie Gott der Vater und er ist vor der Zeit aus Gott geboren bzw. von ihm gezeugt. Damit wandte sich das Konzil gegen Formen des Subordinatianismus, die Jesus Christus als dem Vater untergeordnet ansahen – bis hin zur Behauptung, er sei ein Teil der Schöpfung. Der Konflikt zwischen beiden Richtungen wurde durch das Konzil nicht gelöst, vielmehr differenzierten sich die Positionen. Insbesondere im Westen des römischen Reiches hielten römische Reichsbevölkerung und Kirche aber am nizänischen Bekenntnis als Staatsreligion fest. Demgegenüber waren die Germanen auf römischem Boden tendenziell Anhänger des subordinatianischen Denkens, wobei sich mit dem Bekenntnis auch die Frage nach einer Gruppenidentität verbunden zu haben scheint.

2. Kaisertum

Dem antiken Kaisertum kam stets eine besondere Verantwortung für die Religionsausübung zu, die sich seit Konstantin auf die christliche Kirche übertrug. Doch musste sich im Lauf des 4. Jahrhunderts auch die Position des Kaisers in der Kirche klären. Konstantin hatte sich noch als „Bischof für die äußeren Angelegenheiten" der Kirche (ἐπίσκοπος τῶν ἐκτός) verstanden und dies nicht zuletzt darin zum Ausdruck gebracht, dass er die Rahmenbedingungen für die Entscheidung dogmatischer und kirchenorganisatorischer Streitfragen schuf, die dann auf Versammlungen von Bischöfen (Synoden) in Angriff genommen wurden; am Konzil von Nizäa (325) nahm Konstantin sogar aktiv teil. Die Bischöfe wurden durch die religionspolitische Wende des 4. Jahrhunderts zu Personen von öffentlichem Rang und mit zivilrechtlichen Funktionen. Die Etablierung des Christentums als Staatsreligion (380) und das vollständige Verbot heidnischer Kulte (391/92) lagen zwar im Interesse christlicher Bischöfe, ließen nun aber die Frage nach dem Status des Kaisers in der Kirche drängender werden.

Die Auseinandersetzungen, die Ambrosius, Bischof in der kaiserlichen Residenzstadt Mailand, mit den Kaisern seiner Zeit führte, gewannen vor diesem Hintergrund grundsätzliche Bedeutung. Ambrosius sah den Kaiser innerhalb der Kirche als Laien ohne besondere Vorrechte, der notfalls vom Bischof auch zu einer Kirchenbuße verurteilt werden konnte. Indem Theodosius eine solche Kirchenbuße tatsächlich auf sich nahm, akzeptierte er seine von Ambrosius zugewiesene Rolle als Laie in der Kirche. Zugleich rückte der Bischof in eine Position, in der er nicht nur Seelsorger des Kaisers war, sondern aktiv in die (Religions-)Politik eingriff und ihr Richtlinien vorgab. Aufgabe des Kaisers war es in dieser Sichtweise, seine Macht zur Durchsetzung der christlichen Wahrheit einzusetzen.

Kaiser als Laie

Nach dem Tod des Theodosius (395) wurde das Römische Reich endgültig in zwei Herrschaftsbereiche geteilt, wobei man ideell an der Einheit des Reiches festhielt. Dies hatte zur Folge, dass der Ostteil des Reiches wirtschaftlich,

Teilung des Römischen Reiches

politisch und militärisch deutlich potenter und gefestigter dastand als der Westen. So entstanden im Osten unter Theodosius II. (408–450) und Justinian (527–565) die für das Mittelalter und die Neuzeit äußerst einflussreichen Kodifikationen des antiken Rechts, insbesondere im *Corpus Iuris Civilis*. Von der kulturellen Blüte des oströmischen Reichs am Ausgang der Antike zeugen heute noch die Kirchenbauten in Ravenna, das noch im Mittelalter als **Exarchat** zum oströmischen Reich gehörte.

> **Stichwort**
>
> **Exarchat**
>
> Ravenna war ab dem 6. Jh. Dienstsitz eines oströmischen Präfekten, der die zivile Verwaltung Italiens leitete und militärische Befehlsgewalt ausübte. Seit der weitgehenden Eroberung Nord- und Mittelitaliens durch die Langobarden war sein Machtbereich weitgehend auf Ravenna beschränkt, als Stellvertreter des Kaisers hatte er dennoch das Recht zur Bestätigung der Papstwahl. Sein Titel *patricius* (Schutzherr) wurde 751 vom Papst auf den fränkischen König übertragen.

3. Die kirchliche Hierarchie

Die spätantike Kirche war in erster Linie Ortskirche mit dem Bischof als Vorsteher und umfasste meist eine *civitas*, d.h. die kleinste staatliche Verwaltungseinheit. Der Bischof spendete die Taufe, weihte den Klerus und stand der Feier der Eucharistie vor, er führte die Aufsicht über das gesamte Gemeindeleben und über die Lehre und hatte für die Gemeinde zu predigen. In dieser Leitungsfunktion verstanden sich Bischöfe als Nachfolger der Apostel. Seit Konstantin konnten die Bischöfe Stiftungen zugunsten der Kirche und ihrer Fürsorgeeinrichtungen annehmen und beurkunden, außerdem konnten sie in zivilrechtlichen Fragen als Richter fungieren. Ambrosius von Mailand beklagt sich freilich darüber, dass durch diese Privilegierung der Bischöfe auch ihre Arbeitsbelastung enorm gestiegen sei – zu Lasten der eigentlichen geistlichen Aufgaben des Bischofs.

Auf Provinzebene schlossen sich Bischöfe zu einem kollegialen Verband zusammen, wobei dem Bischof der Provinzhauptstadt als Metropoliten zusätzliche Funktionen zukamen: Er hatte Bischofswahlen zu beaufsichtigen und zusammen mit zwei weiteren Bischöfen einen gewählten Kandidaten zu weihen; außerdem stand er Provinzialsynoden vor und entschied Streitfälle in der Provinz. Insofern entwickelte sich der Metropolit mehr und mehr vom Ersten unter Gleichen zu einer den „einfachen" Bischöfen übergeordneten Instanz. Die nächst höhere Ebene bildeten schließlich die Bischöfe von Alexandria, Antiochia, Rom, Jerusalem und Konstantinopel, teils aufgrund ihrer politischen Bedeutung, teils weil die dortigen Gemeinden als Apostelgründungen galten.

Diese fünf Patriarchate bildeten in der Spätantike die höchste Ebene der kirchlichen Geographie, wobei ausschließlich Rom für den Westteil des Reiches zuständig war, während die anderen vier Städte im Osten lagen.

Ansätze, den römischen Bischof als Oberhaupt der gesamten Kirche verstehen zu wollen, gab es schon im 3. Jahrhundert. Sie gründeten sich auf die Tradition des zweifachen apostolischen Ursprungs der römischen Gemeinde durch Petrus und Paulus. Daher nannte man Rom schlicht den „Apostelsitz" (*sedes apostolica*) und seit dem ausgehenden 4. Jahrhundert erließen die römischen Bischöfe Verwaltungsanweisungen (Dekretalen) für die Ortskirchen. Einerseits wurde Rom in Fragen des Rechts und der Verwaltung immer mehr zur obersten Instanz, jedoch wurden dadurch die Bischöfe und Metropoliten nicht entmachtet. Denn in Streitfällen waren stets zuerst die Bischöfe selbst mit ihren Synoden zuständig und erst wenn keine Lösung erreicht werden konnte, die Provinzialsynode und schließlich der Papst; dessen Aufgabe wurde gewissermaßen subsidiär konzipiert. Die Vorrangstellung ließ sich auch auf dem Gebiet der Lehre anwenden, wie der dogmatische Brief Leos I. an das Konzil von Chalcedon (451) zeigt, auch wenn Leo hier zunächst nur die Tradition der Kirche gewahrt wissen wollte. Dass die Konzilsväter ihn mit den Worten „Petrus hat durch Leo gesprochen" aufnahmen, zeigt mehr als nur die inhaltliche Wertschätzung und Zustimmung. Die östlichen Patriarchate akzeptierten freilich lediglich einen Ehrenvorrang für Rom und in diesem Sinne wurde auch die Gleichrangigkeit der Patriarchate von Rom und Konstantinopel (Neu-Rom) in Chalcedon beschlossen.

Neben dieser Konkurrenz zwischen Rom und Konstantinopel sollte die Verhältnisbestimmung von Papst und weltlichen Herrschern zu einem großen Thema im Mittelalter werden, für die neben Ambrosius von Mailand der römische Papst Gelasius I. (492-496) bedeutsam wurde: durch die „geheiligte Autorität (*auctoritas*) der Bischöfe" und die „königliche Amtsgewalt" (*regalis potestas*), die einander ergänzen, werde die Welt regiert. Freilich kommt den Bischöfen insofern größere Bedeutung zu, als sie vor Gott auch für die Herrscher Rechenschaft abzulegen haben. Die Rezeption dieser Gedanken sollte im Hochmittelalter zu den Konflikten zwischen Kaisertum und Papsttum beitragen.

4. Mönchtum

Das Ideal der Askese findet sich in der Antike neben verschiedenen philosophischen und religiösen Strömungen auch im Christentum. Die Distanz zum Weltlichen bedeutet dabei keine grundsätzliche Ablehnung des Materiellen, wie sie in dualistischen Systemen zu finden ist, und damit keinen Widerspruch zu Gottes Schöpfung. Vielmehr möchte der Mönch sich von der Welt unabhängig machen, um für das Himmelreich frei zu sein.

Ein christliches Mönchtum hatte sich seit dem 3. Jahrhundert in Ägypten entwickelt, wo Asketen im unbewohnten, aber doch bewohnbaren Land (der „Wüste") ein Leben in großer Schlichtheit führten. Man unterscheidet dabei die Lebensform der Einsiedler (Anachoreten), die für sich lebten, sich aber in der Regel zu lockeren Verbänden zusammenschlossen, und das gemeinschaftliche Leben (Koinobiten) in einem Klostergebäude. Das ägyptische Vorbild wirkte auch auf andere Regionen, wo sich die Entwicklung eines Mönchtums jedoch eigenständig vollzog. Mönchtum und Gemeinde standen dabei relativ unverbunden nebeneinander, erst das Konzil von Chalcedon (451) sprach den Bischöfen das Recht zur Gründung von Klöstern und vor allem eine Aufsichtsfunktion zu.

Im Westen des Römischen Reiches entwickelten sich bedeutende Mönchslandschaften vor allem in Gallien und Italien. Hier wurde das Mönchtum von einer wohlhabenden Oberschicht unterstützt und manches Landgut in ein Kloster umgewandelt; zugleich betätigten sich Bischöfe als Theoretiker des Mönchtums. Besondere Bedeutung hatte im 5. Jahrhundert das Mönchtum im Umland von Tours (z. B. in Marmoutier, einer Gründung des Hl. Martin) und auf der Klosterinsel Lérins an der Mittelmeerküste nahe des Rhônedeltas. Gerade das Kloster Lérins wurde zunehmend zur Rekrutierungsstätte für die gallischen Bischofsstühle. Dies spiegelt einerseits das hohe Ansehen, das die Mönche dort genossen, andererseits zeigt es eine engere Bindung des Mönchtums an die Ortskirchen an.

Benedikt von Nursia

Zu wesentlichen Vermittlern der antiken Ideale des Mönchtums in die entstehende Welt des Mittelalters wurden Johannes Cassian (um 360-432) und Benedikt (480/90-547). Während Cassian durch seine Beschreibungen des (idealen) ägyptischen und kleinasiatischen Mönchtums ganz wesentlich zur Kenntnis östlicher Mönchtumstheorie im Westen beigetragen hat und in diesem Sinne selbst in Marseille Klöster gründete, führte Benedikts Lebensweg über verschiedene Stationen und Formen klösterlichen Lebens, bis er 529 das Kloster Monte Cassino gründete. Unter Benedikts Namen firmiert eine systematische Regel, die dem Klosterleben Grundstrukturen vorgibt und für das Erlernen des klösterlichen Lebens gedacht gewesen sein dürfte. Wichtig sind das Gehorsamsverhältnis des Mönchs zum Abt, die lebenslange Bindung an ein Kloster, der Vorrang des Gottesdienstes vor anderen Tätigkeiten und ein realistisches Gleichgewicht zwischen Askese und den Bedürfnissen des Mönchs. Bis zum 9. Jahrhundert jedoch war das benediktinische Mönchtum nur eine Form von vielen.

5. Die Ausbreitung des Islam

Durch das Wirken Mohammeds (gest. 632) entstand auf der arabischen Halbinsel mit dem Islam eine neue monotheistische Religion, die sich unter

Mohammeds Nachfolgern, den Kalifen Abu Bakr und Omar, mit militärischen Mitteln rasch ausbreitete. Bis zur Mitte des 7. Jahrhunderts waren Syrien, Palästina (mit Jerusalem), Ägypten und Persien erobert, bis zum frühen 8. Jahrhundert kamen Nordafrika und weite Teile Spaniens hinzu. Das oströmische Reich wurde dadurch stark reduziert, zugleich schieden die Patriarchate Alexandria, Antiochia und Jerusalem aus der Reichskirche aus. Christen und Juden erhielten als Anhänger einer Buchreligion Duldung und einen Sonderstatus mit Teilautonomie und ohne dogmatischen Vorgaben durch die Herrschenden; einen Zwang zur Konversion gab es nicht, doch die Verpflichtung, keine Missionsversuche zu unternehmen. Zudem waren Christen und Juden rechtlich benachteiligt und mussten eine eigene Abgabe an die Herrscher leisten. Auf dieser Basis scheint jedoch sehr weitgehend ein friedliches Zusammenleben möglich gewesen zu sein; größere Unzufriedenheit mit der muslimischen Herrschaft scheint es nicht gegeben zu haben.

6. Germanen auf römischem Boden

Da das weströmische Reich im 5. Jahrhundert politisch, wirtschaftlich und militärisch geschwächt war, vollzog sich hier eine wesentliche Entwicklung für den Übergang von der Antike zum Mittelalter: die Etablierung germanischer Reiche auf römischem Boden. Der Begriff „Völkerwanderung" führt hier in die Irre, denn die Migrationsbewegung erfasste weder komplette Bevölkerungen noch kann von in sich abgeschlossenen Völkern oder Stämmen die Rede sein. „Völker" bildeten sich erst allmählich heraus, indem Gruppen sich zusammenschlossen und integrierten oder aber auch abspalteten. Als beispielsweise die Ostgoten auf dem Boden des Römischen Reiches angekommen waren, verließ ein Großteil der Wandernden seine Anführer und baute sich eine neue Existenz auf. „Germanen" ist also eine schon von den Römern etablierte Sammelbezeichnung für eine Vielfalt von Gruppen, deren Ethnogenese am Übergang von Antike und Mittelalter noch im Fluss war.

Der Beginn der Migrationsbewegungen lässt sich mit dem Jahr 375 ansetzen, als die Hunnen aus den asiatischen Steppen in das Gebiet am Schwarzen Meer vordrangen und die dort ansässigen Goten sich entweder unterwerfen oder nach Westen ausweichen mussten. Dies führte zur Spaltung: Während sich die Ostgoten den Hunnen unterwarfen, zogen die Westgoten ins Römische Reich, schlugen die Truppen des Kaisers Valens und eroberten Rom (410) – ein enormer Schock für die römische Welt, der sich etwa in Augustins *De civitate Dei* spiegelt. Doch wurden die Westgoten in Italien nicht ansässig, sondern zogen zunächst nach Gallien, wo sie um Toulouse ein Herrschaftsgebiet begründeten, und Anfang des 6. Jahrhunderts unter fränkischem Druck nach Spanien. Das westgotische Reich dort bestand bis zur Eroberung durch die Araber 711.

I. Das Erbe der Antike

Die Römer konnten mit ihren Verbündeten den Hunnen 451 eine entscheidende Niederlage beibringen, in deren Folge sich auch die Ostgoten von den Hunnen emanzipierten. Nach langen Kämpfen konnten sie unter Theoderich (gest. 526) ein eigenes Reich in Italien etablieren. Durch Heiratspolitik und die Übernahme der bestehenden Verwaltungseliten bemühte sich Theoderich um Integration, doch ging sein Reich nach seinem Tod unter, als das oströmische Reich unter Justinian nach Italien expandierte.

Franken Entscheidend für die Entwicklung des europäischen Kontinents von der Antike zum Mittelalter wurden jedoch die Franken, die – aus dem Gebiet östlich des Rheins kommend – keine langen Wanderungen absolvierten, sondern im 5. und 6. Jahrhundert am Rhein und in Gallien durch kriegerische Aktionen ein größeres Reich aufbauen konnten. So integrierten sie die Reiche der Burgunden und Alamannen, aber auch das Reich des Syagrius, ein letztes Überbleibsel des weströmischen Reiches in Gallien.

Auch in Britannien kam es zu Wanderungsbewegungen, als die germanischen Sachsen, Angeln und Jüten auf der Insel sesshaft wurden und die ansässige keltische Bevölkerung in den Südwesten, nach Wales und Schottland verdrängte.

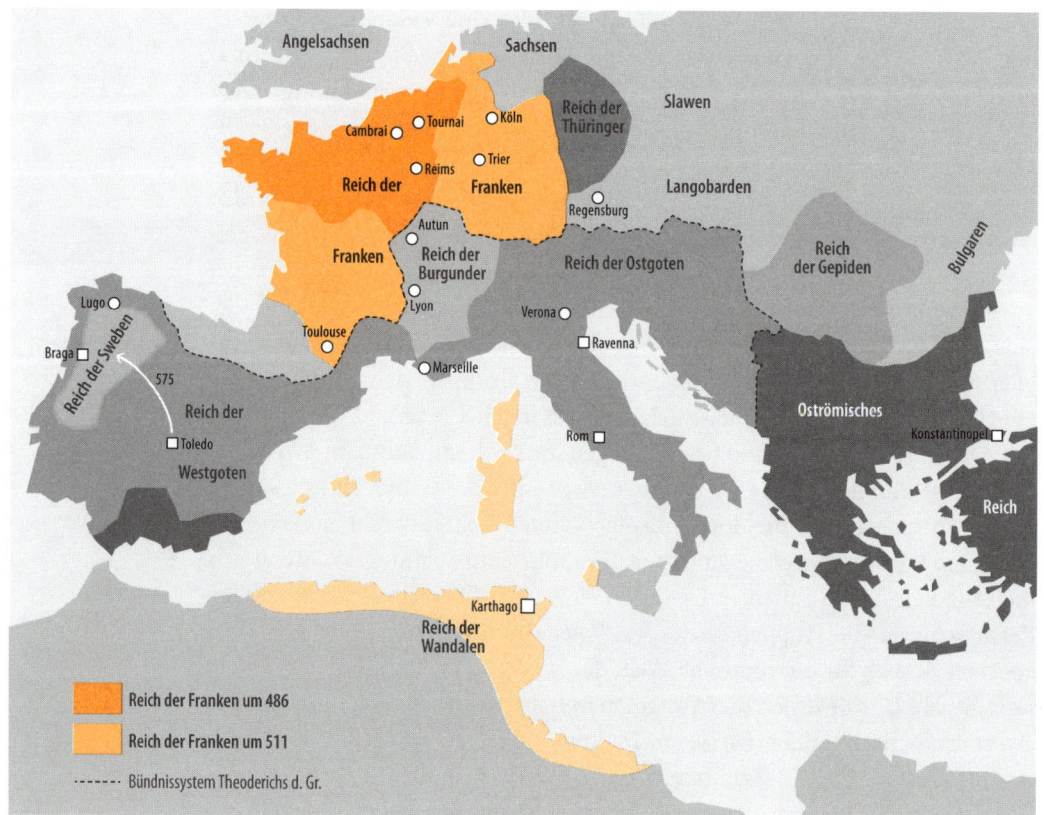

Abb. 1 Europa im frühen 6. Jahrhundert

Hinsichtlich der Religiosität der germanischen Stämme verfügen wir über wenig sicheres Wissen. Schriftliche Aufzeichnungen bietet vor allem der römische Geschichtsschreiber Tacitus, der freilich germanische Religiosität derart mit „römischer Brille" sieht, dass ihr Eigencharakter kaum mehr erkennbar ist. Wesentlicher aber als die Funktionszuschreibungen für einzelne Gottheiten dürfte für unseren Kontext aber die Tatsache sein, dass bei den Germanen religiöse und politische Sphäre miteinander eng verflochten waren und einander durchdrangen; dies zeigt sich insbesondere an der räumlichen Nähe von Orten des Kultes und der Herrschaftsausübung. Im Kontext der christlichen Mission sollte dieser Faktor bedeutsam werden. Da aber die Franken und die nach England ziehenden Stämme Heiden waren, brachte ihre Herrschaftsübernahme einen teils drastischen Rückgang des Christentums bis hin zu Repaganisierungen mit sich.

Religion der Germanen

Auf einen Blick

Das mittelalterliche Christentum fußt auf spätantiken Voraussetzungen, doch müssen sich die neuen Formen erst noch herausbilden. Ein wesentlicher Faktor ist dabei das Wegbrechen der römischen Herrschafts- und Verwaltungsstrukturen und die Etablierung germanischer Reiche auf römischem Boden. Wo das Christentum nicht wie in Britannien und im Frankenreich zurückgedrängt wurde, änderte sich seine Lebenswelt entscheidend. Das Christentum bewahrte aber Amtsstrukturen, Institutionen und das Mönchtum, das ebenso wie der römische Bischofssitz zu einem entscheidenden Träger der Wissenskultur über die Epoche des Wandels hinweg wurde. Auf diese Weise wurden auch Ideen und Ideale von Kaisertum und Herrschaft sowie vom Verhältnis zwischen kirchlicher und weltlicher Gewalt transportiert, die ihre Wirkmacht im Lauf des Mittelalters entfalten sollten.

Literaturhinweis

Ausbüttel, Frank M.: Die Germanen, Darmstadt 2010.
Frank, Karl Suso: Lehrbuch der Geschichte der Alten Kirche, Paderborn ²1998. *Handbuch mit knapper Information zu allen Bereichen der Kirchengeschichte der Antike (bis ins 7. Jahrhundert).*
Martin, Jochen: Spätantike und Völkerwanderung (OGG 4), München ⁴2001. *Studienbuch mit Überblick über die historische Epoche und Grundlinien der Forschung.*
Pfeilschifter, René: Die Spätantike. Der eine Gott und die vielen Herrscher, München 2014. *Übersichtliche und umfassende Darstellung der Spätantike im Römischen Reich.*
Rosen, Klaus: Die Völkerwanderung, München ⁴2009. *Knappe Darstellung aus der Reihe C. H. Beck Wissen.*

II. Die Christianisierung Europas

Überblick

Am Beginn des Mittelalters war Europa kein „christlicher" Kontinent. Vielmehr hatten die Wanderungen der Germanen zu einem Rückgang des Christentums bis hin zu teilweisen Repaganisierungen geführt. Ausgehend vom Mittelmeerraum, wo das Christentum einigermaßen stabil blieb, konnte es sich nach Norden und Osten ausbreiten. Dies war nur möglich, wenn die Herrscher der entsprechenden Gebiete selbst Christen wurden und in der Folge die Mission förderten. Ein solcher Religionswechsel eines Herrschers setzte freilich dessen Akzeptanz bei den eigenen Untertanen und „außenpolitische" Überlegungen voraus: eine gemeinsame Religion kann auch politische Nähe bedeuten. Insofern setzt sich die am Ende des vorangegangenen Kapitels angedeutete enge Verbindung von Religion und Herrschaft am Beginn des Mittelalters fort. Mit der Ausdehnung der politischen Einflusssphären der westlichen Herrscher im Hochmittelalter konnte die christliche Mission zunehmend auch nach Osten und Norden weiter getrieben werden.

312	Schlacht an der Milvischen Brücke
um 340	Bischofsweihe Wulfilas für das Gebiet der Goten
455	Plünderung Roms durch die Wandalen
498	Taufe Chlodwigs
587	Konversion des westgotischen Königs Rekkared
667	Versammlung von Whitby (England)
ab 722	Bonifatius im Frankenreich
782	Scharfe Sachsengesetzgebung Karls d. Gr. (787 gemildert)
965	Taufe des Dänenkönigs Harald Blauzahn
992	Sicherung der polnischen Gebiete durch Übereignung an den Papst
1103	Unabhängigkeit der dänischen Kirche
1147	Kreuzzug gegen die slavischen Wenden
1168	Zerstörung des Svantovit-Tempels auf Rügen durch die Dänen
1231	Beginn der Zwangschristianisierungen durch den Deutschen Orden

1. Der Süden Europas

Goten

Als die Goten im 3. Jahrhundert auf ihren Raubzügen ins Römische Reich auch Christen in ihr Gebiet verschleppten, blieb dies zunächst ohne Auswirkungen. Erst mit der Missionstätigkeit Wulfilas (um 311-383) begann die Christianisierung in größerem Stil. Dieser war Enkel von zu den Goten verschleppten Christen und wurde um 340 von Bischof Eusebius von Nikomedien zum Bischof für das Gebiet der Goten geweiht. Wie Eusebius vertrat Wulfila eine subordinatianische Christologie, die zu dieser Zeit auch von den römischen Kaisern gefördert wurde: Gott Vater wird dem Sohn eindeutig übergeordnet, ohne diesen allerdings als Geschöpf zu bezeichnen. Wulfilas Mission und Kirchenorganisation basierte auf seiner Übersetzung der Bibel ins Gotische, für die er eine eigene Schrift und Schriftsprache geschaffen hatte. Dazu kam eine eigene Liturgie in gotischer Sprache. In der westgotischen Kirche kam dem König die zentrale Stellung zu, der Bischöfe ernannte und Synoden einberief. Bekenntnis, Liturgie und Kirchenorganisation wurden so zu wesentlichen Bestandteilen der westgotischen Identität – auch in Abgrenzung zum Römischen Reich.

Wulfila

Die Westgoten wanderten über Italien und Gallien nach Spanien, wo sie zu Beginn des 6. Jahrhunderts das Toledanische Reich gründeten. Dies bedeutete zunächst die Konkurrenz von nizänischem Bekenntnis der ansässigen Bevölkerung und subordinatianischer Christologie der westgotischen Oberschicht. Durch die Konversion König Rekkareds zum nizänischen Glauben (587), der diejenige des gesamten Reiches folgte, konnte die Reichseinheit gewahrt werden. Die Blütezeit der westgotischen Kirche im 7. Jahrhundert verbindet sich vor allem mit Bischof Isidor von Sevilla als intellektuellem Haupt der Kirche und den in Toledo tagenden Synoden. Die Eroberung Spaniens durch die Araber beendete diese Zeit, doch konnte das Christentum unter muslimischer Herrschaft etwa die Formen der westgotischen Liturgie bewahren.

Westgoten

Die Ostgoten beherrschten um 500 unter Theoderich ein großes Territorium aus Italien, Sizilien, Dalmatien, Noricum, Rätien und der Provence, ein „Zwitter" zwischen römischer Reichsprovinz und eigenständigem Königreich. Theoderich ließ dem nizänischen Bekenntnis der ansässigen romanischen Bevölkerung völlige Freiheit und kooperierte vielfältig mit dem Papsttum. Zugleich jedoch folgten auch die Ostgoten dem auf Wulfila zurückgehenden subordinatianischen Bekenntnis. Zudem legte Theoderich Wert auf die Trennung zwischen den Bevölkerungsgruppen und Bekenntnissen und verbot daher die Heirat zwischen Goten und Romanen. Nach außen war dies ein deutliches Signal zugunsten einer Kooperation der Germanen – und richtete sich gleichzei-

Ostgoten unter Theoderich

tig gegen die Franken, die mit ihrem König Chlodwig das nizänische Bekenntnis angenommen hatten.

Langobarden

Nach dem Tod Theoderichs konnte zunächst das oströmische Reich unter Justinian (527–565) die Herrschaft über Italien behaupten, nach dem Tod des Kaisers stießen allerdings die Langobarden nach Nord- und Mittelitalien vor und verdrängten das byzantinische Kaisertum von dort. Die Langobarden („Langbärte") dürften teils Christen mit gotisch-subordinatianischer Prägung gewesen sein, teils Anhänger des Polytheismus. Trotz grundsätzlicher Toleranz in Religionsangelegenheiten scheint es punktuell zu Verwüstungen von Städten und Bischofssitzen bis hin zu Repressionen gegen die ansässige Bevölkerung mit nizänischem Bekenntnis gekommen zu sein. Eine Annäherung ergab sich zunächst durch die Heirat König Autharis (584–590) mit der baierischen Herzogstochter Theolinde (589), doch erst unter König Pectarit (671–688) wurde die Wende zum nizänischen Bekenntnis endgültig vollzogen. Für die weitere Mission und Intensivierung der Christianisierung spielte die vom irischen Mönch Columban gegründete Abtei Bobbio eine maßgebliche Rolle.

Wandalen

Die Wandalen bildeten in Afrika eine exklusive politisch-militärische Führungsschicht mit subordinatianischem Bekenntnis, während die Verwaltung bei den ansässigen Romanen nizänischen Glaubens blieb. Deren Religionsausübung wurde kaum toleriert, es scheint zeitweise zu Verfolgungen und Zwangskonversionen gekommen zu sein. Die Ablehnung Roms und seiner Kultur zeigt sich insbesondere in der Plünderung Roms 455, in der Papst Leo I. angesichts des Ausfalls der kaiserlichen Autorität erfolgreich zugunsten der Bevölkerung verhandeln konnte. Auch dem Wandalischen Reich setzte die Expansion des oströmischen Reiches unter Justinian ein Ende, im frühen 6. Jahrhundert wurde Nordafrika von den Arabern erobert und ging für das Christentum weitgehend verloren.

2. Die britischen Inseln

Irland war immer an der Peripherie des Römischen Reiches gelegen. Die Quellen lassen zwar Rückschlüsse zu, dass es bereits im 4. Jahrhundert eine gewisse christliche Struktur auf der Insel gegeben haben muss, doch ist erst das Wirken des Nationalheiligen Patrick im 5. Jahrhundert in den Quellen einigermaßen zu fassen. Patrick stammte – eigenen Angaben zufolge – aus einer christlichen Familie in Britannien, sein Großvater war Presbyter, sein Vater Diakon gewesen. Nachdem er mit 15 Jahren nach Irland verschleppt worden war und dort als Viehhirt gearbeitet hatte, gelang ihm die Flucht in die Heimat, wo er sich wohl seiner Berufung zur Mission in Irland klar wurde. Ob Patrick selbst Bischof war, ist unklar, doch wird er in der Hagiographie des 6. Jahrhunderts zum eigentlichen Missionar Irlands.

In jedem Fall entwickelte die frühmittelalterliche irische Kirche einige Besonderheiten, die durch ihre Missionare auch auf den Kontinent gebracht werden sollten. Aufgrund der kleinteiligen Herrschaftsstruktur Irlands mit rund 150 Kleinkönigtümern, aus denen sich allmählich fünf größere Herrschaftsgebiete herausbildeten, war die irische Kirche nicht um städtische Bischofssitze, sondern um Klöster herum strukturiert und wurde letztlich von deren Äbten geleitet. Das Bischofsamt verlor dagegen an Autorität, so dass letztlich ein dem Abt unterstellter Mönch des jeweiligen Klosters diese Funktion bekleidete. Bedeutung hatten die Klöster sowohl als regionale Wirtschaftszentren, die über eine große Zahl an Arbeitskräften verfügten und so zur Kultivierung des Landes beitrugen, als auch durch ihr Bildungsmonopol und ihre hochwertige Handschriftenproduktion. Zu den Sonderbräuchen der irischen Kirche gehörte ferner ein abweichender Ostertermin, der erst im 8. Jahrhundert zugunsten des andernorts eingehaltenen römischen Termins abgeschafft wurde oder eine eigene Bußpraxis. Buße war für die Iren eine beliebig wiederholbare Leistung, wobei eine der Verfehlung möglichst exakt entsprechende Buße auferlegt wurde. Um diese „Tarifbuße" zu ermöglichen, wurden in Bußbüchern Vergehen und Strafen aufgelistet und abgewogen.

Besonderheiten der irischen Kirche

> **Quelle**
>
> **Aus dem Bußbuch des Bischofs Halitgar von Cambrai, um 830**
> Hermann Josef Schmitz, Die Bussbücher und das kanonische Bussverfahren. Nach handschriftlichen Quellen dargestellt, Düsseldorf 1898, ND Graz 1958, S. 294–400.
>
> 1 Wenn ein Kleriker jemanden tötet, soll er zehn Jahre büßen, davon drei bei Wasser und Brot. Ein Laie soll drei Jahre büßen, davon eines bei Wasser und Brot.
> 29 Wenn ein Kleriker einen Meineid leistet, soll er sieben Jahre büßen, davon drei bei Wasser und Brot; ein Kleriker drei, ein Subdiakon sechs, ein Diakon sieben, ein Priester zehn, ein Bischof zwölf Jahre.
> 32 Wenn ein Laie Liebeszauber betreibt und niemand zu Schaden kommt, soll er ein halbes Jahr büßen; wenn es ein Kleriker ist, ein Jahr bei Wasser und Brot; ein Diakon drei Jahre, davon eines bei Wasser und Brot; ein Priester fünf Jahre, davon zwei bei Wasser und Brot.
> 90 Wenn jemand ein Pferd oder ein Rind […] oder Kleinvieh, das eine ganze Familie ernährt, stiehlt, soll er vier Wochen fasten.

Dauerhaft wirksam aber wurde die wiederholbare Privatbeichte, die durch die irischen Missionare ihren Weg aus dem Mönchtum in die kirchliche Praxis nahm. Sie wurde demzufolge nicht als Übung zur Besserung aufgefasst, sondern als Strafe, die der begangenen Tat zu entsprechen hatte. Fragen nach der Absicht des Sünders bei der Handlung oder nach der Reue traten gegenüber der Quantifizierung in den Hintergrund. Mit der Quantifizierung der Buße hängt die Zählbarkeit von Frömmigkeit bzw. frommer Leistung eng zusammen (vgl. Kap. X). Diese Gedanken wurden durch die irischen Missionare auch auf dem Kontinent verbreitet und gingen so in das westliche christliche Erbe ein. Buße und das Bemühen um zunehmende Christus-Ähnlichkeit lagen dem Gedanken der *peregrinatio propter Christum* (Wanderschaft um Christi willen) zugrunde, aufgrund dessen irische Mönche nach Schottland und auf den Kontinent zogen. Columba (d. Ä.) etwa gründete im 6. Jahrhundert das Kloster Iona und missionierte von dort Schottland; Columban (d. J.) wurde zum bedeutendsten irischen Missionar im fränkischen Reich.

Britannien

Für Britannien ist ein dreifacher Ursprung des Christentums anzunehmen: Romanische Bevölkerungsgruppen dürften das Christentum auch in den Wanderungen der Angeln, Sachsen und Jüten bewahrt haben; Gleiches gilt für die keltische Bevölkerung, wo sich ebenfalls das von den Romanen übernommene Christentum weiterentwickelte. Schließlich erfuhr das Christentum durch die von Papst Gregor I. (590-604) initiierte Mission neuen Aufschwung.

Die Ausgangslage dafür war insofern günstig, als der heidnische König Aethelbert von Kent mit der fränkischen Königstochter Bertha verheiratet war, einer Christin. Die Mission in Britannien diente indirekt also auch der engeren Bindung des fränkischen Reiches an Rom. Zum Leiter der Mission ernannte Gregor den Mönch Augustinus, dessen Auftrag sich auf das „Volk der Angeln" bezog, womit wohl die neu geordneten Herrschaftsgebiete in Britannien gemeint waren. Durch den päpstlichen Auftrag, aber auch die Briefe, die Augustinus nach Rom schrieb, wurde seine Mission eng an das Papsttum gebunden. Zugleich band Augustinus seine 597 begonnene Arbeit an die jeweiligen Herrscher, besonders König Aethelbert, deren Unterstützung für die Mission von essentieller Bedeutung war. Um die Wichtigkeit der Taufe Aethelberts zu unterstreichen, verglich Papst Gregor ihn mit Kaiser Konstantin – sicherlich ein Topos, aber signifikant. Zugleich nutzten Aethelbert und andere Oberkönige die Mission für politische Zwecke. Indem sie als Taufpaten anderer Adliger auftraten, schufen sie eine geistliche Verwandtschaft, festigten ähnlich wie bei Heiraten Beziehungen oder bekräftigten Abhängigkeitsverhältnisse. Das Christentum bot darüber hinaus die Möglichkeit zur Vernetzung mit den fränkischen Herrschern und dem Papsttum. Andererseits konnte auch der in der ersten Hälfte des 7. Jahrhunderts noch starke Widerstand gegen das Christentum politisch motiviert sein.

Versammlung von Whitby

Nach Augustinus' Tod (605) übernahm sein Mitarbeiter Paulinus die Aufgabe der Mission und dehnte zugleich das Missionsgebiet weiter nach Norden aus. In Northumbria entstand mit York der zweite englische Erzbischofssitz nach Canterbury. Gleichzeitig entwickelten sich im Norden Konflikte durch die Präsenz der vom Kloster Iona ausgehenden irischen Mission. Nachdem das Christentum um 660 in den Hegemonien Britanniens fest verankert war, versammelte das Königshaus von Northumbria Vertreter beider Richtungen zu einem Streitgespräch in Whitby (667), als dessen Ergebnis die römische Richtung bestätigt wurde. Auf diese Weise wurde nicht nur die Einheitlichkeit des Christentums im Norden Britanniens hergestellt, sondern auch die Voraussetzungen für den weiteren Ausbau kirchlicher Strukturen unter Erzbischof Theodor von Canterbury (669-690) geschaffen. Canterbury entwickelte sich unter Theodor zum organisatorischen und – aufgrund der Einrichtung einer Schule – intellektuellen Zentrum der britischen Kirche, dessen enge Rombindung erhalten blieb.

3. Das fränkische Reich

Chlodwigs Konversion

Im ausgehenden 5. Jahrhundert hatten die Franken die Vorherrschaft in Gallien übernommen, einem religiös disparaten Territorium. Denn während die romanische Bevölkerung dem Christentum in der Form des nizänischen Bekenntnisses angehörte, hielten die Franken an einem heute schwer zu bestimmenden polytheistischen Glauben fest. Teilweise führte dies im Norden Galliens zur Repaganisierung christlicher Landstriche und einem Rückgang der kirchlichen Infrastruktur. Auch König Chlodwig (481/82-511) teilte den polytheistischen Glauben, doch gab es in seiner Familie auch Christen: seine Ehefrau Chrodechilde hing dem nizänischen Bekenntnis an, seine Schwestern dem subordinatianischen. Freilich dürfte Chlodwig auch die Kirche als Gegenüber und Machtfaktor in seinem Reich durchaus wahrgenommen haben, was Überlegungen zu einer Konversion beeinflusst haben dürfte, zumal er auch der Taufe seiner Söhne im nizänischen Bekenntnis zustimmte.

Die frühmittelalterlichen Geschichtsschreiber, besonders Gregor von Tours und die Fredegar-Chronik, verdichten den vermutlich länger andauernden Konversionsprozess auf eine Schlacht gegen die Alamannen, wohl im Jahr 498. Als sich eine Niederlage der Franken abzuzeichnen drohte, habe Chlodwig zu Jesus Christus gebetet und für den Fall eines Sieges die Konversion zum Christentum gelobt. Es geht damit zum einen um eine Art Vertrag, den Chlodwig mit Christus abzuschließen versucht, und der Leistung und Gegenleistung enthält. Zum anderen spielt das Sieghelfer-Motiv eine bedeutende Rolle, das auch die Berichte über die Bekehrung Kaiser Konstantins im Kontext der Schlacht an der Milvischen Brücke (312) prägt. Im Kontext der germanischen

Christus als Sieghelfer

Religiosität lässt sich die Konversion Chlodwigs als Wechsel zur stärkeren Gottheit deuten, die das Wohlergehen des Volkes zu sichern im Stande ist. Zugleich bedeutete die Konversion eine Legitimationskrise, da sich das fränkische Königsgeschlecht über den Stammvater und Halbgott Merowech mit den alten Göttern quasi familiär verbunden hatte; es galt daher, sich nun Christus „anzusippen". Das Bindeglied zu Christus scheint Chlodwig im Heiligen Martin gefunden zu haben, zu dessen Grab er noch vor seiner Taufe pilgerte und dessen Reliquien er verehrte.

Am Weihnachtsfest (wohl 498) wurde Chlodwig schließlich getauft, wobei die Zeitgenossen sogleich die Analogie zwischen der Geburt Christi und der Wiedergeburt des Königs herstellten. Wahrscheinlich ging ein grober Taufunterricht durch Bischof Remigius von Reims voraus, in dem vor allem die Absage an die alten Götter und das nizänische Bekenntnis zur Trinität eine wichtige Rolle gespielt haben dürften. Dem Beispiel Chlodwigs folgten die übrigen Großen des Reiches, so dass die fränkische Führungsschicht fortan christlich war – auch wenn die Zahl von dreitausend Männern, von denen Gregor von Tours schreibt, wohl eher symbolisch zu verstehen ist. Damit erscheint Chlodwigs Taufe weniger als Akt individueller Glaubensentscheidung, sondern eher als vom Gemeinwohl her bestimmt: Man folgte dem mächtigeren und politisch opportunen Gott.

Auf diese Weise war aber die entscheidende Voraussetzung für die Integration von romanischer und fränkischer Bevölkerung im Reich geschaffen, die sich in der Folgezeit vollziehen konnte. Sprachlich dominierte dabei der romanische Anteil, denn das Lateinische blieb als Sprache der Liturgie und der Bildung erhalten – im Unterschied etwa zu den westgotischen Reichen. Anders als andere germanische *gentes* also erfolgte die Christianisierung der Franken von vornherein im nizänischen Bekenntnis, ohne den „Umweg" über ein subordinatianisches Christentum.

Irofränkische Mission

Columban d. J.

Das bereits erwähnte Ideal der Wanderschaft um Christi Willen veranlasste irische Mönche im 6. und 7. Jahrhundert dazu, auf das europäische Festland überzusetzen und dort zu missionieren. Als wichtigste Persönlichkeit ist zunächst Columban (d. J., um 540–615) zu nennen, der um 590 auf dem Kontinent ankam. In Gallien gab es keine starke Zentralmacht, vielmehr wurde Herrschaft in kleinräumigen Verbänden organisiert, die Macht der Könige oder die Autorität der Bischöfe reichte nur wenig über den Ort ihrer physischen Präsenz hinaus. In den weiten quasi herrschaftsfreien Räumen konnten die irischen Missionare recht ungehindert agieren, so dass die königliche Erlaubnis eher *pro forma* eingeholt wurde als dass sie konkrete Konsequenzen gehabt hätte. Columban ließ sich vorerst in den Vogesen nieder, wo er drei

Klöster gründete, deren bedeutendstes Luxeuil war – Ausgangspunkt für weitere Klostergründungen.

Aufgrund von Streitigkeiten um den Ostertermin und weil er sich in interne Konflikte des fränkischen Königshauses einmischte, musste Columban 610 das Frankenreich verlassen und gründete nach erneuter Wanderschaft das Kloster Bobbio in Norditalien, wo er auch starb. In der Zeit nach Columban finden sich jedoch etliche von ihm beeinflusste Mönche, die zu bedeutenden Missionaren wurden: Gallus und Pirmin im Bodenseeraum, letzterer auch im Elsass und der Pfalz, Kilian in Franken, Emmeram und Korbinian in Baiern. Dass die von den irischen Mönchen gegründeten Klöster häufig als „Schottenklöster" bekannt sind, liegt dabei an der mittelalterlichen Bezeichnung Irlands als *Scotia maior* („Großschottland", gegenüber *Scotia minor* für das heutige Schottland).

Angelsächsische Mission

Neben dem irischen strahlte auch das stark an Rom gebundene angelsächsische Mönchtum auf den Kontinent und insbesondere ins Frankenreich hinein aus. In den Jahren nach der Versammlung von Whitby kamen Wilfrid (gest. 709), Willibrord (658–739) und Winfrid (um 675–754) ins Frankenreich. Wilfried und Willibrord übernahmen mit herrscherlichem Auftrag die Mission der soeben von den Franken unterworfenen Friesen. Willibrord übertrug dabei explizit das angelsächsische Modell des Kirchenaufbaus auf Friesland: Er ließ sich vom Papst zur Mission beauftragen sowie zum (Erz-)Bischof weihen und errichtete an dem ihm von der weltlichen Autorität zugewiesenen Utrecht seinen Erzbischofssitz. Von hier sollte die Mission ausgehen. Politische Unterstützung, päpstliche Beauftragung und enge Rombindung finden sich auch im Wirken Winfrids wieder.

719 wurde er von Papst Gregor II. mit der Mission beauftragt und zugleich mit dem lateinischen Namen Bonifatius angesprochen (ähnlich führte Willibrord den lateinischen Namen Clemens). Nach anfänglicher Tätigkeit unter Willibrord trennten sich die beiden Männer 722 und Bonifatius wählte das Grenzgebiet des Frankenreichs im heutigen hessisch-thüringischen Raum als Missionsgebiet. Sein Eid, den er anlässlich seiner Bischofsweihe gegenüber dem Papst leistete, zeigt, wie sehr für Bonifatius Mission und Einsatz für die römische Kirche zusammenfielen. Freilich war Bonifatius weder der erste Missionar in seinem Gebiet, noch war mit seinem Wirken das Evangelium fest verwurzelt. Bonifatius' Leistung besteht vielmehr darin, dass er zum einen vielfältige Leitlinien für christliches Leben vorgab, was sich in seinen Briefen und den von ihm abgehaltenen Synoden spiegelt; zum anderen geht auf Bonifatius ein Großteil der Kirchenstruktur im östlichen Frankenreich zurück. Bonifatius folgte ebenfalls dem angelsächsischen Modell einer von Stützpunkten wie der

Bonifatius

Amöneburg oder dem Kloster Ohrdruf ausgehenden Mission. Die entsprechende päpstliche Bestätigung erhielt er in Gestalt des **Palliums** und des Titels eines Legaten für Germanien. Freilich waren die damit verbundenen Rechte ausdrücklich auf die Person des Bonifatius begrenzt. Seine organisatorische Arbeit bestand nicht zuletzt in der Etablierung von Bistümern und der Schaffung einer bischöflichen Struktur: So 739 in Baiern, wo er in Regensburg, Freising und Salzburg Bischöfe einsetzte, nachdem der Papst dies bereits in Passau vorgenommen hatte. Teilweise konnte man hier an ältere Bemühungen durch Korbinian anknüpfen. In Hessen und Thüringen hatte Bonifatius weniger nachhaltigen Erfolg als in Baiern, da sich nur das Bistum Würzburg dauerhaft halten sollte, nicht aber Büraburg und Erfurt.

> **Stichwort**
>
> **Pallium**
>
> Ein breiter Streifen aus Lammwolle, der mit drei Kreuzen versehen ist und seit dem 7. Jahrhundert von den Päpsten an Erzbischöfe verliehen wird. Es bringt die besonderen Vorrechte des Metropoliten in seiner Kirchenprovinz und ihre Gemeinschaft mit dem Papst zum Ausdruck.

Organisation der fränkischen Kirche

In den 740er Jahren verlagerte sich die Tätigkeit des Bonifatius stärker ins Innere des fränkischen Reichs. Auf dem *Concilium Germanicum* (743) und der Synode von Soissons (744) sollten die Kirchenverfassung abgesichert und eine Reform des Klerus durchgeführt werden, damit sich Kleriker in ihrer Lebensführung deutlich von Laien unterschieden (z. B. durch das Tragen langer Gewänder oder durch das Verbot des Waffentragens). Die Abrundung seiner organisatorischen Arbeit erreichte Bonifatius als Bischof von Mainz ab 743, wozu auch die Gründung der Abtei Fulda als benediktinisches Musterkloster gehörte. Da Bonifatius direkt dem Papst unterstand, war er in den hohen fränkischen Klerus kaum integriert, in dem etwa der Metzer Bischof Chrodegang (742–766) oder Abt Fulrad von St. Denis (750–784) zunehmend führende Rollen beanspruchten. Möglicherweise veranlassten diese Rivalitäten Bonifatius dazu, wieder nach Friesland zu gehen, wo er das Bistum Utrecht übernahm, aber auch im Jahr 754 bei Dokkum das Martyrium erlitt.

Bonifatius steht damit für eine Übergangsphase in der Christianisierung des Frankenreichs, in der an den Grenzen noch grundlegende Missionsarbeit zu leisten ist, im Innern aber an der organisatorischen Ausgestaltung und Absicherung der Kirche gearbeitet wird. Damit werden auch die Voraussetzungen für eine tiefere Verankerung der christlichen Religion im alltäglichen Leben geschaffen. Nicht zuletzt Chrodegang von Metz führte in dieser Hinsicht das Werk des Bonifatius weiter.

Karl der Große und die Sachsen

Während dieser Phase der organisatorischen Festigung der fränkischen Kirche begannen auch die schwersten kriegerischen Auseinandersetzungen des Frankenreichs im 8. Jahrhundert, die Kriege gegen die (heidnischen) Sachsen. Nach etlichen kleineren Übergriffen und Scharmützeln demonstrierte Karl d. Gr. (768-814) die fränkische Macht: Er drang tief ins sächsische Gebiet vor und zerstörte mit der Irminsul das zentrale Heiligtum des sächsischen Stammes der Engern (772). Sicherlich ging es für Karl dabei um eine militärische, aber auch göttliche Machtdemonstration: die Macht Gottes erwies sich – wie für Chlodwig – im kriegerischen Erfolg seiner Anhänger. Die kriegerischen Auseinandersetzungen zogen sich mit wechselndem Erfolg bis 804 hin. Die Reichsannalen berichten, Karl habe die Sachsen entweder unterwerfen oder vollständig ausrotten wollen. Zu einer Wende kam es 785, als der sächsische Heerführer Widukind kapitulierte und sich taufen ließ. Bei der Feier in Attigny fungierte Karl als Taufpate und begründete so eine geistliche Verwandtschaft mit dem Sachsen.

Schon 782 hatte Karl ein Gesetz erlassen, mit dem Sachsen unterworfen und mit der Androhung von Gewalt christianisiert werden sollte, die *Capitulatio de partibus Saxoniae*. Die Todesstrafe war darin nicht nur für die Verweigerung der Taufe vorgesehen, sondern beispielsweise auch für die Verweigerung des Zehnten oder die Nichteinhaltung des Fastens. Freilich wurden diese Bestimmungen bereits 787 teilweise wieder zurückgenommen. mit Schon während der Kriegszüge Karls wurden Missionsstationen eingerichtet, die freilich teilweise wieder von den Sachsen zerstört wurden. Als die Kriege zu Beginn des 9. Jahrhunderts zu Ende gingen, wurde eine sächsische Bistumsstruktur errichtet: die Kaiserpfalz Paderborn, sowie Münster, Osnabrück und Minden, später auch Verden, Halberstadt und Hamburg wurden zu Bischofssitzen. Neu gegründete Klöster sollten die kirchliche Struktur stützen und zur Verwurzelung des Christentums beitragen, so etwa Werden an der Ruhr und Corvey. Um die Verbindung dieser jungen Bischofs- und Klosterkirchen zu den älteren fränkischen Kirchen herzustellen, verbrachte man zahlreiche Reliquien nach Sachsen und schuf so eine neuartige Sakraltopographie.

In der Forschung wurde das Vorgehen Karls als „Schwert-" oder „Gewaltmission" bezeichnet, was insofern richtig ist, als der christliche Glaube hier mit großer Brutalität durchgesetzt wurde. Doch sind in eine Bewertung auch die andauernden Grenzkonflikte und die Herrschaftslegitimation Karls einzubeziehen: Eine Niederlage gegen die Sachsen hätte bedeuten können, dass der König nicht mehr in der Gunst Gottes stand, vielleicht sogar von ihm bestraft wurde. Doch gab es auch deutliche Kritik am Vorgehen Karls, nicht zuletzt von Alkuin, dem Leiter der Hofschule: Das Evangelium muss gepredigt, nicht mit Gesetzen und Gewalt aufgezwungen werden.

Sachsengesetze Karls d. Gr.

4. Skandinavien

Nachdem Karl d. Gr. das Gebiet der Sachsen dem fränkischen Reich eingegliedert hatte, waren die Dänen unmittelbare Nachbarn geworden. Doch bestand zunächst auf keiner Seite ein ernsthaftes Interesse an einer Christianisierung des Nordens. Erst unter Karls Sohn Ludwig dem Frommen (814–840) lassen sich einige punktuelle Bemühungen in Richtung Dänemark und Schweden beobachten, wo die Bischöfe Ebo von Reims und Ansgar von Hamburg in päpstlichem Auftrag als Legaten und Missionsbischöfe tätig waren. Dabei scheint man sich in Schweden durch die Annahme des Christentums vor allem auf bessere Handelsbeziehungen zu den Franken erhofft zu haben. Durch die Überfälle der Wikinger, lockerer Zusammenschlüsse von Seeräubern, die in ganz Europa insbesondere die schwach verteidigten Kirchen und Klöster überfielen und plünderten, gerieten die Missionsbemühungen ins Stocken; teilweise wandten sich die Menschen auch wieder einer intensivierten polytheistischen Religiosität zu.

Dänemark

Erst im 10. Jahrhundert kam es zu erneuten Missionsbemühungen, als das unter den deutschen Königen Heinrich I. und Otto I. zu europäischer Hegemonialstellung gelangte Reich auch auf Dänemark Einfluss nehmen konnte. Unter nicht mehr genauer rekonstruierbaren Umständen ließ sich der dänische König Harald Blauzahn 965 taufen. Unter Harald entstand zudem eine kirchliche Struktur, die als Basis für die weitere Christianisierung dienen konnte, so dass seine Nachfolger schon auf die Kirche als Machtressource zurückgreifen konnten. Kirche und Königtum gingen also auch hier ein enges Bündnis ein. Konsequenterweise strebte die dänische Kirche im 11. Jahrhundert nach Unabhängigkeit vom deutschen Reich, insbesondere vom Erzbistum Hamburg-Bremen, das immer noch die Oberhoheit über die dänische Kirche beanspruchte. Diese Unabhängigkeit wurde mit der Erhebung des Bistums Lund zum Erzbistum 1103 geschaffen. Von Dänemark aus wurde im 12. Jahrhundert auch die Insel Rügen christianisiert und dem dänischen Königreich eingegliedert.

Norwegen / Schweden

Mit „innenpolitischen" Erwartungen aufgeladen wurde das Projekt der Christianisierung in Norwegen und Schweden, die im Hochmittelalter eher an der Peripherie des europäischen Interesses lagen. In beiden Ländern ging es in erster Linie um innere Einigung, die von der Christianisierung unterstützt werden konnte. So zogen sich die Prozesse von Mission und Aufbau einer Kirchenorganisation über das 11. und 12., teils bis ins 13. Jahrhundert, wobei in Norwegen schärfere Konflikte zu beobachten sind als in Schweden; dort scheinen christliche und pagane Religiositäten über einen langen Zeitraum nebeneinander existiert zu haben. Für beide Kirchen war ebenfalls die organisatorische Loslösung vom Erzbistum Hamburg-Bremen ein bedeutsames Ereignis: Die Entwicklung hin zu Landeskirchen zeigt sich im Hochmittelalter deutlich an.

5. Osteuropa

Römische und byzantinische Mission

Das Gebiet, das etwa das heutige Tschechien, die Slowakei, die östliche Hälfte Österreichs, Ungarn, Bulgarien und den Balkan umfasst, war im 8. Jahrhundert von heidnischen Völkerschaften besiedelt, die auf diese Weise eine Art Puffer zwischen dem westlichen fränkisch-römischen und dem östlichen byzantinischen Christentum bildeten.

Zur unmittelbaren Konkurrenz kam es im 9. Jahrhundert im Mährischen Großreich, als Fürst Rostislav nicht nur die faktische politische Unabhängigkeit vom Frankenreich erreichte, sondern auch die bairischen Missionare des Landes verwies und aus Byzanz Missionare erbat. Von dort kamen die Brüder Konstantinos (826/27–869), der auf dem Sterbebett den Namen Kyrill annahm, und Methodios (um 815–885), deren herausragende Leistung die Schaffung einer Schrift- und Liturgiesprache samt Schrift für sämtliche slavischen Stämme ist. Ihr glagolitisches Alphabet ist in vereinfachter Form heute als kyrillisches Alphabet bekannt. Es ging den beiden Missionaren also hauptsächlich um die Herstellung eines geordneten kirchlichen Lebens nachdem die Basis für das Christentum bereits gelegt war. Freilich nahmen die fränkischen Bischöfe dies nicht einfach hin, so dass sich die Auseinandersetzungen um „römische" oder „byzantinische" Form der Kirche in Mähren durch das gesamte 9. Jahrhundert zogen, bis das Reich 906 unter ungarischem Druck zerfiel.

Kyrill und Methodios

Noch schärfer wurde die Auseinandersetzung zwischen Rom und Byzanz in Bulgarien, wo sich ebenfalls Fragen nach kirchlicher und politischer Ausrichtung verbanden. Vor allem hinsichtlich der Zuständigkeit für Bischofsernennungen für Bulgarien kam es zum Grundsatzstreit, erst im Rahmen des Konzils von Konstantinopel 869/70 konnte eine Regelung zugunsten von Byzanz durchgesetzt werden. Um die Jahrtausendwende schließlich wurde Bulgarien dem byzantinischen Reich eingegliedert. Ebenfalls durch die Byzantiner wurde das Reich der Kiever Rus missioniert, so dass der Expansion der römischen Kirche nach Osten eine Grenze gesetzt war.

Der Nordosten Europas

Die Ungarn, die aufgrund ihrer Kriegszüge in den Westen zum entscheidenden Hindernis für die weitere Mission und Kirchenorganisation des östlichen Europa geworden waren, wurden von Otto d. Gr. durch die Lechfeldschlacht bei Augsburg 955 zurückgedrängt. Ohnehin hatte sich durch die sächsischen Könige der politische Schwerpunkt des deutschen Reiches nach Osten verlagert, wo parallel zur Etablierung weltlicher Herrschaftsstrukturen eine

Reihe von Bistümern errichtet wurden: Schleswig, Brandenburg, Havelberg, Meißen, Merseburg, Zeitz und – als zeitweilig bedeutende Ausgangspunkte für die Mission – Magdeburg, Posen (beide 968), Prag (973) und Gnesen (1000). Da Prag dem Erzbistum Mainz unterstellt wurde, war die Anbindung an die römische Kirche fraglos gegeben. Neben dem Bistum Posen wurde die Fürst Mieszko I. (um 960-992) zugestandene eigene Kirchenpolitik wichtig für die Entwicklung der Kirche in Polen, zumal Mieszko 992 sein gesamtes Territorium dem Papst übereignete – wohl um seine territorialen Gewinne abzusichern. Damit war die außergewöhnliche Bindung Polens an den Heiligen Stuhl begründet. Böhmen und Ungarn konnten zudem durch eine freundschaftliche Ostpolitik Ottos III. (983-1002) enger an das Reich gebunden werden. Im Falle Ungarns, das für Byzanz nach der Lechfeldschlacht ein unattraktiver Bündnispartner geworden war, gelang ebenfalls die Bindung an das westliche Kaisertum. Otto d. Gr. sorgte für die Taufe des Großfürsten Géza (972-997) durch einen Mönch aus St. Gallen, wenig später heiratete Gézas Sohn Istvan (Stephan) eine Schwester Kaiser Heinrichs II. (1002-1024); durch ihren Einfluss entstanden in kurzer Zeit zahlreiche Kirchen und eine westlich ausgerichtete Kirchenstruktur.

östlich der Elbe — Problematischer gestaltete sich die Christianisierung im Nordosten, wo die Elbe im 10. Jahrhundert eine ungefähre Ostgrenze des Reiches markierte. Bis zur Mitte des 11. Jahrhunderts war pagane Religiosität für die östlich der Elbe dominanten Liutizen auch ein politisches Unterscheidungsmerkmal gegenüber dem Reich. Nachdem ab 1043 die Abodriten die Vorherrschaft übernommen hatten, öffneten sich auch neue Wege für das Christentum und eine kirchliche Struktur mit Bistümern (Oldenburg, Ratzeburg, Mecklenburg) und Klöstern. Infolge eines Aufstandes in den 1060er Jahren kam es zu Repaganisierungen, die ein gutes Jahrhundert andauern sollten. Ein Kreuzzug in das Gebiet, zu dem Bernhard von Clairvaux 1147 aufgerufen hatte (vgl. Kap. VIII), war in keinerlei Hinsicht fruchtbar – die Gewaltmission ließ sich nicht durchsetzen und der Versuch ließ das Christentum keineswegs attraktiv erscheinen. Es bedurfte also bei allen Stammesverbänden östlich der Elbe einer politischen Konstellation, in der die Einführung des Christentums nicht mit politischer Eingliederung einherging, und der Überzeugungsarbeit von Bischöfen. Wo das Christentum Fuß fasste, wurden nicht selten heidnische Kultbilder zerstört und Kirchen auf heidnischen Kultplätzen errichtet.

Baltikum — Zu ihrem Abschluss kam die mittelalterliche Mission im späteren Ostpreußen und im Baltikum im 13. Jahrhundert. Ausgehend von deutschen Kaufleuten, die sich wegen des Ostseehandels dort niedergelassen hatten, gab es erste Missionsbemühungen. Doch zum größten Teil wurde das Christentum in dieser Region mit Waffengewalt durchgesetzt. Dies war nicht zuletzt der Ausweitung des Kreuzzugsgedankens auf die Ausbreitung des Glaubens geschuldet, womit politische und religiöse Ziele zusammenfallen konnten. Insbesondere der Deutsche Orden, ein 1198 im Heiligen Land gegründeter Ritterorden, führte das Christentum in seinem „Ordensstaat" ab 1231 zwangsweise ein. ∎

Auf einen Blick

Die Christianisierung Europas war ein lang andauernder und keineswegs geradliniger Prozess. Langzeitwirkung hatte die Taufe Chlodwigs 498, mit der das fränkische Reich als politische Gestaltungsmacht in Europa auf das nizänische Christentum festgelegt wurde. Das Motiv des mächtigeren Gottes, der das Wohlergehen seines Volkes sichert, erscheint hier ebenso bedeutsam wie bei anderen Konversionen. Meist gaben politische Motive mit den Ausschlag für den Wechsel vom Polytheismus zum Christentum, sei es als gewollte Annäherung bzw. Distanzierung von Nachbarn, sei es als Erweiterung und Vereinheitlichung des eigenen Territoriums. Seltener ist die Ansiedlung von Christen in einer heidnischen Gesellschaft. Die jeweiligen Herrschaftsverhältnisse gaben zudem die Rahmenbedingungen für die Mission vor, Ablehnung des Christentums hatte daher umgekehrt meist ebenfalls politische Gründe.

Die Mission vollzog sich meist mehrstufig: Erstes Ziel war die Taufe des Herrschers, dann der Gefolgsleute. In einem zweiten Schritt mussten christliche Glaubensideen vertieft und eine Kirchenstruktur aufgebaut werden. Der „Austausch" der Gottesvorstellungen konnte durch die christliche Vereinnahmung paganer Gottesbilder oder durch die Verdrängung alter Gottheiten durch christliche Heilige geschehen. Die Dämonisierung der paganen Gottheiten lieferte schließlich ein entscheidendes Argument für die Umwandlung von Kultplätzen in Kirchen. Dem Exklusivitätsanspruch des christlichen Gottes wurde Geltung verschafft.

Literaturhinweis

Padberg, Lutz von: Christianisierung im Mittelalter, Darmstadt 2006. *Profunder und vielschichtiger Überblick von einem der besten Kenner der Materie.*

Pohl, Walter: Die Völkerwanderung. Eroberung und Integration, Stuttgart 2005.

Rubel, Alexander: Religion und Kult der Germanen, Stuttgart 2016. *Überblick von einem der besten Kenner aus archäologischer Perspektive.*

Stiegemann, Christoph u.a. (Hgg.): Credo. Christianisierung Europas im Mittelalter, 2 Bde., Petersberg 2013. *Katalog und Essayband zur gleichnamigen Ausstellung in Paderborn. Der Essayband bietet Aufsätze zu allen Regionen Europas und zu allen wesentlichen Aspekten des Themas sowie reichhaltige Angaben zu Quellen und Literatur.*

III. Kaiser, Könige und Päpste

Überblick

Wie wenig sich Kirchengeschichte und politische Geschichte im Mittelalter trennen lassen, zeigt sich am deutlichsten im Verhältnis der beiden Universalgewalten Kaiser und Papst, die beide Teil der gottgewollten Ordnung des Mittelalters waren. Beide wurden als sakral legitimierte oberste Instanzen konzipiert, ihre Autorität bezog sich bis ins 12. Jahrhundert jeweils sowohl auf den geistlichen wie auch den weltlichen Bereich. Dies führte zu Auseinandersetzungen um die exakte Verhältnisbestimmung beider Gewalten. Exklusiven Anspruch auf die Kaiserwürde hatten seit dem 10. Jahrhundert die deutschen Könige, exklusiven Anspruch auf die Krönung des Kaisers hatte der Papst. Ab dem Hochmittelalter lassen sich auf beiden Seiten Emanzipationsbestrebungen beobachten, die in den Konzeptionen des Papstes als oberster irdischer Autorität im 13. Jahrhundert und eines rein auf die Stadt Rom bezogenen Kaisertums im 14. Jahrhundert gipfeln.

751	Dynastiewechsel im Frankenreich
800	Kaiserkrönung Karls d. Gr.
ab 843	Teilungen des fränkischen Reiches
858	Auseinandersetzungen um den Patriarchensitz in Byzanz
962	Kaiserkrönung Ottos d. Gr.
967	Heirat Ottos II. mit Theophanu
1046	Synode von Sutri
1054	Morgenländisches Schisma
1059	Papstwahldekret
ab 1076	Konflikt Heinrichs IV. mit Gregor VII.
1130/1159	Papstschismen
1177	Bußakt Friedrich Barbarossas und Aussöhnung mit dem Papst
1309	Clemens V. verlegt die Papstresidenz nach Avignon
1367	Rückkehr der Päpste nach Rom
1378	„Großes abendländisches Schisma" (bis 1417)

1. Karolingische Grundlagen

Der Machtwechsel 751

Die Missionsarbeit des Bonifatius im Frankenreich war weitaus weniger vom König abhängig als von dessen „Hausmeier" (*maior domus*). In diesem Amt war in der Mitte des 8. Jahrhunderts faktisch alle Macht vereinigt: Leitung des königlichen Hofes, der politischen Geschäfte und die Befehlsgewalt über das Militär. Sicherung und Ausbau der Macht auch in peripheren Regionen des Reiches hatten die Hausmeier nicht zuletzt durch die Besetzung von Bischofs- und Abtsstühlen mit loyalen Personen und durch die Zusammenarbeit mit Bonifatius erreicht. Das entsprach dem Selbstverständnis der Hausmeier als christliche Herrscher, brachte aber auch die engere Bindung an Rom mit sich.

Vor diesem Hintergrund sind die Ereignisse des Jahres 751 zu sehen: Hausmeier Pippin der Jüngere wurde in Soissons zum fränkischen König gewählt, König Childerich III. abgesetzt und in ein Kloster gebracht. Um den Königswechsel zu legitimieren, griff Pippin auf die Ressourcen der Kirche zurück. Im Abstand von mehreren Jahrzehnten berichten die fränkischen Reichsannalen über das Geschehen.

Königserhebung Pippins d. J.

> **Quelle**
>
> **Der Dynastiewechsel von 751 im Bericht der fränkischen Reichsannalen**
> Annales Regni Francorum ad a. 749, MGH Scriptores in usum scholarium, S. 8; Übersetzung B. S.
>
> Bischof Burkard von Würzburg und der Kapellan Folrad wurden zu Papst Zacharias geschickt mit einer Frage bezüglich der Könige im Frankenreich, die zu jener Zeit die königliche Macht nicht besaßen – ob das denn gut sei oder nicht. Und Papst Zacharias ließ Pippin ausrichten, es sei besser, dass derjenige König genannt werde, der die Amtsgewalt innehabe, als derjenige, der ohne Amtsgewalt sei. [...] Pippin wurde gemäß fränkischer Sitte zum König gewählt und gesalbt [...].

Zwar ist die Historizität der Kontaktaufnahme mit dem Papst umstritten, doch bestand Pippins Legitimationsstrategie noch aus anderen Elementen: Unmittelbar nach seiner Wahl wurde er vermutlich von Chrodegang von Metz gesalbt, wobei die Salbung Davids zum König durch Samuel (1 Sam 16,13) als Vorbild gedient haben dürfte. Der Ritus der Königssalbung wurde bereits bei den Westgoten und Iren praktiziert, wurde von nun an aber konstitutiv für die Königserhebung. Zur Legitimation trugen ferner die Heiligen Martin und Dionysius bei; der Mantel des Heiligen Martin wurde zur zentralen Reliquie, die Abtei St. Denis bei Paris zum zentralen Sakralbau des neuen Königtums.

Die Verbindung mit dem Papsttum intensivierte sich im Jahr 754, als Stephan II. auf der Suche nach Hilfe gegen die Langobarden ins Frankenreich kam. Pippin fiel vor dem Papst auf die Knie und führte das Pferd des Papstes am Zügel (Stratordienst), eine symbolische Unterordnung. Stephan II. salbte daraufhin Pippin und seine Söhne Karlmann und Karl, eine Bekräftigung der Königssalbung, und verlieh ihnen den Titel *Patricius Romanorum* (Schutzherr der Römer). Pippin versprach dem Papst Hilfe gegen die Langobarden und zumindest einen Teil der eroberten Gebiete. Tatsächlich gelang es ihm und später seinem Sohn Karl, die Langobarden zu besiegen und ihr Territorium dem entstehenden Kirchenstaat bzw. dem fränkischen Reich einzuverleiben. In diesen Kontext gehören zwei Dokumente, die das Entstehen des päpstlich regierten Territoriums in der Mitte Italiens legitimieren sollen: die Pippinsche Schenkung, die die Zusagen Pippins an Stephan II. wiedergeben soll, und die Konstantinische Schenkung, die Besitz und Herrschaftsrechte des Papstes auf eine Schenkung zurückführte, die Kaiser Konstantin aus Dankbarkeit für seine Heilung an Papst Silvester getätigt habe. Im 15. Jahrhundert konnte Lorenzo Valla die frühmittelalterliche Entstehung des Textes nachweisen; Datierung, Ort und exakte Absicht sind allerdings nach wie vor umstritten.

Von enormer langfristiger Bedeutung ist die wechselseitige Bindung von Papsttum und fränkischem Königtum. Sowohl der *Patricius*-Titel als auch die fraglichen Gebiete in Italien hätten dem byzantinischen Exarchen zugestanden – doch war Byzanz zu einer aktiven Italien-Politik nicht in der Lage. Der Titel des *Patricius Romanorum* jedenfalls schuf die Grundlage für eine dauerhafte Italien-Politik der fränkischen Könige, das Papsttum seinerseits wurde mehr und mehr aus den Verbindungen mit Byzanz gelöst.

Die Kaiserkrönung Karls des Großen

Die Synode von Frankfurt 794 (vgl. Kap. V) hatte gezeigt, dass die Distanz zwischen dem Frankenreich und Byzanz – und damit auch zwischen West- und Ostkirche – erheblich geworden war. Karl der Große, seit dem endgültigen Sieg über die Langobarden *rex Francorum et Langobardorum et patricius Romanorum*, verstand sich offenbar als gleichwertiges Gegenüber zum byzantinischen Kaiser. Gerade im Bereich der äußeren Formen band Karl die fränkische Kirche an Rom, indem er von Papst Hadrian I. (772–795) unter anderem eine Sammlung des Kirchenrechts und ein Sakramentar erbat, die als Norm für Rechtsprechung und Liturgie durchgesetzt wurden.

Das Bündnis mit dem Papst kam in den Jahren 799/800 erneut zum Tragen, als Leo III. nach einem Attentatsversuch aus Rom fliehen musste und von Karl in Paderborn empfangen wurde. Durch einen Reinigungseid des Papstes und ein Strafgericht von Karls Gesandten wurde Leo III. wieder in Rom installiert und krönte Karl am Weihnachtstag des Jahres 800 zum Kaiser.

Die Nachricht seines Biographen Einhard, Karl wäre nicht in die Kirche gekommen, hätte er von den Krönungsplänen gewusst, ist nicht ganz glaubwürdig (es muss vorher Absprachen gegeben haben), deutet aber auf ein Problembewusstsein Karls bezüglich des Kaisertums hin. Die Konkurrenz zu Byzanz wurde schließlich durch den Titel gemildert, der nicht *imperator Romanorum*, sondern *imperator Romanum gubernans imperium* (Kaiser, der das Reich der Römer regiert) lautete. Da man gleichwohl die Herrschaft der Kaiserin Irene in Byzanz für illegitim hielt, entwickelte sich der Gedanke einer Übertragung des römischen Kaisertums auf die Franken (*translatio imperii*). Die Stellung zum Papst umschrieb Karl in einem wohl von seinem Hoftheologen Alkuin formulierten Brief.

> **Quelle**
>
> **Alkuin: Epistula 93**
> Monumenta Germaniae Historica, Epistulae IV, Berlin 1895, S. 137f.; Übersetzung B.S.
>
> Unsere Aufgabe ist es, mit göttlicher Hilfe die heilige Kirche Christi gegen den Einfall der Heiden und die Verwüstung durch Ungläubige nach außen zu verteidigen und sie nach innen durch die Kenntnis des katholischen Glaubens zu befestigen. Eure Aufgabe ist es, Heiliger Vater, wie Mose die Arme zum Gebet zu erheben und so unserem Heer zu helfen, damit das christliche Volk durch eure Fürbitte unter Gottes Führung und Gnade stets über die Feinde seines Namens siege und der Name unseres Herrn Jesus Christus in der ganzen Welt verherrlicht werde.

Diesem Programm kam Karl nach seinem Verständnis etwa durch die gewaltsame Missionierung der Sachsen, die theologische Abgrenzung von Byzanz oder Reformen im Bildungsbereich nach. Die „Königsboten", je ein geistlicher und ein weltlicher Gesandter, sollten die Umsetzung der kaiserlichen Gesetzgebung vor Ort kontrollieren und an den Hof berichten.

Die päpstliche Sicht des Verhältnisses von Kaiser und Papst ist im heute noch in einer Rekonstruktion des 18. Jahrhunderts erhaltenen Trikliniumsmosaik des Lateranpalastes zu sehen. Links überreicht Christus die Schlüssel an Petrus und eine Fahne an Kaiser Konstantin, rechts erhält Papst Leo III. das Pallium und Karl ebenfalls eine Fahne aus den Händen des Petrus. Die oberste weltliche Macht wird also auf Christus zurückgeführt und von Petrus verliehen.

Abb. 2 Trikliniumsmosaik des Lateranpalastes (Ausschnitt)

Kaiser und Kirche im 9. Jahrhundert

Karls einziger überlebender Sohn und Nachfolger Ludwig der Fromme (814–840) setzte grundsätzlich die Politik seines Vaters fort. Durch das *Pactum Hludovicianum* (817) garantierte er die freie Papstwahl, über die der Kaiser freilich nach der Weihe informiert werden musste. Da Stephan IV. (816/17) es jedoch abgelehnt hatte, die kaiserliche Zustimmung zur Weihe aus dem Frankenreich einzuholen, wie es gegenüber Byzanz üblich gewesen war, erhielt das Papsttum ein wenig mehr Autonomie. Freilich wurde der Papst 824 auf einen Eid zur Einhaltung der bestehenden Rechte verpflichtet und so die Bindung an das fränkische Reich gestärkt. Durch seine Ausrichtung auf die gesamte Westkirche konnte der Papst jedoch nicht zu einem „Reichsbischof" werden.

Reichsteilungen   Unter Ludwigs Söhnen und Nachfolgern wurde das Reich ab 843 mehrfach geteilt, wobei die Kaiserwürde zunächst Ludwigs ältestem Sohn Lothar I. zukam, der in einem von der Nordsee bis Italien reichenden „Mittelreich" herrschte, das auch die Zentralorte Aachen und Rom umfasste. Die Kaiserwürde, die seit Karl auf dem Weg eines vom Papst unterstützten „Mitkaisertums" quasi vererbt worden war, wurde nun von den Päpsten freier vergeben. Zugleich sank freilich die Bedeutung des Kaisertums, mit der immer weniger politische Macht verbunden war, bis es 924 endgültig unterging. Zur Dezentralisierung der Macht kam die äußere Bedrohung durch Normannen und Sarazenen.

Abb. 3 Das fränkische Reich im späten 9. Jahrhundert

Zugleich amtierten im Frankenreich selbstbewusste (Erz-)Bischöfe. Insbesondere Hinkmar von Reims (845–882) hatte nicht nur ein ausgesprochen hoheitliches Verständnis vom Amt des Metropoliten, sondern versuchte auch die politische Macht des westfränkischen Reiches auszubauen. Freilich hatte er es zeitweise mit Papst Nikolaus I. (858–867) zu tun, der die Autorität seines Amtes festigen und seine Reichweite vergrößern wollte. So mischte er sich als geistliche Autorität in den Ehestreit Lothars II. ein, exkommunizierte in diesem Kontext die Erzbischöfe von Köln und Trier und drängte Lothar und seine Ehefrau Theutberga zur Wiederaufnahme der Ehe. In geistlichen Dingen war der Papst einem König klar übergeordnet, so die Botschaft. Doch auch in die kirchliche Hierarchie des Westfrankenreiches griff Nikolaus ein und machte die Amtsenthebung zweier Bischöfe durch Hinkmar rückgängig. Auch vor einer Intervention in Byzanz machte Nikolaus nicht halt, als es 858 zu schweren Auseinandersetzungen um den Patriarchatssitz kam, und exkommunizierte einen der Prätendenten. In all diesen Belangen zeigte Nikolaus I. den Anspruch des Papsttums auf höchste und unmittelbare Autorität in der gesamten Kirche, der freilich zu seiner Zeit nicht eingelöst werden konnte. Im ausgehenden 9. Jahrhundert wurde das Papstamt immer mehr zum Spielball römischer Adelsparteien; trotz fehlender politischer Gestaltungsmacht war seine ideelle Bedeutung aber hoch – was die Gründung des Klosters Cluny demonstriert (vgl. Kap. VI).

Metropoliten und Papst

2. Von Otto dem Großen zu Heinrich III.

Ottonisches Kaisertum

Im Jahr 919 ging die Herrschaft des ostfränkischen Reiches auf den sächsischen Herzog Heinrich über, dessen Gebiet unbestritten in das Reich integriert war. Heinrich I. sicherte die Grenzen im Osten unter anderem durch einen Waffenstillstand mit den Ungarn und übertrug seine Nachfolge an seinen Sohn Otto. Die Einheit des Reiches war damit dauerhaft hergestellt, Erbteilungen wurden nicht mehr vollzogen. Um seine zu Beginn nicht unumstrittene Herrschaft durchzusetzen, stützte Otto sich nicht zuletzt auf prominente Bischöfe – und eine Herrschaftseinsetzung durch Krönung und Salbung in fränkischer Tracht. Die Kontinuität zu Karl dem Großen sollte unübersehbar sein. Durch den Sieg über die Ungarn auf dem Lechfeld bei Augsburg (955), der die Ungarneinfälle endgültig beendete, aber auch die Sicherung seiner Herrschaft über Oberitalien und eine weitgespannte Diplomatie konnte Otto sich die hegemoniale Position eines „imperialen Königtums" sichern.

III. Kaiser, Könige und Päpste

Kaisertum Ottos d. Gr.

Die Kaiserkrönung am 2. Februar 962 durch Papst Johannes XII. entsprach daher den politischen Realitäten und band das Kaisertum bis zu seinem Ende im Jahr 1806 an das deutsche Reich. Im *Privilegium Ottonianum* vom 13. Februar 962 bestätigte und erweiterte Otto das Herrschaftsgebiet des Papstes, ein Zeichen für das Einvernehmen zwischen beiden Autoritäten. Da sich Johannes XII. aber nach der Abreise des Kaisers nach Oberitalien mit dessen Gegnern verbündete, sah sich Otto zur Rückkehr nach Rom gezwungen. Auf einer rasch einberufenen Synode ließ er Johannes absetzen, der durch Leo VIII. (963-965), einen Laien aus der päpstlichen Verwaltung, ersetzt wurde. Zwar agierte Otto damit ähnlich wie die römischen Adligen vor ihm, doch da er das Papsttum zur Angelegenheit des Kaisers erklärt hatte, war auch dessen Bedeutung über die stadtrömischen Belange herausgehoben. Bestätigung erhielt Otto von Papst Johannes XIII., der dem Herzensprojekt des Kaisers zur Gründung eines Bistums in Magdeburg zustimmte und seinen Sohn Otto II. an Weihnachten 967 zum Mitkaiser krönte, sowie aus Byzanz: Otto II. heiratete mit Theophanu eine Nichte des byzantinischen Kaisers, so dass die beiden Kaiserhäuser nun miteinander verbunden waren.

Erneuerungspolitik Ottos III.

Unter Otto III. (983-1002) schließlich gewann eine ganz neue Idee Gestalt: *Renovatio Imperii Romanorum* (Erneuerung des Römischen Reichs) war sein Regierungsmotto, „sein" Papst war ab 999 der bedeutende Gelehrte Gerbert von Aurillac, der sich programmatisch Silvester II. nannte. Seine Position als Kaiser unterstrich Otto III. durch die Erhebung des polnischen Herzogs Bolesław Chrobry (992-1025) zum König. Das Bündnis der beiden drückte sich in einem Austausch politisch relevanter Reliquien aus: Otto schenkte einen Kreuzesnagel und ein Stück von der Lanze des Heiligen Mauritius, Bolesław einen Arm des Heiligen Adalbert, der als Missionsbischof von Prag erst 997 das Martyrium erlitten hatte.

Nachdem Otto III. kinderlos gestorben war, konnte sich der bayerische Herzog Heinrich als neuer König durchsetzen, der seine Herrschaft auf eine *Renovatio Regni Francorum* (Erneuerung des Frankenreichs) ausrichtete, ohne dabei die religiöse Dimension seiner Herrschaft zu vernachlässigen. Dies zeigt sich insbesondere an der Gründung des Bistums Bamberg als neuem geistlichen Zentrum des Reiches. Nicht nur wurden im Dom den wichtigen Heiligen des fränkisch-deutschen Reiches Altäre geweiht; die wichtigsten Altäre erhielten Maria als Schutzpatronin des Königshauses und Petrus zu Patronen, womit zugleich die Rombindung betont wurde.

Sakrales Königtum

Von der Mitte des 10. bis zur Mitte des 11. Jahrhunderts kam dem Königs- bzw. Kaisertum ein unzweifelhaft sakraler Charakter zu. Der König konnte als *rex et sacerdos* (König und Priester) bezeichnet werden, was weit über eine

Herleitung der Herrschaft aus der göttlichen Gnade hinausging. Könige wurden in dieser Zeit nicht einfach eingesetzt, sondern geweiht. Der Ritus der Königsweihe deutete die Herrschaft und konstituierte den neuen König als Gesalbten und Stellvertreter Gottes.

Damit verbunden ist die Vorstellung vom gerechten Herrscher, in dem sich Recht und Gnade verbinden, der Priester, Witwen, Waisen und generell die Armen beschützt und dem Land Frieden schafft bzw. ihn erhält. Als Vorbild sollten ihm die großen Könige des Alten Testaments dienen, die mitsamt ihren Tugenden exemplarisch auch auf der symbolisch äußerst reichhaltigen Reichskrone dargestellt werden. Hinzu kommt eine Platte, die Christus mit zwei Seraphen und der Aufschrift *Per me reges regnant* (durch mich regieren die Könige, Spr 8,15) zeigt.

Symbolik der Herrschaft

Der Ritus Königsweihe, zu der neben der Krone und der Salbung auch die ausdeutenden Gebete und Lesungen gehörten, bewirkte im Verständnis der Zeit tatsächlich einen Statuswechsel vom einfachen Menschen zum in die besondere Nähe Gottes gerückten König. Konsequenterweise wurde die Königsweihe bis ins 13. Jahrhundert als Sakrament angesehen. Die Nähe des Königs zu Gott konnte auch durch den Umgang mit besonderen Reliquien ausgedrückt und vergegenwärtigt werden, etwa die Heilige Lanze, die teils Konstantin, teils dem Soldatenheiligen Mauritius zugeschrieben wurde, teils aber auch der Kreuzigung Jesu zugeordnet wurde. Festkrönungen und ähnliche Zeremonien dienten der Visualisierung und Vergegenwärtigung des sakralen Königtums in Kontexten außerhalb der Königsweihe.

Abb. 4 Reichskrone

Besonderen Ausdruck fand dieses Verständnis vom Königtum im Sakramentar Heinrichs II. aus dem Regensburger Kloster St. Emmeram. Heinrich ragt in die Sphäre Christi hinein, von dem er gekrönt und gesegnet wird, zugleich erhält er von zwei Engeln die Heilige Lanze und ein Schwert als Insignien seiner Macht. Seine Arme werden – ähnlich wie die des Mose (Ex 17,12) – von den heiligen Bischöfen Ulrich von Augsburg und Emmeram von Regensburg gestützt. Sowohl das Bischofsamt als auch die Heiligen sind damit in den Dienst des Königtums genommen. Die Konsequenz aus diesem Herrschaftsverständnis zog Heinrich II. in einer Urkunde: als Stellvertreter Gottes sei er Haupt des irdischen Leibes Christi. Die Unmittelbarkeit zu Gott führte damit zu größerer Unabhängigkeit der Herrscherwürde vom Papst.

III. Kaiser, Könige und Päpste

Abb. 5 Sakramentar Heinrichs II. (Bayerische Staatsbibliothek München, Clm 4456, 11r)

„Deutsche Päpste"

Grundlegung des Reformpapsttums

Die aus dem sakralen Herrschaftsverständnis abzuleitende Konsequenz wurde in aller Deutlichkeit von Heinrich III. (1039–1056) auf der Synode von Sutri 1046 gezogen. Heinrich war zur Kaiserkrönung nach Italien gekommen und hatte bereits in Pavia eine Synode zur Kirchenreform abhalten lassen (vgl. Kap. V). In Rom lag die Reformbedürftigkeit der Kirche offen zu Tage: Papst Benedikt IX. aus der Familie der Tuskulaner hatte sein Amt gegen eine hohe Abfindung seinem Paten überlassen, der sich Gregor VI. nannte. Gegen ihn war aus der konkurrierenden Familie der Crescentier Silvester III. erhoben worden. Da Heinrich III. auf einen zweifelsfrei rechtmäßigen Papst angewiesen war, um legitim zum Kaiser gekrönt werden zu können, ließ er in Sutri am 20. Dezember 1046 eine Synode abhalten. Silvester III. kehrte in der Folge auf seinen ursprünglichen Bischofssitz zurück, Gregor VI. wurde ins Exil nach Köln geschickt (begleitet von einem römischen Kleriker namens Hildebrand), Benedikt IX. zum Amtsverzicht gedrängt. Die Synode wählte sodann den Bischof Suidger von Bamberg zum Papst, der sich Clemens II. nannte und Heinrich III. zum Kaiser krönte.

Damit begann die Phase des Reformpapsttums, zunächst auch die der „deutschen Päpste". Clemens II., Damasus II., Leo IX. und Viktor II., die von 1046 bis 1057 amtierten, waren zugleich als Bischöfe im Reich (Bamberg, Brixen, Toul, Eichstätt) in die Strukturen des Reiches eingebunden. Paradigmatischen Charakter gewann der Pontifikat Leos IX. (1049–1054), der einen Kreis von Reformanhängern an der römischen Kurie versammelte; hierin liegt der eigentliche Beginn des Kardinalskollegiums. Zu diesem Kreis gehörten als einziger Römer Hildebrand sowie Friedrich von Lothringen, Hugo Candidus, Petrus Damiani oder Humbert von Silva Candida. Die päpstliche Verwaltung weitete durch diese Personalien ihren Horizont weit über die Stadt Rom hinaus, wozu auch die zahlreichen Reisen des Papstes beitrugen. Analog zum Reisekönigtum praktizierte Leo IX. ein „Reisepapsttum" und hielt an zahlreichen Orten Italiens, Frankreichs und des deutschen Reiches Synoden ab – ein wesentliches Mittel zur Durchsetzung der Reform. Diese bestand vor allem im Kampf gegen die Käuflichkeit von kirchlichen Ämtern (Simonie) und gegen den Nikolaitismus, also den Verstoß von Klerikern gegen das Zölibat. Die Reformpäpste akzentuierten mithin den universalen Charakter des Papsttums und ließen das Amt nicht im Reichsepiskopat aufgehen. All dies entspricht der Idee der *libertas ecclesiae*, unter der sich die Reformanliegen subsumieren lassen.

Um die Reform zu sichern, sahen sich deren Anhänger 1059 gezwungen, Nikolaus II. (1059–1061) in Florenz zu wählen; er konnte nur durch militärische Unterstützung gegen den von den Römern gewählten Benedikt X. durchgesetzt werden. Kurz nach seiner Wahl beschloss die Fastensynode 1059 ein neues Papstwahldekret, um ein geregeltes Wahlverfahren unter besonderer Verantwortung der Kardinalbischöfe zu erreichen. Zugleich wurde damit das Kardinalskollegium als hierarchisch gestuftes Wahlgremium für die Papstwahl eingeführt.

Die Kirchenspaltung von 1054

In das Ende der Amtszeit Leos IX. fallen die Ereignisse, die als „morgenländisches Schisma" oder Spaltung zwischen West- und Ostkirche bezeichnet werden, jedoch eher Teil eines langfristigen Entfremdungsprozesses sind. Inhalt des Streits der 1050er Jahre war die im Westen geübte Praxis, in Erinnerung an das biblische Paschamahl ungesäuertes Brot für die Eucharistie zu verwenden, die im Osten unbekannt war. Um die Lage zu beruhigen, schickte Leo IX. seinen Kardinal Humbert von Silva Candida nach Byzanz, der freilich nicht für besonders diplomatisches Auftreten bekannt war. In der Tat wurde rasch klar, dass weder Humbert noch den byzantinischen Theologen an Versöhnung gelegen war, da sich die Debatte ausweitete und verschärfte. Obwohl Leo IX. am 19. April 1054 gestorben war, führte Humbert seine Gesandtschaft weiter und legte am 16. Juli eine Bulle auf dem Altar der Hagia Sophia nieder, mit der der Patriarch von Konstantinopel, der Erzbischof von Bulgarien und ihre Anhänger exkommuniziert wurden; diese antworteten am 21. Juli mit der Exkommunikation Humberts und seiner Gefährten. Formal gesehen war dies keine Kirchenspaltung, doch war die Symbolik des Ereignisses unübersehbar. Die Exkommunikationen gelten übrigens nicht mehr: Papst Paul VI. und Patriarch Athenagoras hoben sie 1964 gemeinsam auf.

3. Erschütterung der Welt

Gregor VII. – Verschärfung der Reform

Ganz gegen die Bestimmungen des Papstwahldekrets war im Jahr 1073 der römische Kleriker Hildebrand noch während der Trauerfeierlichkeiten für seinen Vorgänger zum Papst ausgerufen worden. Schon im römischen Reformkreis hatte Hildebrand eine wichtige Rolle gespielt; als Papst Gregor VII.

schärfte er auf halbjährlichen Synoden in Rom das Verbot von Simonie und Nikolaitismus sowie die „kanonische" Bischofswahl ein, d. h. eine Wahl ohne Einflussnahme von Laien. Gregors Vorstellung von Kirche spiegelt sich besonders eindrucksvoll in einer Liste von 27 Sätzen, die sich in seinem Briefregister zwischen dem 3. und 4. März 1075 gefunden hat.

> **Quelle**
>
> **Der Dictatus Papae Gregors VII. von 1075 (Auszüge)**
> MGH Epistolae selectae 2/1, Berlin 1920, S. 203; Übersetzung B.S.
>
> 1. Die römische Kirche ist allein vom Herrn gegründet.
> 2. Nur der römische Bischof wird mit Recht universal genannt.
> 3. Er allein kann Bischöfe absetzen und wieder einsetzen.
> 5. Der Papst kann auch Abwesende absetzen.
> 6. Mit Menschen, die von ihm exkommuniziert wurden, darf man nicht im selben Haus bleiben.
> 8. Er allein kann die Zeichen kaiserlicher Würde benutzen.
> 12. Er darf Kaiser absetzen.
> 16. Keine Synode darf ohne seine Anweisung allgemein genannt werden.
> 18. Sein Urteil darf von niemandem zurückgenommen werden, er selbst kann alle Urteile kassieren.
> 19. Niemand darf über ihn zu Gericht sitzen.
> 21. Bedeutendere Angelegenheiten jeder Kirche müssen ihm vorgetragen werden.
> 22. Die römische Kirche hat niemals geirrt und wird nach dem Zeugnis der Schrift in Ewigkeit nicht irren.
> 23. Ein kanonisch gewählter römischer Papst wird aufgrund der Verdienste des seligen Petrus ohne Zweifel heilig [...].
> 26. Als katholisch kann nicht gelten, wer mit der römischen Kirche nicht übereinstimmt.
> 27. Er kann Untertanen vom Treueeid gegenüber ungerechten Herrschern lösen.

Welchem Zweck diese Sammlung gedient haben mag, ist völlig unklar; dass ihre Inhalte zu ihrer Zeit weder neu noch ohne Parallele sind, steht jedoch fest. Durch die Zusammenstellung wird freilich in großer Dichte das Bild einer ganz auf den Papst zentrierten Kirche entworfen. Der Papst seinerseits sieht sich in seiner Eigenschaft als Stellvertreter des Apostels Petrus mit der Ausübung der Schlüsselgewalt (Mt 16,19) und direkten Leitung der Kirche beauftragt, wobei ihm durch die Verdienste des Petrus eine eigene „Amtsheiligkeit" zukommt.

Zu den Reformideen kam bei Gregor VII. also die Durchsetzung der Leitungskompetenz des Papstes als kirchenpolitische Leitlinie. Auch reformerische Bischöfe fühlten sich dabei teilweise behandelt wie „Hausknechte" des Papstes (so Liemar von Bremen). Die Konsequenz, nämlich die Einordnung auch von Königen und Kaisern in die Kirche mitsamt ihrer Ein- und Absetzbarkeit durch den Papst, sollte zu einem der schwersten Konflikte des Mittelalters führen.

Heinrich IV. – König im Konflikt

Der 1050 geborene Heinrich IV. wurde schon im Alter von sechs Jahren König, blieb jedoch unter der Vormundschaft seiner Mutter Agnes und – nach 1062 – unter der Aufsicht führender Männer des Reiches mit Erzbischof Anno von Köln an der Spitze. Die führenden Bischöfe und der Königshof waren der Kirchenreform im Sinne des Papsttums und der monastischen Reform (vgl. Kap. VI) durchaus wohlgesonnen. Freilich wurde Heinrichs Aufmerksamkeit zunächst weitgehend von den Sachsen in Anspruch genommen, bei denen er seine Herrschaft erst in langwierigen Kämpfen durchsetzen musste. Gleichzeitig blieb die Herrschaft Heinrichs IV. instabil, da oppositionelle Kräfte nicht zur Ruhe kamen. Als sich die Sachsen als gefährlichste Gegner Heinrichs 1075 unterwarfen, schwelte schon ein anderer Konflikt in Mailand.

Dort unterstützte die Pataria, eine reformorientierte Laienbewegung, die Ziele des Papsttums, war aber zugleich soziale Protestbewegung gegen die städtischen Oberschichten. Die vom deutschen Königshof gestützten Bischöfe wurden in Auseinandersetzungen mit der Pataria vom Papst exkommuniziert, als zu Beginn des Jahres 1072 eine Neuwahl erforderlich wurde. Die Pataria wählte Kardinal Atto, der auf Druck der Gegenpartei resignierte; Heinrich IV. setzte dagegen in förmlicher Investitur (vgl. Kap. IV) Gottfried ein, den er 1075 durch Tedald zu ersetzen versuchte. Im Kontext dieser Streitigkeiten waren fünf Räte Heinrichs IV. ebenfalls exkommuniziert worden, was Gregor VII. 1075 wiederholte. Zum eigentlichen Vorwurf des Papstes an Heinrich IV. wurde also nicht das Vorgehen bei der Bischofseinsetzung, sondern der nach dem Kirchenrecht verbotene Umgang mit Exkommunizierten. Gregor VII. lobte den König zwischenzeitig sogar für seine Treue zur Reform.

Konflikt in Mailand

In dieser Situation fand im Januar 1076 eine Versammlung in Worms statt, die sich vor allem gegen die Eingriffe des Papstes in die Amtsführung der Bischöfe wandte. Die Schreiben an Gregor VII. sind nachträglich noch einmal zu Propagandazwecken überarbeitet worden: Jetzt wurde der Papst als falscher Mönch Hildebrand angesprochen und zum Rücktritt aufgefordert – ganz auf der Linie des sakralen Selbstverständnisses der Könige, die ihre Macht unmittelbar von Gott herleiteten.

Versammlung in Worms

Canossa und die Folgen

Das Schreiben Heinrichs IV. erreichte Gregor VII. pünktlich zur Fastensynode 1076, die er für eine große Antwort in Form eines Gebets an den Apostel Petrus nutzte. Da sich Heinrich IV. gegen den Papst und damit gegen die Schlüsselgewalt des Petrus aufgelehnt habe, exkommunizierte er den König und entband seine Gefolgsleute von ihren Eiden gegenüber dem König. Erzbi-

Exkommunikation Heinrichs IV.

schof Siegfried von Mainz als Leiter der Wormser Versammlung wurde ebenfalls exkommuniziert, anderen Bischöfen der Bann angedroht.

Gang nach Canossa Unter diesen Umständen schwand der Rückhalt für Heinrich IV. zusehends, päpstliche Partei und Opposition gegen den König verbanden sich. Auf einer Versammlung in Tribur im Herbst 1076 setzten die Fürsten dem am anderen Rheinufer in Oppenheim lagernden Heinrich ein Ultimatum: Innerhalb eines Jahres ab ihrer Verhängung sollte er von der Exkommunikation gelöst sein, andernfalls würde man einen anderen König einsetzen. Dies machte Heinrichs berühmten winterlichen Gang nach Canossa notwendig, wo er im Januar 1077 den ins Reich ziehenden Papst traf: Um seine politische Handlungsfähigkeit wiederherzustellen, musste er dem Papst auf dessen Handlungsebene als Hirt und Leiter der Kirche begegnen. Der Bußakt machte die Absolution und Aufhebung der Exkommunikation zwingend notwendig – wie auch Gregor VII. selbst an die deutschen Fürsten schrieb. Die untrennbare Verschränkung von geistlicher und weltlicher Dimension in dem Geschehen ist dabei von größter Bedeutung.

Die Zeitgenossen und Geschichtsschreiber des Mittelalters werteten die Ereignisse als schwere Erschütterung der politischen Ordnung, und auch in der neuzeitlichen Erinnerungskultur hat „Canossa" als Chiffre nicht erst seit Otto von Bismarcks berühmtem Satz „Nach Canossa gehen wir nicht!" einen festen Platz. Doch blieb es eine Episode im Konflikt zwischen den Universalgewalten.

Der Kaiser-Papst-Konflikt nach Canossa

Noch ehe Heinrich IV. vom Bann gelöst war, hatten die Fürsten im Reich mit Rudolf von Rheinfelden einen Gegenkönig aufgestellt, der freilich beim Papst nicht mehr vollen Rückhalt hatte. Heinrich IV. setzte sich militärisch gegen Rudolf durch, dem 1080 im Gefecht die Schwurhand abgeschlagen wurde; am selben Tag starb er. Das heinricianische Lager wertete dies als Gottesurteil.

Gegenpapst Dass Gregor VII. den König zuvor noch ein zweites Mal exkommuniziert hatte, nützte Heinrichs Gegnern nicht: die geistliche Waffe war stumpf geworden. Heinrichs Gefolgschaft verkleinerte sich nicht, vielmehr wurde immer mehr Kritik an der anmaßenden Haltung des Papstes laut. Heinrich ließ nun Gregor VII. für abgesetzt erklären und mit dem Bischof Wibert von Ravenna einen neuen Bischof wählen, der sich programmatisch Clemens III. nannte und von der heinricianischen Partei in Italien militärisch durchgesetzt wurde; so konnte Heinrich IV. im Jahr 1084 von Clemens III. zum Kaiser gekrönt werden. Gregor VII. war unter dem Schutz der Normannen Süditaliens ins Exil nach Salerno geflohen, wo er 1085 starb. Der Konflikt zwischen Kaiser und Papst schwelte danach weiter, auch nachdem 1105 Heinrich V. seinen Vater aus der Herrschaft verdrängt hatte. Doch ging es nun nicht mehr um den Grundsatzkonflikt der Universalgewalten, sondern die Lösung des Investiturproblems (vgl. Kap. IV).

Während des Konflikts zwischen Heinrich IV. und Gregor VII. wurden in großer Zahl Streitschriften und Rechtssammlungen erstellt, die zur Legitimation der jeweiligen Position – auch in der Frage der Investitur von Bischöfen – dienen sollten. Dem oben skizzierten Kirchenbild Gregors VII. hielt beispielsweise Gottschalk von Aachen 1076 eine Interpretation der Zwei-Schwerter-Lehre (vgl. Lk 22,28) entgegen: Zwei Schwerter sollen die göttliche Ordnung sichern. Das geistliche Schwert soll den Gehorsam gegenüber dem König durchsetzen, das weltliche Schwert die Feinde Christi vertreiben und die Ordnung im Innern wahren.

Publizistik

Letztlich führte die politische und intellektuelle Auseinandersetzung zwischen weltlichem *regnum* und geistlichem *sacerdotium* zum Beginn einer Ausdifferenzierung weltlicher und sakraler Herrschaft sowie zu einem Wandel im sakralen Verständnis des Königtums in ganz Europa. Am Gedanken der göttlichen Legitimation änderte sich nichts, doch war es nach dem 11. Jahrhundert für den König nicht mehr möglich, Anteil an der priesterlichen Aufgabe der Seelenführung für sich zu reklamieren. Priestertum des Herrschers bedeutete nun, den Untertanen die richtigen Rahmenbedingungen für die Erlangung des Seelenheils zu schaffen. Kompetenzkonflikte mit dem Papsttum waren dabei keineswegs ausgeschlossen.

4. Konsolidierung des Papsttums im 12. und 13. Jahrhundert

Päpste und Gegenpäpste

Die Rivalität der römischen Adelsfamilien führte nach dem Tod Honorius' II. im Jahr 1130 zu einer Doppelwahl: Anaklet II. aus der Familie der Pierleoni, Innozenz II. aus derjenigen der Frangipani. Charakteristisch für die Situation im 12. Jahrhundert ist nun, dass der Konflikt nicht mehr nur auf Rom beschränkt blieb, sondern europaweite Dimensionen bekam. Nicht zuletzt Bernhard von Clairvaux engagierte sich in seiner weitgespannten Korrespondenz für Innozenz II., der sich zwar letztlich gegen Anaklet durchsetzen konnte, in Rom aber in einer schwachen Position blieb. Umso auffälliger ist die Nähe zur Symbolik des Kaisertums, die Innozenz suchte.

Schisma 1130

Zu einer neuerlichen Doppelwahl kam es 1159, als nacheinander zwei Kardinäle gewählt und zur Akklamation gestellt wurden: Viktor IV., der konservativere und kaiserfreundliche Kandidat, und Alexander III., der eine gegen Kaiser Friedrich Barbarossa gerichtete Politik verfolgte. Wiederum war die Legitimität kaum zu klären, Alexander III. setzte sich letzten Endes gegen Viktor

Schisma 1159

und seine drei Nachfolger durch. Dies gelang ihm hauptsächlich deswegen, weil er die oberitalienischen Städte und europäischen Mächte, vor allem Frankreich, hinter sich brachte; eine 1160 von Friedrich Barbarossa einberufene Synode brachte keine Lösung, statt dessen exkommunizierte Alexander III. nicht nur seinen Kontrahenten, sondern auch den Kaiser. Erst 1177 kam es in Venedig zur Aussöhnung von Papst und Kaiser in einem Vertrag, nachdem Friedrich Barbarossa als Büßer von der Exkommunikation befreit worden war. Nichtsdestotrotz war der Kaiser in diesem Schisma in den Hintergrund gerückt, das Bemühen um andere Herrscher, Bischöfe und Ordensgemeinschaften wurde für die Päpste wichtiger.

Die Andeutungen zu den Doppelwahlen von 1130 und 1159 zeigen, wie problematisch der Begriff „Gegenpapst" in diesem Kontext ist. Denn er setzt die Legitimität eines Prätendenten voraus, die sich weder zeitgenössisch noch gegenwärtig ohne weiteres feststellen lässt und die sich meist im Nachhinein ergab: legitimer Papst war, wer sich auf dem politischen Terrain durchsetzen konnte.

Die Auseinandersetzungen der Päpste mit den Staufern

Italienpolitik Friedrich Barbarossas

In der ersten Hälfte des 12. Jahrhunderts hatten es die Päpste auf italienischem Boden mit vier je nach Situation mehr oder weniger gefährlichen Mächten zu tun: den römischen Adelsfamilien und der Stadtverwaltung, den Normannen im Süden Italiens, den Byzantinern, die ihre Herrschaft teilweise wiederherstellen wollten und schließlich den deutschen Königen, die Anspruch auf die Kaiserkrönung hatten. Als erster unter den Königen des 12. Jahrhunderts betrieb der Staufer Friedrich I. Barbarossa (1152-1190) eine aktive Italienpolitik, deren Grundzüge bereits 1153 mit Papst Eugen III. (1145-1153) vertraglich vereinbart wurden. Zwar konnte Eugens Nachfolger Hadrian IV. (1153-1159) Friedrich gegen den Willen der Römer zum Kaiser krönen, dieser musste jedoch mangels Gefolgschaft auf den geplanten Feldzug gegen die Normannen verzichten. Der Papst war daher zu einem Bündnis mit den Normannen genötigt, was den Konflikt mit dem Kaiser heraufbeschwor. Im Jahr 1157 bezeichnete Hadrian IV. die Kaiserkrone gar als päpstliches *beneficium*, was nicht nur „Wohltat", sondern im juristischen Sinn auch „Lehen" bedeuten konnte – eine für den Kaiser völlig inakzeptable Sichtweise. Durch das Schisma ab 1159 blieb das Verhältnis Friedrichs zum Papsttum gespannt.

Eine neue politische Situation entstand durch die Heirat von Friedrichs Sohn Heinrich VI. mit Konstanze, der Erbin des Königreichs Sizilien. Nachdem der Erbfall eingetreten und Heinrich seine Ansprüche durchgesetzt hatte, gehörte ein Großteil der italienischen Halbinsel zum staufischen Reich. Angesichts des frühen Todes Heinrichs VI. übernahm Papst Innozenz III. die Vormundschaft für dessen Sohn Friedrich II., der während der Thronstreitigkeiten im deutschen Reich im Königreich Sizilien blieb. Erst als er nach seiner Wahl zum König 1212 seine Herrschaft durchgesetzt hatte, wurde auch die Vereinigung der Königreiche Realität.

Diese Situation machte Päpste und Friedrich II. zu politischen Gegnern. Der Konflikt erreichte seine Höhepunkte mit der Exkommunikation Friedrichs 1227 wegen des immer wieder verschobenen Kreuzzugs (zuletzt wegen einer Seuche unter den Kreuzfahrern) und einer weiteren Exkommunikation 1239, die Friedrichs Gegner in Oberitalien stützen sollte, sowie mit der offiziellen Absetzung Friedrichs als Kaiser und König von Sizilien auf dem Konzil von Lyon 1245 (vgl. Kap. V). Der Konflikt wurde von zahlreichen Streitschriften beider Seiten begleitet, in denen apokalyptische Motive eine große Rolle spielen (z. B. Friedrich II. als Antichrist).

Friedrich II.

Der Tod Friedrichs 1250 löste zwar die Umklammerung des Kirchenstaats durch das Reich, doch dauerte der unbedingte Wille der Päpste, die Staufer physisch zu vernichten, an: Im Bündnis mit dem Papsttum besiegte Karl von Anjou die letzten Nachfahren Friedrichs – und schuf damit die Grundlagen für die enge Bindung des Papsttums an Frankreich im 14. Jahrhundert.

Institutionelle und theologische Entwicklung des Papsttums 1130–1276

Der wahre Kaiser sei der Papst, formulierte eine französische Kirchenrechtssammlung um 1170. In der Tat war seit dem „Investiturstreit" nicht nur das Selbstbewusstsein der Päpste höher, sondern auch der Grad an Institutionalisierung und Professionalisierung der päpstlichen Verwaltung. Zugrunde lag die enorm gestiegene Bedeutung des Kirchenrechts, das um 1140 mit der Sammlung des Gratian auf eine neue systematische Basis gestellt und durch Gregor IX. und Bonifaz VIII. erweitert bzw. aktualisiert wurde. Etliche Päpste des 12. und 13. Jahrhunderts waren bestens geschulte Juristen, was sich unter anderem in der Präzisierung von Heiligsprechungs- und Papstwahlverfahren zeigte: mit der Papstwahlordnung von 1179 wurden die Kardinäle als exklusiver Wählerkreis und die Zweidrittelmehrheit als Erfordernis für die gültige Wahl festgelegt. Im Kardinalskollegium, das ca. 30 Personen umfasste, fungierten nun nach den Kardinalbischöfen allmählich auch Kardinalpriester und -diakone als Berater des Papstes. Vor allem aber wurde die Verwaltung professionalisiert und ausgebaut: Die Produktion der Urkunden in der Kanzlei stieg stark an, zugleich waren für Urkunden Zahlungen an die päpstliche Kammer zu entrichten. Mit Hilfe der päpstlichen Urkunden, des kanonischen Rechts, aber auch von Konzilien und Legationen (Gesandtschaften) wurde der päpstliche Primat ausgebaut und gefestigt. Der päpstliche Legat trat in Kleidung, Symbolik und Rechtskompetenzen als Repräsentant des Papstes auf, als wäre dieser selbst vor Ort.

Professionalisierung

Verwaltung, Schriftkultur und Gesandtenwesen waren schon in der Mitte des 11. Jahrhunderts wesentliche Instrumente des Reformpapsttums gewesen, unter Alexander III. wurden sie im Schisma von 1159 erheblich ausgebaut. Die Geschäftigkeit am Papsthof fand allerdings in Bernhard von Clairvaux auch einen prominenten Kritiker.

Papst als Stellvertreter Christi

Das Selbstverständnis des Papstes wurde insbesondere von Innozenz III. (1198-1216) formuliert. Aus der seit Gregor VII. gelegten Grundlage zog er die Konsequenz und verwendete den Titel *vicarius Christi* (Stellvertreter Christi), da er diese Funktion als Repräsentant Petri ausübe. Da der Papst geistliche und weltliche Funktionen in sich vereinte, differenzierte Innozenz bei der päpstlichen Kopfbedeckung und verwendete die Mitra bei geistlichen Funktionen, die Tiara (die erst um 1300 dreistufig wurde) als Symbol weltlicher Herrschaftskompetenz. Denn Innozenz III. beanspruchte nicht nur das Recht, Kandidaten für einen Königsthron zu prüfen, sondern auch die Kaiserwürde nach eigener Entscheidung zu vergeben. Wie der Mond sein Licht von der Sonne habe, so der Kaiser das seine vom Papst, schrieb Innozenz in einem Brief. Der Versuch seiner Nachfolger, als Lehnsherrn Karls von Anjou aufzutreten, scheiterte allerdings an den politischen Realitäten.

5. Machtfülle und Ohnmacht des Papsttums im 14. Jahrhundert

Machtfülle und Krise: Bonifaz VIII.

Gewissermaßen als Gegenpol zur starken politischen Ausrichtung des Papsttums wurde im Juli 1294 der Eremit Petrus von Morrone zum Papst gewählt; er nannte sich Cölestin V. Freilich konnte sein vor allem geistliches Amtsverständnis, in das er auch die von ihm ernannten Kardinäle einbezog, der Komplexität der Situation des Papsttums nicht gerecht werden. Beraten von juristisch versierten Kardinälen, darunter sein Nachfolger Benedetto Caetani, trat er in Übereinstimmung mit dem Kirchenrecht im Dezember 1294 zurück. Sein Wunsch in eine Einsiedelei zurückzukehren, erfüllte sich jedoch nicht, vielmehr erhielt er eine Zelle in einer päpstlichen Burg – offenbar befürchtete sein Nachfolger ein Schisma.

Dieser wurde am Heiligen Abend gewählt und nannte sich Bonifaz VIII. Der neue Papst pflegte eine dezidiert hoheitliche Amtsauffassung, was seinen symbolischen Ausdruck in der Ausgestaltung der Tiara als päpstlicher Kopfbedeckung fand. Aber auch die Ergänzung des Kirchenrechts muss ebenso erwähnt werden wie die Kanalisierung der Pilgerströme nach Rom durch das Heilige Jahr 1300. Die Interventionen in die europäische Politik führten allerdings nicht zur gewünschten Position eines internationalen Schiedsrichters, sondern direkt in den Konflikt mit Frankreich, der sich rasch zu einer Grundsatzfrage um das Verhältnis von Papst und Kaiser ausweitete. In diesem Kontext steht die Bulle *Unam sanctam* von 1302.

> **Quelle**
>
> **Die Bulle Unam sanctam Bonifaz' VIII. vom 18. November 1302 (Auszüge)**
> Kirchen- und Theologiegeschichte in Quellen, Bd. 2, S. 179f.
>
> Eine heilige katholische und apostolische Kirche müssen wir im Gehorsam des Glaubens annehmen und festhalten. […] außer ihr gibt es kein Heil und keine Vergebung der Sünden. […] Diese Kirche hat nur einen Leib und ein Haupt, nicht wie ein Ungeheuer zwei Häupter […].
> Dass in [Christi] Gewalt zwei Schwerter sind, das lehren uns die Worte des Evangeliums. […] Jenes gehört dem Priester, dieses liegt in der Hand der Könige und Ritter, aber nur wenn und solange der Priester es will. Es gehört sich aber, dass das eine Schwert dem anderen untergeordnet ist, dass also die weltliche Autorität der geistlichen untergeordnet ist. […]
> Wenn also die weltliche Gewalt in die Irre geht, wird sie von der geistlichen Gewalt gerichtet werden; wenn aber eine niedere geistliche Gewalt in die Irre geht, wird sie von der geistlichen Gewalt gerichtet, die über ihr steht. Wenn jedoch die höchste geistliche Gewalt in die Irre geht, wird sie allein von Gott, nicht jedoch von irgendeinem Menschen gerichtet werden können […]. Es ist aber diese Autorität, auch wenn sie einem Menschen gegeben ist und von einem Menschen ausgeübt wird, keine menschliche, sondern eine göttliche, nach Gottes Wort dem Petrus gegeben, ihm und seinen Nachfolgern von Christus selbst […]. Wer sich also dieser von Gott so geordneten Gewalt widersetzt, der widersetzt sich der Ordnung Gottes. […] So erklären, sagen, definieren und verlautbaren wir, dass jede menschliche Kreatur bei Verlust ihrer ewigen Seligkeit dem römischen Papst untertan sein muss.

Bonifaz VIII. starb im Oktober 1303, nachdem er von Verbündeten des französischen Königs in Anagni überfallen und von seinen Anhängern befreit worden war; sein Plan, mit einem Konzil gegen den König vorzugehen, war jedenfalls gescheitert.

Das Papsttum in Avignon

Unter Bonifaz' zweitem Nachfolger, Clemens V., zeigte sich die Veränderung der Gewichte deutlich: Der Papst residierte ab 1309 in Frankreich, ebenso seine Nachfolger. Da zudem der Kirchenstaat zunehmend der päpstlichen Kontrolle entglitt, entstand in Avignon eine Papstresidenz, die sich zum riesigen Papstpalast entwickelte. Dort fanden schließlich nicht nur die päpstlichen Liturgien statt (sogar der Umzug zur Inbesitznahme der Stadt Rom wurde ins Innere des Palastes verlegt!), auch die in Avignon enorm wachsende Verwaltung fand hier ihren Platz. Zwar fehlte es den Päpsten häufig nicht am Willen zur Rückkehr nach Rom, wohl aber an den finanziellen und politischen

Möglichkeiten. Daher wurden zahlreiche Geldquellen erschlossen, von Gebühren für kuriale Amtshandlungen bis hin zu jährlichen Abgaben von Bischofssitzen, Abteien und ganzen Ländern.

Stadtrömisches Kaisertum

Das Kaisertum freilich blieb an Rom gebunden. Die Krönung Heinrichs VII. im Jahr 1312 nahmen noch drei Kardinäle als Stellvertreter des Papstes vor, bei Ludwig IV. (von Papst Johannes XXII. *Ludovicus Bavarus*, Ludwig der Bayer, genannt), wurde das Zeremoniell aufgrund des Konfliktes mit dem Papst revolutioniert: Die Krone setzte ihm mit Sciarra Colonna ein führender römischer Adliger auf den Kopf, das Kaisertum wurde also nicht vom Papst, sondern von der Stadt Rom verliehen. Doch schon Ludwigs Nachfolger Karl IV. ließ sich wieder von einem Kardinal als päpstlichem Stellvertreter krönen.

Das Große Abendländische Schisma

Die Rückkehr nach Rom wagte erst Papst Urban V. im Jahr 1367 – sein Name war programmatisch von der *urbs*, der Bezeichnung für die Stadt Rom, abgeleitet. Sein Nachfolger Gregor XI. musste den Umzug 1377 erneut durchsetzen, starb aber bereits 1378. Im Konklave von April 1378 standen sich römische und französische Interessen gegenüber; man einigte sich auf den Erzbischof von Bari, Bartolomeo Prignano, als Kompromisskandidaten; er nannte sich Urban VI. Freilich stürmten die Römer schon vor Beendigung der Wahl das Konklave, wo ihnen der alte römische Kardinal Tebaldeschi präsentiert wurde. Die Kardinäle zogen sich in die nahe Engelsburg zurück und beendeten dort das Wahlverfahren.

Papstwahlen 1378

Durch seine autoritäre Amtsführung machte sich Urban VI. allerdings derart unbeliebt, dass die Kardinäle die Wahl für ungültig erklärten und am 20. September 1378 mit Robert von Genf einen neuen Papst (Clemens VII.) wählten. Der Druck der Straße bei der Wahl Urbans war ihnen dabei ein willkommener Vorwand, die Legitimität der letzten Wahl zu bestreiten. Welcher der beiden nun rechtmäßiger Papst war, darüber wurden 1379 große Untersuchungen angestellt, die freilich kein eindeutiges Ergebnis erbrachten. Da sich Urban VI. in Rom und Italien militärisch behaupten konnte, wich Clemens VII. nach Avignon aus – das Papsttum war nun gewissermaßen verdoppelt: es gab zwei päpstliche Verwaltungen, zwei Kardinalskollegien und – am bedeutendsten – zwei Obödienzen (Anhängerschaften). Europa war damit geteilt in Anhänger des römischen und Anhänger des avignoneser Papstes, wobei der Riss durch Länder, Bistümer, Klöster und Familien gehen konnte. Eine Lösung erbrachten erst die Konzilien zu Beginn des 15. Jahrhunderts (vgl. Kap. V). ∎

Auf einen Blick

Mittelalterliches König- bzw. Kaisertum war stets (auch) sakral legitimiert. Dies spiegelt sich schon in den Riten von Königserhebung und Kaiserkrönung, die sich im fränkischen Reich herausbildeten und im Lauf des 10. Jahrhunderts in eine liturgische Form gegossen wurden: Als symbolischer Akt spielte die Salbung eine entscheidende Rolle, die liturgischen Gebete fassten den sakralen Charakter des Königtums zusammen. Das Erstarken des Reformpapsttums und der Verlauf der Auseinandersetzungen des 11. und 12. Jahrhunderts führten zu einer deutlichen Ausdifferenzierung von weltlicher und geistlicher Sphäre, der König eindeutig auf die Seite der Laien gestellt. Freilich war hatte damit die Exkommunikation als schärfste Waffe des kirchlichen Strafrechts nur noch begrenzte Wirkung: Canossa blieb die Ausnahme, weitaus häufiger fand der päpstliche Urteilsspruch über den Herrscher nur geringere Beachtung.

Das Papsttum entwickelte sich seit der Mitte des 11. Jahrhunderts zur höchsten, universalen und unmittelbaren Autorität in der Christenheit, was seinen Ausdruck in der Professionalisierung der Kurie, der Ausgestaltung des Papstwahlverfahrens oder auf den hochmittelalterlichen Konzilien fand (dazu Kap. V). Das Kirchenrecht, das etliche Päpste des 12. und 13. Jahrhunderts ausgezeichnet beherrschten, wurde dabei zur Leitdisziplin. Krisen des Papsttums wurden dabei durch zeitweilige Schismen und „Gegenpäpste" markiert, in besonderer Schwere im Großen Abendländischen Schisma ab 1378.

Literaturhinweis

Erkens, Franz Rainer: Herrschersakralität im Mittelalter. Von den Anfängen bis zum Investiturstreit, Stuttgart 2006. *Detaillierte Studie zu einem Kernthema, die auch die antiken Voraussetzungen und neuzeitlichen Folgen einbezieht.*

Frenz, Thomas: Das Papsttum im Mittelalter, Köln 2010. *Überblick zu Entwicklung und Strukturen des Papsttums.*

Goez, Elke: Papsttum und Kaisertum im Mittelalter, Darmstadt 2009. *Auf die Bedürfnisse von Studierenden der Geschichte zugeschnitten.*

Herbers, Klaus: Geschichte des Papsttums im Mittelalter, Darmstadt 2012. *Umfassender und gut lesbarer Überblick.*

Mierau, Heike Johanna: Kaiser und Papst im Mittelalter, Köln 2010.

Schimmelpfennig, Bernhard: Könige und Fürsten, Kaiser und Papst im 12. Jahrhundert, München ²2010.

Zimmermann, Harald: Das Papsttum im Mittelalter. Eine Papstgeschichte im Spiegel der Historiographie, Stuttgart 1981. *Faktenreiche, ereignisgeschichtlich ausgerichtete Papstgeschichte.*

IV. Bischofsamt, Klerus und Seelsorge

Überblick

Die Kirche ist in Gestalt ihres Klerus ein integraler Bestandteil mittelalterlicher Gesellschaften in Europa, die sich als christlich verstehen. Schon im vorangegangenen Kapitel hat sich angedeutet, dass Bischöfe für Kirche und weltliche Politik im Mittelalter eine wichtige Rolle spielten. Zwischen diesen beiden Polen befanden sich Verständnis und Funktionen des Bischofs, wobei sich die Herrschaftsfunktionen des Bischofs bzw. seine Einbindung in Herrschaftsstrukturen wandelten. Mindestens ebenso gehört die Seelsorge in den Kirchen der Städte und auf dem Land zur mittelalterlichen Gesellschaftsstruktur.

789	Admonitio generalis Karls d. Gr.
794	Synode von Frankfurt (Eigenkirchen etc.)
9. Jh.	Pseudoisidor
1075/1078	Investiturverbote
1095	Verbot des Treueeides für Bischöfe
1122	„Wormser Konkordat"
1215	Viertes Laterankonzil (Lehre von der Transsubstantiation)

1. Struktur der Kirche im Frühmittelalter

Eigenkirchen

Während das Christentum in der Antike städtisch organisiert gewesen war, musste es mit der Mission im Frühmittelalter in einen ländlich strukturierten Raum implementiert werden. Dem musste die „Besoldung" der Geistlichen angepasst werden: Entweder vergab man – analog zum weltlichen Lehenswesen – mit dem Amt ein Stück Land (Pfründe), von dessen Erträgen der Geistliche seinen Lebensunterhalt bestreiten konnte, oder der Geistliche war einem Eigenkirchenherrn unterstellt. Der Rechtshistoriker Ulrich Stutz (1868-1938) definierte Eigenkirche als ein „Gotteshaus, das einer Eigenherrschaft derart unterstand, dass sich daraus über jene nicht bloß die Verfügung in vermögensrechtlicher Beziehung, sondern auch die volle geistliche Leitungsgewalt ergab". Die Eigenkirche unterstand also in jeder Hinsicht einem

Grundherrn, der nicht nur für die materielle Ausstattung der Kirche zu sorgen hatte, sondern auch einen Priester dort einsetzen konnte; die Mitwirkung des Bischofs beschränkte sich dabei auf die Weihe. In diesem Sinne regelt es etwa die Frankfurter Synode von 794. Die Form der Eigenkirche dürfte ihren Ursprung in den Landhöfen der gallo-römischen Bevölkerung haben, auf denen christliches Leben in germanischen Reichen praktiziert wurde.

Für die Christianisierung der Landbevölkerung dürften die Eigenkirchen eine bedeutende Rolle gespielt haben, sie kollidierten freilich häufiger mit dem Anspruch der Bischöfe auf Strukturierung und Ordnung der Seelsorge. Im 9. Jahrhundert wurde ein Vetorecht des Bischofs bei der Ernennung von Klerikern eingeräumt und ein ausreichendes Einkommen für den Kleriker gefordert. Erst im 12. Jahrhundert wurde das Eigenkirchenwesen zum Patronatsrecht weiterentwickelt, bei dem der Kirchenherr auf die vermögensrechtlichen Funktionen beschränkt wurde und die geistliche Leitung der Kirche dem Bischof vorbehalten blieb.

Pfarrei und Seelsorge im karolingischen Reich

Mit der zunehmenden Christianisierung Europas vermehrte sich auch die Zahl der Pfarrkirchen und Sakralgebäude ohne Pfarrkirchenfunktion. Dies brachte Probleme mit sich, gegen die man schon im 6. Jahrhundert anging: Bischöfe wollten die Ausbildung der Kleriker, die Einhaltung gewisser Lebensnormen (**Zölibat**, Verbot des Waffentragens) sowie den Kontakt zur Bischofskirche gesichert wissen; die Kleriker auf dem Land kämpften gegen die Isolation an und gründeten Vereinigungen auf der Basis von Schwüren. Auch das Amt des Archipresbyters, der im Auftrag des Bischofs Leitungs- und Aufsichtsrechte über die Landgeistlichen hatte, diente dem besseren Kontakt der Kleriker untereinander und mit dem Bischof.

> **Stichwort**
>
> **Zölibat**
>
> Seit dem 4. Jahrhundert wurde von Klerikern sexuelle Enthaltsamkeit gefordert. Im Hintergrund standen die in den antiken Religionen bekannten Reinheitsvorschriften, die Voraussetzung für den (Opfer-)Kult waren. Im Frühmittelalter wurden diese Gedanken auf die Feier der Eucharistie übertragen: Alle Kleriker, die Gefäße mit Leib und Blut Christi anfassten, sollten enthaltsam leben. Dies betraf die höheren Weihegrade, also Subdiakone, Diakone, Priester und Bischöfe. Die Forderung nach kultischer Reinheit wurde im gesamten Mittelalter erhoben, ebenso wurde die Gültigkeit der von „unkeusch" lebenden Priestern gespendeten Sakramente kontrovers diskutiert. Zur Durchsetzung des Zölibats dürfte die Akzeptanz der Reinheitsvorstellung durch die Gläubigen mindestens ebenso bedeutsam gewesen sein wie päpstliche und konziliare Normen.

Verwaltungseinheiten Während die Pfarrei zunächst vor allem als Personenverband gedacht war, wandelte sie sich unter Karl dem Großen zu einem Territorium, innerhalb dessen der Zehnt als eine Art Kirchensteuer an die Pfarrkirche abgeführt werden musste. Die Steuerpflicht und die Verpflichtung, in der eigenen Pfarrkirche den Sonntagsgottesdienst zu besuchen und die Sakramente zu empfangen, fielen also zusammen. Die christianisierten Teile des Frankenreichs erhielten im 8. und 9. Jahrhundert ein wenigstens grobmaschiges Netz aus Pfarreien, wobei freilich das Taufrecht älterer Klosterkirchen erhalten blieb. Durch diese Maßnahmen wurde die Kirche zu einer die Gesellschaft formenden Kraft.

Auf der Ebene zwischen Pfarrer und Bischof waren die Archidiakone und Landdekane angesiedelt. Während erstere den Bischof im Gericht und in der Verwaltung einer Region vertreten sollten und nicht die Befugnis zur Sakramentenspendung hatten, hatten letztere als Beauftragte von Bischof und Archidiakon Aufsichtsfunktionen für die ihnen unterstehenden Pfarreien. Beide Ämter wurden jedoch je nach Bistum im Detail unterschiedlich ausgestaltet.

Die liturgische Annäherung des Weltklerus an das Mönchtum im 9. Jahrhundert führte nicht nur zur Vermehrung von Priestern unter den Mönchen, deren Priesterweihe „absolut" (nicht auf eine Gemeinde bezogen) war. Gewissermaßen als Rückwirkung wurde Priestertum immer weniger von der Gemeinde her definiert, sondern stärker vom Darbringen des „Opfers" am Altar. Diese Tendenz verstärkte sich im 11. Jahrhundert.

Bischöfe im Frankenreich

In der Umbruchzeit von der Antike zum Mittelalter hatten Bischöfe unterschiedliche Funktionen: Wo weltliche Gewalt in den Städten weggefallen war, waren sie oft die einzige lokale Autorität, die die entstandene Lücke füllen konnte – in Gallien, aber auch in Rom. Zudem konnten Bischöfe vom Papst mit Missionsaufgaben betraut werden, wie es bei der Missionierung Britanniens zum ersten Mal praktiziert wurde (vgl. Kap. II). Da die entstehenden Diözesen ein weitaus größeres Gebiet umfassten als die Diözesen der Antike, wurde in bonifatianischer Zeit (um 740) das Amt des Chorbischofs eingeführt (von gr. χώρα = Land), der für sakramentale Aufgaben durch die Diözese reiste ohne einen festen Amtssitz zu haben; das Amt wurde in der zweiten Hälfte des 9. Jahrhunderts allmählich wieder abgeschafft. Freilich waren die antike Metropolitanstruktur und der Einfluss des Papstes auf die Bistümer weitgehend weggebrochen, so dass die Kirchenleitung letztlich beim König lag.

Karolingische Reformen Reformen wurden bereits um 760 unter Pippin dem Jüngeren durch Bischof Chrodegang von Metz angestoßen. Sie liefen auf eine Stärkung der bischöflichen Autorität durch intensivere Kontrolle der im Bistum befindlichen Kleriker einschließlich wandernder Bischöfe und Mönche hinaus. Zudem etablierte Chrodegang nach spätantiken Vorbildern das gemeinschaftliche Leben der Kleriker an der Kathedralkirche. Besondere Bedeutung kam den Bischöfen aber zur Zeit Karls des Großen und Ludwigs des Frommen zu. Hier finden wir Bischöfe gleichberechtigt neben Grafen und Äbten als die Großen des Reiches, die das Reformprogramm Karls „Irriges berichtigen, Überflüssiges wegschneiden, Richtiges bestärken" (so Karl in der *Admonitio generalis* von 789) mit umzusetzen hatten. Bischöfe waren am Zustandekommen der kaiserlichen Gesetzgebung beteiligt und ließen sich vom Kaiser zu Synoden einberufen, deren Inhalte er vorgegeben hatte und deren Beschlüsse er in Gesetze goß. Dass Bischöfe und Kaiser gemeinsam die Christenheit regierten, scheint in der Folgezeit weithin akzeptiert gewesen zu sein. In jedem Fall verstanden die Bischöfe ihr Amt als Dienst (*ministerium*), näherhin als Vermittlung zwischen Gott und Menschen. Dies brachte die Verpflichtungen von Lehre bzw. Belehrung, vorbildlicher Lebensführung und Leitung der Kirche mit sich – Gedanken, die angesichts des Niedergangs weltlicher Ordnung um 900 ausgebaut wurden: Bischöfe traten mit größerem Selbstbewusstsein und höherer Macht auf als zuvor. Die Leitungsfunktion der Bischöfe manifestiert sich im 9. Jahrhundert zudem in einer eigenen Gattung bischöflicher Gesetzgebung, den Bischofskapitularien, die formale Analogien zur Herrschergesetzgebung aufweisen. Vor diesem Hintergrund erscheint es naheliegend, dass vom Bischof eine adlige Herkunft erwartet wurde.

Ebenfalls seit bonifatianischer Zeit wurde das Amt des Metropoliten allmählich im Frankenreich eingeführt, von dem Persönlichkeiten wie Hinkmar von Reims betont hoheitliche Auffassungen entwickelten. Der Metropolit war ihm zufolge in vielfacher Hinsicht „Dienstvorgesetzter" der einfachen Bischöfe: Er berief Provinzialsynoden ein, leitete und bestätigte sie; er hatte das Recht zur Visitation und ggf. zur Bestrafung von Diözesanbischöfen; er ordnete, überprüfte und bestätigte Bischofswahlen; er war Appellationsinstanz für die Kirchenprovinz. Gegen dieses Modell richteten sich die sog. pseudoisidorischen Dekretalen, wohl im Kloster Corbie entstandene fingierte Papstbriefe, die Päpsten der Spätantike zugeschrieben wurden und die vorgaben, Recht zu setzen. Mit ihnen sollten die Position der Diözesanbischöfe gegenüber ihrem Metropoliten sowie die Verbindung zwischen Bischöfen und Papst gestärkt werden. Freilich griffen erst die Päpste des 11. Jahrhunderts in größerem Maßstab auf die äußerst geschickt hergestellten Fälschungen zurück.

Metropoliten

2. Streit um die Investitur

Bischöfe und Herrschaft im 10. und 11. Jahrhundert

Otto der Große musste seine Herrschaft ab 936 im ostfränkisch-deutschen Reich erst stabilisieren und griff dafür auf zwei Instrumente zurück: Erstens verzichtete er auf einen festen Regierungssitz, regierte auf Reisen von Pfalz zu

Pfalz und war so als König im Reich präsent. Zweitens besetzte er wichtige Herzogtümer und Bistümer mit Verwandten und Freunden, von denen er Loyalität erwarten konnte; paradigmatisch ist sein Bruder Brun, der Erzbischof von Köln wurde. Bistümer konnten dabei – aufgrund des Zölibatsgebots – nicht an einen Nachfolger vererbt werden, was für die königliche Kirchenpolitik vorteilhaft war. Bischöfen kam also eine nicht zu unterschätzende Rolle für die „Innenpolitik" des Reiches und die Stabilität der Königsherrschaft zu.

Weltliche Funktionen der Bischöfe

Das Verhältnis von König und Bischöfen beruhte im 10. und 11. Jahrhundert auf einem Geben und Nehmen. Ein Kandidat für einen Bischofsstuhl kam idealerweise aus der königlichen Hofkapelle, war adliger Abstammung und wurde vom König designiert. Domkapitel und regionaler Adel konnten freilich nicht völlig übergangen werden, der Papst hatte bei Erzbischöfen ein Zustimmungsrecht. In diesem Sinne verfuhr noch Heinrich III. im Rahmen der Synode von Sutri 1046 – die „deutschen" Päpste behielten zudem ihre Bistümer und waren damit Teil der Kirche im Reich (vgl. Kap. III). Zudem wurden die Bischofskirchen mit Land aus dem Königsgut und Hoheitsrechten (Regalien, z.B. Münz-, Markt-, Zollrecht und Gerichtsbarkeit) ausgestattet, womit sie in das feudale Herrschaftssystem des Reiches eingebunden waren. Derartige Schenkungen folgten allerdings keiner reinen Zweckrationalität, sondern waren Schenkungen an den Patron der jeweiligen Kirche, dessen Fürsprache und Hilfe man sich vergewissern wollte. Die Gegenleistung an den König bestand im *servitium regis*, das vielfältige Formen annehmen konnte: Die Beherbergung des reisenden Köngs und seines Gefolges und die Heerfolge bilden die materielle Seite, politischer Rat, moralischer Rückhalt und das Gebet für den König die immaterielle. Auf einen Höhepunkt kam dieses „System" unter Heinrich II. (1002–1024) und Konrad II. (1024–1039).

Indem Ruotger, der Biograph Bruns von Köln, die Position des Bischofs als *regale sacerdotium* (königliches Priesteramt, vgl. 1 Petr 2,9) bezeichnete, verwies er auf die unlösbare Verbindung von sakramentalen und weltlichen Herrschaftsfunktionen, die durchaus in Analogie zum Verständnis des sakralen Königtums gesehen werden kann. Dies verbietet es auch, den Bischöfen der Zeit rein weltliche Interessen zu unterstellen. Etliche Bischöfe kümmerten sich sehr um die Wahrung der kirchlichen Disziplin, die Einrichtung von Domschulen und die Förderung der monastischen Reformen (z.B. Brun von Köln, Willigis von Mainz), andere verstanden ihr Engagement für Kunst und Wissenskultur als geistlich-kirchliche Tätigkeit, wie Bernward von Hildesheim, Thietmar von Merseburg oder Burchard von Worms.

Der Investiturstreit

Um die Mitte des 11. Jahrhunderts geriet das Verhältnis von König und Bischöfen mit dem Erstarken der Reformbewegung mehr und mehr in die

Krise. Zum Schlagwort wurde der Kampf gegen Simonie, den Kauf und Verkauf von Ämtern gegen Geld (vgl. Apg 8,9–24). Insbesondere bei Humbert von Silva Candida verband sich dieser Gedanke mit einer fundamentalen Kritik an der Praxis der Bischofserhebungen. In Berichten von der Amtseinsetzung von Bischöfen zeigt sich zunächst die untrennbare Verbundenheit von weltlicher und geistlicher Sphäre.

> **Quelle**
>
> **Bischofsweihe Gundekars von Eichstätt 1057**
> Gundekars Eichstätter Liber pontificalis, zit. n. Johannes Laudage / Matthias Schrör (Hgg.): Der Investiturstreit. Quellen und Materialien, Köln ²2006, S. 53.
>
> Gundekar, der letzte der Brüder derselben heiligen Eichstätter Kirche, aber dessenungeachtet damals Kapellan der Frau Kaiserin Agnes, wurde für eben diesen Sitz an den 13. Kalenden des September […] in Trebur mit dem Ring investiert; und an den dritten Nonen des Oktober wurde er […] unter dem einstimmigen Beifall und Votum seines eigenen Klerus, seiner bewaffneten Dienerschaft und seiner Familia in Speyer mit dem Hirtenstab ausgezeichnet sowie an den 16. Kalenden des November durch die Gnade Gottes feierlich auf den Bischofsstuhl gesetzt. Am Tage des heiligen Apostels Johannes […] wurde er an einem Ort, der Pöhlde genannt wird, zum höchsten Grad des Priesteramtes befördert. Bei seiner Weihe waren auch zugegen sein Herr, König Heinrich IV., und dessen geliebte Mutter Agnes, die erhabene Kaiserin […]. Ferner nahm an derselben Weihe teil der Herr Hildebrand, Kardinalsubdiakon des heiligen römischen und apostolischen Stuhls […]. Darüber hinaus waren auch zugegen die schon genannten Mitbrüder im Bischofsamt, die bei der Weihe brüderliche und großzügige Hilfe gewährten […].

Humbert und die Reformer aber sahen genau darin einen Akt der Simonie, da das Bischofsamt gegen einen Eid an den Herrscher erkauft wurde; den Herrscher aber verstanden sie als Laien ohne kirchliche Kompetenz. Da die Bischofsweihe aber als Sakrament eine Gabe des Heiligen Geistes vermittelt, handelte man letztlich mit dem Heiligen Geist – und machte sich so der Häresie schuldig. Daraus folgte auch: Amtshandlungen und vor allem die Sakramentenspendung von „Simonisten" waren ungültig.

Investitur als Simonie

> **Quelle**
>
> **Humbert von Silva Candida: Adversus Simoniacos III,6**
> Laudage / Schrör, Der Investiturstreit, S. 59.
>
> Denn was kommt es Personen aus dem Laienstand zu, kirchliche Sakramente und die bischöfliche bzw. pastorale Gnade zu verteilen, nämlich die Krummstäbe und Ringe, durch welche die gesamte Bischofsweihe vornehmlich vollendet wird, mittels derer sie ihre Funktion erfüllt und auf die sie sich stützt?

Nach einem ersten Vorstoß (1075) erließ Gregor VII. ein generelles Verbot der Investitur auf der Fastensynode von 1078, wobei Investierende und Investierte mit der Exkommunikation bedroht wurden. Die Bischofswahl sollte *canonice*, d.h. als kirchliches Verfahren ohne weltliche Einflussnahme, stattfinden. Auf diese Weise aber waren die Grundlagen des Reiches und das recht traditionelle Verständnis Heinrichs IV. vom Königtum angegriffen. Die Investiturproblematik liegt auch dem Streit um das Bistum Mailand zugrunde, der den Konflikt zwischen Gregor VII. und Heinrich IV. auslöste, wurde aber auch durch diesen Konflikt überlagert (vgl. Kap. III). Durch das Papstschisma und die generell für die Zeitgenossen unübersichtliche Lage konkurrierten mancherorts zwei Bischöfe, jeweils von der kaiserlichen und päpstlichen Partei.

Die theologisch-dogmatischen Probleme dürften sich dabei mit pastoraler Unsicherheit aufs engste verwoben haben: Denn Humbert von Silva Candida erklärte, ein Simonist könne Priester nicht gültig weihen, die von den damit ungültig geweihten Priestern gespendeten Sakramente seien unwirksam. Petrus Damiani hingegen vertrat mit altkirchlichen Synoden die Ansicht, die Priesterweihe sei unabhängig von eventuellen Sünden des Spenders. Doch damit stellte sich nicht nur im Mailänder Schisma die Frage, welchem Priester sich Gläubige zur wirksamen Heilsvermittlung anvertrauen konnten.

Verschärft wurde die Investiturfrage durch Urban II., der im Jahr 1095 mit der Laieninvestitur auch den Lehenseid (*homagium*) des Bischofskandidaten gegenüber dem König verbot. Vor diesem Hintergrund weitete sich der Investiturstreit nun auch nach England und Frankreich aus, wo zwischen König und den der Krone nahen Teilen des Episkopats ein **Vasallitätsverhältnis** bestand.

> **Stichwort**
>
> **Vasallität**
>
> Unter einem Vasall versteht man einen Herrn, der – auf der Basis von Freiwilligkeit – im Dienst eines Mächtigeren stand. Der Gefolgsmann schuldete seinem Herrn dabei Hilfe durch Rat und Tat (*consilium et auxilium*), also Unterstützung bis hin zur Heerfolge. Der Herr hatte seinen Vasallen zu schützen und im Notfall mit allen Mitteln zu verteidigen. Das Vasallitätsverhältnis mit seiner wechselseitigen Verpflichtung beruhte ganz wesentlich auf der persönlichen Beziehung von Vasall und Herr, ein Lehen im Sinne eines vom Herrn verliehenen Territoriums spielte dabei keine Rolle.

Ergebnisse des Investiturstreits

An einer politischen Lösung der Investiturfrage konnte erst gearbeitet werden, nachdem Heinrich V. seinen Vater Heinrich IV. aus dem Amt verdrängt und seine eigene Herrschaft abgesichert hatte. Er hatte von Anfang an deutlich gemacht, dass er an einem Ausgleich mit dem Nachfolger Gregors VII. und Urbans II. interessiert war. Für Heinrich V. hing an einer Einigung mit dem Papst auch die Kaiserwürde, über die zunächst im Jahr 1111 verhandelt wurde.

Auf königlicher und auf päpstlicher Seite gab es den Vorschlag, Heinrich V. solle auf die Investitur verzichten und im Gegenzug die Bischöfe sämtliche Regalien dem König zurückgeben. Dies war jedoch aufgrund des massiven Widerstands der Bischöfe des Reiches nicht realisierbar; sie hätten ihre Position vollständig aufgeben müssen und wären auf geistliche Funktionen reduziert worden. Als Heinrich V. die Kaiserkrönung erzwingen wollte, nahm er kurzerhand den Papst gefangen und erpresste von ihm die Zusage der Kaiserkrönung und das Recht auf Investitur mit Ring und Stab. Doch lehnten Heinrichs Gefolgsleute das Vorgehen gegen den Papst ab, und eine Lateransynode widerrief 1112 die Zugeständnisse des Papstes.

Lösungsvorschläge für die Investiturfrage

Erst unter Paschalis' Nachfolger Calixt II. (1118-1124) konnte eine Einigung erzielt werden: Der Kaiser verzichtete auf die Investitur mit Ring und Stab und sicherte die freie kanonische Wahl zu, in die er sich allenfalls im Streitfall als Schlichter einmischen sollte. Der Papst wiederum gestand dem Kaiser die Anwesenheit bei der Wahl zu sowie die Übergabe von Zepter und Regalien nach der Wahl und vor der Weihe. Calixt II. und Heinrich V. legten ihre jeweiligen Zugeständnisse im Jahr 1122 in je eigenen Urkunden fest, die Gottfried Wilhelm Leibniz 1693 erstmals als „Wormser Konkordat" bezeichnete. Grundlegend für die Einigung war die Arbeit des gelehrten Bischofs Ivo von Chartres gewesen, der zwischen *temporalia* und *spiritualia*, weltlichem und geistlichem Besitz, unterschieden und so geistliches Amt und weltliche Güter voneinander getrennt hatte. Inwieweit die Vereinbarungen freilich umgesetzt wurden, ist in der Forschung umstritten.

„Wormser Konkordat"

Die alte Einheit von Weltlichem und Geistlichem hatte sich also durch den Investiturstreit aufgelöst: Nicht nur wurden die beiden Sphären bei der Einsetzung von Bischöfen unterschieden, generell wurde die Trennung zwischen Klerus und Laien schärfer durchgeführt. Die Anforderungen an den Klerus hinsichtlich Ausbildung, sittlicher Lebensführung und kultischer Reinheit waren deutlich gestiegen, wobei die Umsetzung nicht ohne Widerstände (z. B. gegen den Zölibat für Pfarrer) erreicht wurde. Zugleich war der König nun auf die Seite der Laien gerückt, das Sakralkönigtum der salischen Zeit abgelöst.

Abb. 6 Mutter Kirche mit Klerus und Laien: Exultet-Rolle aus Monte Cassino, 11. Jh. (Vatikan, Bibliotheca Apostolica Vaticana, Barb. lat. 592)

3. Bischofsamt und Seelsorge im Hoch- und Spätmittelalter

Bistum und Hochstift

Das Bischofsamt stellte sich nach Reformpapsttum und Investiturstreit in gewandelter Form dar. Der konsequente Ausbau des päpstlichen Primats hatte die gesamtkirchliche Rolle der Bischöfe schrumpfen lassen, wenngleich sie auf Konzilien noch sichtbar wurde (vgl. Kap. V). Zu den Folgen des Investiturstreits gehörte zwar die Entflechtung von weltlicher und geistlicher Dimension bei der Einsetzung des Bischofs, nicht aber die Aufgabe der weltlichen Herrschaftsfunktionen.

Hochstifte — Vor diesem Hintergrund entwickelten sich im weiteren Verlauf des Mittelalters neben den Bistümern die Hochstifte als Bereiche der weltlichen bischöflichen Herrschaft. Wie wohlhabend ein Bischofssitz war, hing nicht zuletzt von der Größe und wirtschaftlichen Leistungsfähigkeit eines Hochstifts ab. Bistum und Hochstift waren dabei nicht deckungsgleich. Das Bistum Konstanz etwa umfasste – in heutigen Gebieten gesprochen – unter anderem den größten Teil Baden-Württembergs und der Schweiz, sein Hochstift beschränkte sich aber auf die Stadt Konstanz und einen kleinen Landstrich im Umland. Auch das Bistum Eichstätt, eines der ältesten im Reich, verfügte über ein Hochstift, das nur einen Bruchteil des Gebiets des Bistums und zudem verstreute Ämter umfasste.

Bischöfe im Reichstag — In ihrer Eigenschaft als weltliche Herrscher gehörten die Bischöfe in der Regel dem Adel an und konnten je nach Rang und Situation an der Regierung des Reiches beteiligt werden. So nahmen sie an Hoftagen der Könige teil und waren seit dem 15. Jahrhundert Teil des Reichsfürstenrats, der „Fürstenbank", im Reichstag. Den höchsten Rang unter den Reichsbischöfen konnten die Erzbischöfe von Mainz, Köln und Trier beanspruchen, die seit dem späten 13. Jahrhundert zum Kreis der sieben Kurfürsten gehörten, die den römisch-deutschen König wählten. In dieser Hinsicht ist eine Beschreibung der deutschen Kirche als Adelskirche gerechtfertigt. Doch folgt aus der weltlichen Herrschaftsfunktion der Bischöfe nicht, dass die geistliche Leitung der Ortskirchen vernachlässigt worden wäre.

Bischöfe und Seelsorge — Dagegen sprechen nicht nur einzelne Bischofsgestalten, sondern auch die Ausdifferenzierung und rechtliche Festigung von Ämtern im Bistum, denen bischöfliche Zuständigkeiten delegiert wurden. Eine wichtige Rolle zur disziplinarischen Kontrolle und Amtseinweisung der Pfarrer spielten dabei die Archidiakone; seit dem 13. Jahrhundert gab es das Amt des Offizials und vor allem in größeren Diözesen Weihbischöfe, die den Bischof in der Rechtsprechung bzw. in der Sakramentenspendung entlasten sollten. Anders war es bei den Kanonikern an der Kathedralkirche: Das gemeinsame Leben hatte sich – entgegen den Anliegen der Kanonikerreform – nur in Salzburg und Gurk durchsetzen lassen; die Residenz- und Gottesdienstpflichten in der Bischofsstadt mussten immer wieder angemahnt werden, da die Domherren oft recht verstreuten Pfründenbesitz hatten. Doch wurden die Mitwirkung an der Bistumsleitung, die Verwaltung des Bistums während der Sedisvakanz und die Bischofswahl zu den herausragenden Pflichten des Domkapitels, das aus Klerikern an der Kathedrale bestand.

Der Pfarrklerus

Im 11. und 12. Jahrhundert dürfte es auch auf dem Land zu einer Intensivierung christlichen Lebens gekommen sein, was sich nicht zuletzt daran zeigt, dass sich das Netz der Pfarreien verdichtete. Dies gilt nicht nur für die erst allmählich christianisierten Gebiete an den nördlichen und östlichen Rändern des Reiches, sondern auch für dessen Kerngebiete mitsamt den seit dem 11. Jahrhundert wachsenden Städten. Dabei spielten nicht nur Klöster bzw. Orden als „Betreiber" von Pfarrkirchen eine wesentliche Rolle, vielmehr äußerte sich in der Gründung einer Pfarrei nicht selten auch bäuerliches oder bürgerliches Selbstbewusstsein. Zudem konnten die Gemeinden an der Vermögensverwaltung der Pfarrei mitwirken und in etlichen Regionen das Recht zur Besetzung von Kaplans- und Altaristenstellen erwerben, manchmal sogar das Recht zur Pfarrerwahl. Dem recht geringen Sozialprestige der Dorfpfarrer und der je nach Pfarrei sehr unterschiedlichen materiellen Versorgung stand die Anrede als „Herren" gegenüber, was für einen gewissen Stand spricht. Über soziale Herkunft der Landpfarrer und eventuelle Erwartungen an den Klerikerstand als soziale Aufstiegsmöglichkeit ist freilich wenig bekannt. In der Stadt behielten sich Adel und Patriziertum häufig wichtige und einkommensstarke Pfarrstellen vor, während es gerade im Spätmittelalter ein zunehmendes „Klerikerproletariat" gab, das von Stiftungen von Messen oder Altären kaum leben konnte und daher Nebentätigkeiten als Schulmeister, Schreiber oder Notar nachging.

Zu (teilweise gewaltsamen) Konflikten zwischen Bürgertum und Klerus konnte es nicht nur kommen, wenn ein Bischof Herr der Stadt war und mit dem Stadtrat um Regierungskompetenzen stritt, sondern auch, weil die Kleriker sich aufgrund ihrer Privilegien (eigenes Gericht, Steuerfreiheit, Verbot des Waffentragens) nicht nahtlos in die städtische Gesellschaft einfügen ließen. Umgekehrt genoss der Klerus die Vorteile der Stadt, die etwa in ihrer Wehrhaftigkeit, Infrastruktur und ihren wirtschaftlichen Möglichkeiten bestanden. Andererseits verstand sich die spätmittelalterliche Stadt als eine Sakralgemeinschaft, der Stadtrat sah eine herausragende Aufgabe darin, gute Rahmenbedingungen für eine korrekte Ausübung der Religion zu gewährleisten.

In Stadt und Land gleichermaßen war das Priesterbild im Hoch- und Spätmittelalter stark vom Eucharistieverständnis geprägt. Im Zweiten Abendmahlsstreit hatten etliche Theologen und die Lateransynode von 1059 gegen

Status der Pfarrer

Priesterbild und Eucharistie

das metaphorisch-symbolische Eucharistieverständnis Berengars von Tours die Realpräsenz Christi in der Eucharistie betont. Das Vierte Laterankonzil legte 1215 die Lehre von der Transsubstantiation vor, die ebenfalls die Realpräsenz impliziert (vgl. Kap. V und IX). Als demjenigen, der mit seinen Worten unmittelbar die Wandlung von Brot und Wein in Leib und Blut Christi bewirke, kam dem Priester daher eine Art Amtsheiligkeit zu, die etwa sexuelle Enthaltsamkeit gebot und den Priester von den Laien abhob. Zugleich entwickelten sich die Weihegrade, die in der Antike noch eigene kirchliche Ämter bezeichnet hatten, zu unselbständigen Vorstufen des Priestertums, das im Bischofsamt seine Vollendung fand. Man unterschied im 13. Jahrhundert die *minores* Ostiarier (Türhüter; später: Küster), Lektor, Exorzist und Akolyth (Messgehilfe) und die *maiores* Subdiakon, Diakon, Priester.

Auf einen Blick

Hinsichtlich der Entwicklung des Bischofsamtes, aber auch des Priestertums zeigt sich die Zeit des Reformpapsttums und des Investiturstreits im 11. und 12. Jahrhundert als Epoche des entscheidenden Wandels. Schon in der Karolingerzeit waren Bischöfe an der Königsherrschaft beteiligt worden, doch erst in ottonischer Zeit wurden sie zu einer unverzichtbaren Stütze des Königtums. Zugleich wurden in ihrer Amtsausübung geistliche und weltliche Dimension aufs engste miteinander verschränkt, so dass sich analog zum Königtum eine nur schwer lösbare Verbindung ergab. Der Wandel des 11. und 12. Jahrhunderts bestand in einer Lösung dieser Verschränkung, wobei weltliche und geistliche Dimension nun nebeneinander gestellt wurden, der Bischof also keinerlei Kompetenzen einbüßte. Zugleich muss das Bischofsamt immer auch in Beziehung zum päpstlichen Primat gesehen werden, der seit dem 11. Jahrhundert immer weiter ausgebaut wurde.

Im Bereich der Pfarrseelsorge lassen sich zeitgleich die Abkehr vom Eigenkirchenwesen und die Verdichtung der Pfarrnetzes beobachten. Die Reformorden des 12. und die Bettelorden des 13. Jahrhunderts trugen ihr Teil zur Intensivierung der Seelsorge in der Stadt und auf dem Land bei, was in einem eigenen Kapitel thematisiert wird. Dies ist für die Frömmigkeit mittelalterlicher Menschen im Zusammenspiel mit dem Priesterbild von Bedeutung, das sich in Abhängigkeit von der Eucharistie als zentralem priesterlichem Vollzug entwickelte: als demjenigen, der die reale Gegenwart Jesu Christi auf dem Altar bewirkte, kam dem Priester ein besonderer Status zu, der ihn deutlich aus der Masse der Laien heraushob.

Literaturhinweis

Borgolte, Michael: Die mittelalterliche Kirche (EdG 17), München 2004. *Überblick über die Organisation der Kirche im Mittelalter, mit Diskussion der Forschung und Bibliographie.*

Engels, Odilo: Der Reichsbischof in ottonischer und frühsalischer Zeit, in: Irene Crusius (Hg.), Beiträge zu Geschichte und Struktur der mittelalterlichen Germania Sacra, Göttingen 1989, S. 135–175.

Grieme, Uwe u. a. (Hgg.): Bischof und Bürger. Herrschaftsbeziehungen in den Kathedralstädten des Hoch- und Spätmittelalters, Göttingen 2004. *Aufsatzband mit Fallstudien zum Verhältnis von Bischof, Klerus und Bürgerschaft im 12. bis 15. Jahrhundert.*

Johanek, Peter: Bischof, Klerus und Laienwelt in Deutschland vor der Reformation, in: ders. (Hg.), Was weiter wirkt... Recht und Geschichte in Überlieferung und Schriftkultur des Mittelalters, Münster 1997, S. 69–102.

Patzold, Steffen: Episcopus. Wissen über Bischöfe im Frankenreich des späten 8. bis frühen 10. Jahrhunderts, Ostfildern 2008. *Nimmt das Bischofsamt im Frühmittelalter unter der Fragestellung in den Blick, welches Wissen vermittelt wurde.*

van Rhijn, Carine: „Et hoc considerat episcopus, ut ipsi presbyteri non sint idiothae": Carolingian local correctio and an unknown priests' exam from the early ninth century, in: Rob Meens u.a (Hgg.), Religious Franks. Religion and Power in the Frankish Kingdoms. Studies in Honour of Mayke de Jong, Manchester 2016, S. 162–180. *Eine Untersuchung zum Bildungsstand von Klerikern im Karolingerreich.*

V. Synoden und Konzilien

Überblick

Versammlungen von Bischöfen und hochrangigen Klerikern sind seit der Antike als Instanzen zur Entscheidung von Streitfällen in Lehre und rechtlicher Gestalt der Kirche bekannt. Sie konnten (und können) regional begrenzt oder aus der gesamten Kirche einberufen werden. Welche Konzilien als „ökumenisch" gelten dürfen, d. h. in ausreichendem Maß aus der Weltkirche beschickt waren und weltkirchlichen Anspruch für ihre Entscheidungen erheben durften, war im Lauf der Geschichte häufig umstritten. Während das Konzil seit dem 11. Jahrhundert zunehmend vom Papsttum abhängig geworden war, geriet das Verhältnis beider Institutionen im Spätmittelalter in eine tiefe Krise. Doch ist ein Konzil kein Kirchenparlament, sondern von seinem liturgischen Rahmen geprägt: die versammelte Kirche stellt sich unter die Leitung des Heiligen Geistes, der die Beschlüsse des Konzils legitimiert.

451	Konzil von Chalcedon (Christologie)
529	Konzilien von Valence und Orange (augustinische Gnadenlehre)
ab 589	Westgotische Konzilien in Toledo
787	Zweites Konzil von Nizäa (Bilderstreit)
794	Frankfurter Synode (Bilderstreit)
1059	Lateransynode (Papstwahldekret)
1123	Erstes Laterankonzil (Beendigung des Investiturstreits)
1139	Zweites Laterankonzil (Folgen des Papstschismas)
1179	Drittes Laterankonzil (Verfahren zur Papstwahl)
1215	Viertes Laterankonzil (dogmatische Festlegungen, umfassende Gesetzgebung)
1245	Erstes Konzil von Lyon (Konflikt zwischen Papst und Kaiser)
1274	Zweites Konzil von Lyon (Union mit Byzanz)
1311/12	Konzil von Vienne (Unterdrückung des Templerordens)
ab 1378	Papstschisma
1409	Konzil in Pisa (Papstschisma)
1414–1418	Konzil von Konstanz (Wiederherstellung der Kircheneinheit; Kirchenreform)
1431–1447	Konzil von Basel-Ferrara-Florenz (Union mit der griechischen Kirche, Dauerkonflikt mit dem Papst)

1. Synoden im Frankenreich

Synoden am Beginn des Mittelalters

Mit dem Entstehen der christlichen Germanenreiche im ehemaligen Westteil des römischen Reiches entwickelten sich dort auch eine eigenständige Kirchenstruktur und Synodalpraxis. Die antike Form der Provinzialsynoden wurde zugunsten von Reichssynoden zurückgedrängt. Dabei kam im fränkischen oder im westgotischen Reich den Königen eine zentrale Stellung zu. Aufgrund seines priesterlichen Geistes (*mens sacerdotalis*) sollte etwa Chlodwig Synoden einberufen und ihre Beschlüsse kraft seiner Autorität bestätigen, hieß es im Umfeld des Konzils von Orléans 511. Ähnliches gilt auch für das westgotische Königtum, das mit der Konversion Rekkareds seine Synodaltätigkeit begann (589). Anders als die fränkischen Nachbarn fassten sich die Westgoten auf ihren Konzilien in Toledo regelmäßig auch Beschlüsse zur Glaubenslehre, die auch Rom mitgeteilt wurden; römische Korrekturen wurden jedoch zurückgewiesen.

Wiederum anders organisierte sich die englische Kirche, die in ihrer Synodaltätigkeit vom König unabhängig blieb, der gleichwohl auf Synoden anwesend sein konnte. Der Erzbischof von Canterbury übte den Vorsitz im Kreis der anwesenden Bischöfe aus. Die Unterscheidung der Quellen zwischen sitzenden Bischöfen und anwesenden Laien (mit dem König) deutet auf eine klare Funktionszuschreibung hin, die dem König keine Rolle auf einer Synode zugestand.

Synoden und die Organisation der Kirche im Frankenreich

Im Frankenreich entwickelte sich seit dem frühen 6. Jahrhundert eine umfangreiche Synodaltätigkeit, zunächst in Form von Reichssynoden, ab der Mitte des 7. Jahrhunderts stärker auch in Provinzial- und Diözesansynoden. Dogmatische Themen wurden dabei zunächst nur in Valence und Orange 529 verhandelt, wo man sich *grosso modo* auf die Gnadenlehre des Augustinus von Hippo festlegte. Ansonsten dienten die fränkischen Konzilien bis zum Beginn des 8. Jahrhunderts der reichsweiten Gesetzgebung in Religionsfragen, der Erneuerung und Einschärfung der kirchlichen Disziplin, der Gründung von Klöstern oder der Regelung von Streitfällen auf regionaler Ebene.

Das Verhältnis von Synoden und weltlicher Herrschaft war dabei von der Stabilität der letzteren abhängig: Während in Zeiten stabiler Herrschaft Synoden auch in einer Mischform gemeinsam mit dem Laienadel abgehalten werden konnten, versuchten Synoden in Zeiten von Erbfolgewirren, die Kirche stärker von der weltlichen Macht zu emanzipieren. Zugleich aber legte man Sammlungen von Konzilsbeschlüssen an, die als Grundlage für die kirchliche

Herrscher und Synoden

Rechtstheorie und -praxis dienen konnten. Die angelsächsischen Missionare brachten ihr Modell einer „königsfernen" Synode mit, das sich freilich kaum ins fränkische Reich implementieren ließ. Bonifatius stützte sich daher für die vier von ihm abgehaltenen Synoden (742–747) stark auf die Autorität des Hausmeiers Karlmann (vgl. Kap. II). Im Zentrum standen dabei die Sicherung der Rechtgläubigkeit, die jurisdiktionellen Kompetenzen von Bischöfen und Metropoliten sowie die angemessene Lebensweise des Klerus.

Provinzialsynoden

Die (Wieder-)Herstellung der Metropolitanstruktur begünstigte jedenfalls die Abhaltung von Provinzialsynoden im 8. und 9. Jahrhundert. Insgesamt gilt aber auch für die zahlreichen Synoden der Karolingerzeit, dass nur wenige dogmatische Fragen verhandelt wurden (z. B. der Bilderstreit in Frankfurt 794 oder der Prädestinationsstreit in Mainz 848 und verschiedenen westfränkischen Synoden). Statt dessen standen verschiedenste Aspekte der kirchlichen Rechtssetzung und Rechtsprechung sowie der Kirchenreform im Mittelpunkt: Kompetenzen von Metropoliten, Bischöfen, Chorbischöfen, Archidiakonen und Archipresbytern; Bildungsniveau und Lebensführung des Klerus; Sakramentenspendung und Predigt; Organisation des Klosterwesens und Mönchtums; Implementierung christlicher Normen in den gesellschaftlichen Alltag.

Dabei traten neben die von Königen bzw. Kaisern initiierten und geleiteten Synoden auch regionale Synoden, die zumindest ohne direkte Einflussnahme des Herrschers agierten. Der großen Zahl der Synoden im fränkischen Reich stehen aber auch rund 35 päpstliche bzw. römische Synoden im 8. und 9. Jahrhundert gegenüber. Schon daran wird erkennbar, dass Synoden auch für das Papsttum zur Normalität der Kirchenleitung gehörte.

Wachsende Distanz zwischen West und Ost

Die ökumenischen Konzilien der Spätantike hatten sämtlich im Osten des römischen Reiches getagt, wo sich insbesondere Konstantinopel und sein Umland als Tagungsorte etablierten. Damit war nicht nur die räumliche Nähe zum Kaiserhof gegeben, nicht selten standen diese Synoden unter dem Einfluss des Kaisers und waren Mittel seiner Religionspolitik. Dies gilt insbesondere für die Konzilien von der zweiten Hälfte des 5. bis zum 9. Jahrhundert, anhand derer sich die allmählich wachsende Distanz zwischen West- und Ostkirche nachzeichnen lässt.

Kontext: Christologie

Eine erste Stufe markieren die Auseinandersetzungen um die Christologie des Konzils von Chalcedon (451), das Aussagen über göttliche und menschliche Natur Christi fein ausbalanciert hatte ohne eine Seite zu bevorzugen. Unter den Kaisern Justin I. (518–527) und Justinian (527–565) wurde auf verschiedene Weise die monophysitische Partei bevorzugt, die in Christus allein die göttliche Natur gelten lassen wollte. Doch stieß vor allem die entsprechende Entscheidung des Konzils von Konstantinopel (553) auf den Widerstand der lateinischen Kirchen, soweit sie nicht dem Kaiser in Byzanz unterstanden. Dieser reichte von der Relativierung des Konzils bis hin zum Abbruch der Kirchengemeinschaft mit Konstantinopel und Rom, wo Papst Vigilius (537-555) die kaiserliche Politik unterstützt hatte. Gleiches gilt für die Bemühungen des Kaiserhofs im 7. Jahrhundert, mit Zugeständnissen an die Monophysiten in Syrien und Ägypten diese Gebiete enger an Byzanz zu binden. Der Streit drehte sich nun um die Frage, ob es in Christus bei zwei Naturen einen oder zwei Willen gebe (Mono- bzw. Dyotheletismus). Römische Synoden 649 und 680 verurteilten den Monotheletismus, schließlich schloss sich das Konzil von Konstantinopel 680/81 dieser Position an. Die monophysitischen Gebiete waren bereits für das byzantinische Reich verloren. Was die Konzilien von Konstantinopel für den Bereich der Lehre waren, repräsentiert das „Trullanum" (692), eine Synode im Kaiserpalast von Byzanz, für den Bereich der Disziplin: die Formierung einer kirchlichen Identität der Ostkirchen. Alle diese Konzilien standen nicht nur unter dem direkten Einfluss der Kaiser, ein Konzil konnte im Osten kaum anders als vom Kaiser abhängig und als Instrument der kaiserlichen Religionspolitik gedacht werden. Im politisch von Byzanz unabhängigen Westen ahmte nicht zuletzt Karl d. Gr. diese Konzilspolitik nach.

Im 8. Jahrhundert zeigt sich im Spiegel der Synoden der Bilderstreit, der ebenfalls zu Spannungen zwischen dem (karolingisch dominierten) Westen und Byzanz führte. Der Streit drehte sich um die kultische, quasi-sakramentale Verehrung von Bildern, die Bestandteil der Frömmigkeit im Osten war, aber von einer bilderfeindlichen Strömung bekämpft wurde. Diese sog. Ikonoklasten setzten sich um 730 zunächst durch und bekräftigten ihre Position auf dem Konzil von Hiereia 754. Da die römische Kirche für die Bilderverehrer Partei ergriff, wurden die dem byzantinischen Kaiser unterstehenden Gebiete des römischen Patriarchats dem Patriarchat von Konstantinopel unterstellt; dies begünstigte zweifellos die Hinwendung der Päpste zum fränkischen Reich. Die theologische Versöhnung gelang erst unter veränderten politischen Vorzeichen und unter dem Druck der östlichen Patriarchate auf dem zweiten Konzil von Nizäa 787, auf dem die ikonoklastische Linie aufgegeben und verurteilt wurde. Dennoch verurteilte eine Frankfurter Reichssynode Karls d. Gr. (794) das Konzil – zum einen aufgrund fehlerhafter Übersetzungen und mangelnden Verständnisses für die Fragen von Theologie und Frömmigkeit des Ostens, zum anderen sicherlich auch, weil man angesichts des neuen Schwerpunkts des Christentums im Westen Konstantinopel nicht mehr als Haupt der Christenheit ansehen konnte und wollte.

Kontext: Bilderstreit

Im 9. Jahrhundert werden schließlich drei Konzilsvorstellungen erkennbar: am byzantinischen Kaiserhof das Ideal der kaiserlichen Reichssynode, bei der das Zeugnis der fünf gleichberechtigten Patriarchen die theologische Basis

Konzilsideen

bildete; am Sitz des Papstes wurde dabei der römischen Kirche eine herausgehobene Position zugeschrieben; am karolingischen Kaiserhof schließlich kam es nicht mehr auf die Patriarchate an, vielmehr ging man von der Organisation der Kirche in Bistümer und Kirchenprovinzen aus. Diesem Modell sollte im Westen die Zukunft gehören.

2. Synoden und Konzilien im Zeichen des Reformpapsttums

Synodaltätigkeit des Reformpapsttums

Im 10. und 11. Jahrhundert stand die römische Synodaltätigkeit zunächst im Zeichen des teils spannungsvollen Zusammenwirkens von Kaisertum und Papsttum. Wurde ein Papst auf kaiserlichen Wunsch hin abgesetzt, wie 963 unter Otto dem Großen oder 1046 unter Heinrich III. (vgl. Kap. III), so geschah dies im Rahmen von Synoden. Auf diese Weise erhielt das Vorgehen als gemeinsames Handeln von Kaiser und Bischöfen in Einheit die größtmögliche Legitimation.

Synoden des Reformpapsttums

Das Papsttum gewann jedoch erst durch die Reformpäpste die Kraft, eigenständig Synoden einzuberufen. Unter Leo IX. (1049-1054) wurden sie zu einem zentralen Element der Kirchenleitung, wobei dieser Papst Synoden bevorzugt auch auf seinen zahlreichen Reisen abhielt. Die Bedeutung der Synoden für Fragen der Lehre und – mehr noch – des kirchlichen Lebens und Rechts nahm in der Folgezeit zu; in der Reformzeit dienten sie nicht selten der Einschärfung reformerischen Gedankenguts (vgl. Kap. III). Auf der Lateransynode 1059 wurde ein wegweisendes Dekret über die Papstwahl verabschiedet, zudem wurde die symbolistische Eucharistielehre Berengars von Tours zurückgewiesen. Zum regelmäßigen Instrument der Kirchenleitung wurden Synoden unter Gregor VII. (1073-1085), der sie im Frühjahr und Herbst abhielt und dort Fragen aus der gesamten Kirche erörtern und entscheiden ließ – unter anderem die Investiturverbote und die Exkommunikation Heinrichs IV. Durch päpstliche Reisen, aber auch durch die immer breitere Teilnahme an den Synoden zeigte sich deren zunehmende „Internationalisierung". Die Synode war nicht nur zum wichtigsten Instrument der Kirchenleitung geworden, sondern war allgemein akzeptiert. Universalkirchlicher Charakter kam einer Synode unabhängig von der Teilnehmerzahl dann zu, wenn der Papst anwesend war – so die Theorie der Reformpäpste seit Leo IX. Die Funktion des Konzils wurde dabei aber zugleich auf die Beratung des Papstes reduziert, der die letzte Entscheidungskompetenz beanspruchte.

Auch die Beendigung des Investiturstreits erfolgte auf Synoden, die im Interesse der Reformideen teilweise scharfe Kritik an Kompromissen übten; insbesondere gilt dies für die Synode von 1112, in der Paschalis II. gar der Häresie beschuldigt wurde. Mit dem ersten Laterankonzil (1123) wurde der Investiturstreit im Reich beendet: das „Wormser Konkordat" wurde verlesen und trotz Kritik gebilligt (vgl. Kap. III); Simonie, Priesterehe und Laieninvestitur wurden erneut verurteilt. Eingeschärft wurden aber auch die Waffenruhe an bestimmten Wochentagen und der Schutz von Kreuzfahrern und ihren Gütern (vgl. Kap. VIII).

Die Laterankonzilien 1139 und 1179

Die Zählung der Laterankonzilien des 12. Jahrhunderts mag auf den ersten Blick irritieren, denn natürlich gab es schon vor 1123 zahlreiche Synoden am Sitz des Papstes in der römischen Lateranbasilika. Die „durchnummerierten" fünf Laterankonzilien von 1123 bis 1517 jedoch wurden in späterer Zeit als ökumenisch rezipiert, d.h. ihren Regelungen wurden Relevanz und Geltung für die Gesamtkirche zugeschrieben.

Dies ist beim zweiten Laterankonzil (1139) insofern evident, als es sich hauptsächlich mit den Folgen des Papstschismas zu befassen hatte, das 1130 ausgebrochen und durch den Tod des „Gegenpapstes" Anaklet II. (1138) beendet worden war. Die von Anaklet gespendeten Weihen erklärte das Konzil für ungültig und war damit strenger als die spätere Rechtspraxis. Darüber hinaus wurden etliche weitere Rechtsfragen verhandelt: So wurden Eheschließungen nach Empfang der höheren Weihen für ungültig erklärt und Priestersöhne nur dann zur Weihe zugelassen, wenn sie in ein Kloster oder Kanonikerstift eingetreten waren. Damit wurde die Zölibatsgesetzgebung der Reformzeit abgeschlossen. Auch weitere Verhaltensregeln für den Klerus finden sich unter den Konzilsbeschlüssen, außerdem antihäretische Gesetzgebung bezüglich der Sakramentenlehre.

Lateran II

Ein Schisma wurde auch vom dritten Laterankonzil (1179) beendet, das bezüglich der vom Gegenpapst gespendeten Weihen ebenso entschied wie das Konzil von 1139. Darüber hinaus aber befasste man sich grundsätzlich mit dem Verfahren der Papstwahl und führte im Dekret *Licet de vitanda* die bis heute gültige Zweidrittelmehrheit im Kardinalskollegium als notwendiges Kriterium für die Gültigkeit einer Papstwahl ein. Auf diese Weise wurde für den Streitfall die Mehrheit (*maior pars*) mit der verständigeren Partei (*sanior pars*) gleichgesetzt und zugleich der Möglichkeit einer simultanen Doppelwahl ein Riegel vorgeschoben. Die darüber hinausgehenden Rechtssetzungen betreffen unter anderem die Stärkung der bischöflichen Autorität, vermögensrechtliche Fragen von Klerikern und die Beschneidung adliger Willkür. Beachtung verdienen die beiden letzten Canones, die sich mit gesellschaftlichen Randgruppen befassen. Erstens: Juden und Muslimen wird es verboten, christliche Sklaven zu halten, umgekehrt werden Christen exkommuniziert, die im Haus eines Juden oder Moslems wohnt. Grundsätzlich werden Juden nur aus Menschlich-

Lateran III

keit geduldet, Anspruch auf Schutz haben nur zum Christentum konvertierte Juden. Zweitens: Gegen die Katharer und ähnliche Bewegungen wird zum Kreuzzug aufgerufen, Ablass und päpstlicher Schutz werden dafür garantiert. Dies ordnete sich in die allgemeine antihäretische Gesetzgebung des Konzils ein (vgl. Kap. VII).

3. Höhepunkt und Krise der päpstlichen Konzilien

Das Vierte Laterankonzil

Nach dem dritten Laterankonzil fand eine Reihe von Partikularkonzilien statt, wobei z. B. in Verona 1184 die antihäretische Gesetzgebung präzisiert wurde; doch erst 1213 berief Innozenz III. ein neues Konzil für die Gesamtkirche ein. Die Vorbereitung sollte rund zwei Jahre in Anspruch nehmen und neben der Frage eines neuerlichen Kreuzzugs und dem Kampf gegen Häresien ein breites Spektrum an Reformthemen umfassen. Zu diesem Thema wurden Erkundigungen aus den Regionen Europas eingezogen, um das Konzil gezielt vorbereiten zu können. Doch nicht nur der Themenkreis war umfassend, sondern auch der Kreis der rund 1200 Teilnehmer: mit 400 Kardinälen, Patriarchen und Bischöfen und rund 800 weiteren Klerikern, darunter auch Vertreter der Orden sowie der Kathedral- und Stiftskapitel, war das Vierte Laterankonzil im November 1215 die größte Kirchenversammlung bis zum Zweiten Vatikanischen Konzil. Auch Vertreter der weltlichen Stände waren eingeladen. Innozenz III., der sich selbst häufig als Stellvertreter Christi (*vicarius Christi*) bezeichnete, leitete dabei nicht nur das Konzil, er scheint auch die Debatten dominiert zu haben. Die gesamte Versammlung darf wohl in einem sehr umfassenden Sinn als Repräsentanz der Gesamtkirche angesehen werden.

Dogmatik und Seelsorge

Bedeutung erlangte das Konzil sowohl auf der Ebene der Dogmatik als auch auf derjenigen des Rechts. Dogmatisch wurden die Lehre vom dreifaltigen Gott u.a. gegen den Dualismus der Katharer dargelegt (vgl. Kap. VII) und die Präsenz Jesu Christi in der Eucharistie mit Hilfe der **Transsubstantiation** erklärt. Die Häretikerbekämpfung wurde mit der Reform des Klerus verbunden, dessen rechtliche und moralische Integrität in diesem Kontext unverzichtbar schienen. Neben dem beispielhaften Lebenswandel sollten die (Pfarr-)Kleriker durch das Wort der Predigt überzeugen, Bischöfe sollten geeignete Kleriker zur Predigt heranziehen. Zugleich wurde mit der Sakramentalisierung der Beichte ein zweites pastorales Instrument betont, das bei der Rückkehr von Anhängern von Häresien bedeutsam sein konnte.

Zu erwähnen ist auch die Bestimmung der Canones 67 und 68, worin Juden der Wucher zu Lasten von Christen verboten sowie Juden und Muslimen abweichende Kleidung befohlen wird. An Gründonnerstag und Karfreitag sollten sie sich nicht in der Öffentlichkeit zeigen dürfen. Schließlich bekam Canon 71 mit dem Aufruf zum Kreuzzug, der 1217 realisiert wurde, durch seine Stellung am Ende des Textcorpus besonderes Gewicht.

> **Stichwort**
>
> **Transsubstantiation**
>
> Mit der Lehre von der Transsubstantiation greift das Vierte Laterankonzil die um 1200 aktuelle Theologie auf und unterscheidet zwischen dem äußerlich Wahrnehmbaren (Akzidentien) und dem inneren Wesenskern (Substanz) einer Sache. Daraus folgt für das Eucharistieverständnis, dass Brot und Wein ihre äußere Gestalt behalten, ihre Substanz aber in die Substanz Jesu Christi verwandelt wird. Im weiteren Verlauf des 13. Jahrhunderts legte Thomas von Aquin diese Lehre ausführlicher dar. Andere Theologen des Spätmittelalters lehrten dagegen die Konsubstantiation, derzufolge die Substanz Jesu Christi zu den Substanzen von Brot und Wein hinzutritt.

Die Konzilien von Lyon

Das Konzil von Lyon, das 1245 unter Innozenz IV. (1234–1254) zusammmentrat, kann als politisches Konzil gelten. Im Zentrum stand der Konflikt zwischen dem Papst und Kaiser Friedrich II. in der Italienpolitik (vgl. Kap. III), der auf dem Konzil zur Absetzung des Kaisers führte. Der Konzilsort Lyon ist vor diesem Hintergrund von Bedeutung: Nominell zu Friedrichs Reich gehörend, war die Stadt faktisch recht unabhängig und an der aufstrebenden Macht Frankreich orientiert. Zudem hatte der Papst auf seiner Flucht vor dem Kaiser dort Aufnahme gefunden.

Doch standen äußere Bedrohungen der Christenheit ebenso im Fokus der Aufmerksamkeit des Konzils: diejenige durch die Muslime im Heiligen Land und diejenige durch die Mongolen im Osten, wohin der Franziskaner Johannes de Plano Carpini (um 1185–1252) ab 1245 im Auftrag des Papstes eine Erkundungsreise unternahm. Darüber hinaus benannte Innozenz IV. auch das Schisma mit der griechischen Kirche als „Bekümmernis", das freilich vorerst nicht bearbeitet wurde.

Mongolen und Kircheneinheit

Dieses Problem wurde auf dem zweiten Konzil von Lyon 1274 ernsthaft aufgegriffen. Im Hintergrund standen die Rückeroberung von Byzanz von den Lateinern durch Kaiser Michael VIII. Palaiologos (1259–1282) sowie die Notwendigkeit einer Allianz zwischen West und Ost für einen neuen Kreuzzug. Zu diesem Zweck wurde den Griechen – mit Hilfe ihres Kaisers – ein Bekenntnis aufoktroyiert, das in allen strittigen Fragen, besonders der Stellung des Papstes, die römische Position vertrat. Es wurde freilich vom byzantinischen Klerus scharf abgelehnt, so dass eine Wiedervereinigung der Kirchen nicht zustande kam.

Papstwahl

Sieht man von verschiedenen Bestimmungen zur Klerusreform und zu Bischofswahlen ab, besteht die langfristig bedeutsamste Regelung des Konzils in seiner Papstwahlordnung, die sowohl Abstimmungsmodi (Stimmzettel, Wahlmänner, Spontanwahl) als auch die zeitliche Dauer der Wahl festlegte. Die Konzentration des Konzils auf das Papstamt passt zu seiner Durchführung, denn als letztes mittelalterliches Konzil wurde es ausschließlich vom Papst dominiert.

Das Konzil von Vienne 1311/12

In den Jahren nach der Überhöhung des päpstlichen Machtanspruchs durch Bonifaz VIII. (vgl. Kap. III) geriet das Papsttum unter der französischen Hegemonie in Europa in eine Krise – und mit ihm das Konzil als Institution. Das Konzil von Vienne, formell von Clemens V. (1305–1314) geleitet, stand schließlich ganz im Zeichen der vom französischen König gewünschten Unterdrückung des Templerordens. Da das Konzil die Templer allerdings vom Vorwurf der Häresie und Blasphemie freisprach, hob Clemens V. den Orden in einem schlichten Verwaltungsakt auf – er selbst war wohl weder von der Unschuld der Templer überzeugt noch frei von französischem Einfluss.

Darüber hinaus wurden auf dem Konzil radikale Strömungen der Franziskaner-Spiritualen und die mit ihnen offenbar in Verbindung gebrachten Beginen verurteilt (vgl. Kap. VI). Zum ersten Mal wurde in Vienne der Ruf nach Reform der Kirche „an Haupt und Gliedern" laut, der zu einem Signum der spätmittelalterlichen Kirchengeschichte werden sollte. Das Konzil vermochte jedoch insbesondere bei der Reform des Papsttums keine nachhaltigen Impulse zu setzen.

4. Reformkonzilien und Konziliarismus im 15. Jahrhundert

Das „Große Abendländische Schisma"

Schisma und Obödienzen

Im Jahr 1378 kam es nach zwei Papstwahlen zu einem andauernden Papstschisma (vgl. Kap. III): Urban VI. und seine Nachfolger residierten in Rom, Clemens VII. und seine Nachfolger gingen nach Avignon. Da das Schisma trotz der regelmäßigen Willensbekundungen und Verpflichtungen der jeweiligen Päpste, an seiner Beendigung mitzuwirken, andauerte, stellten sich eine Reihe von Problemen. Auf der politischen Ebene war Europa in zwei Obödienzen gespalten, wobei die Entscheidung für einen der Papstprädenten grundsätzlichen Überlegungen zu seiner Legitimität oder den politischen Logiken folgen konnte. So folgten die Entscheidungen in Schottland, England

4. Reformkonzilien und Konziliarismus im 15. Jahrhundert

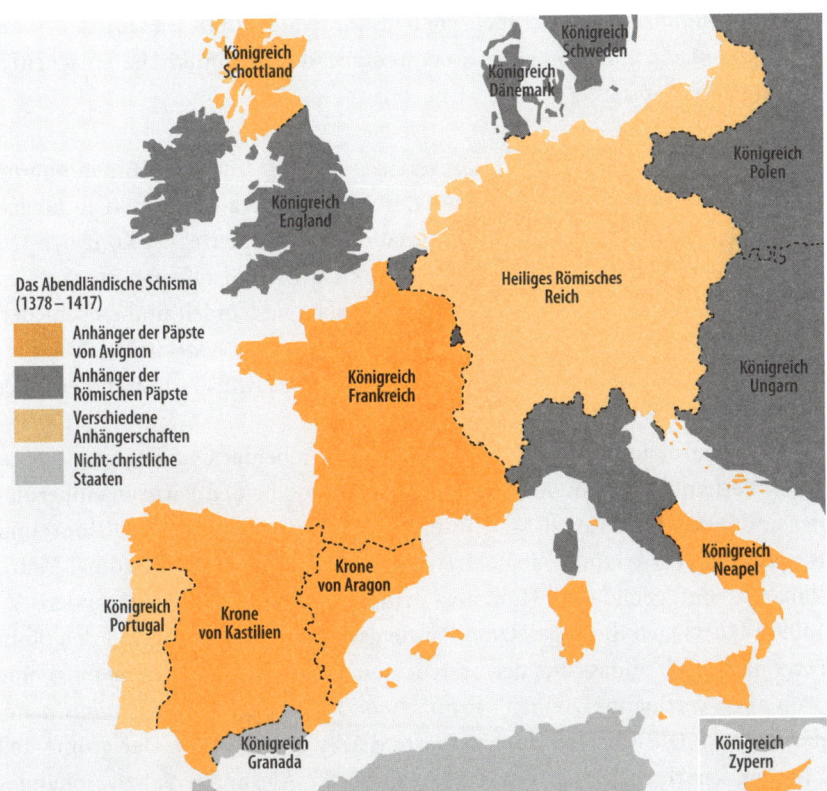

Abb. 7 Obödienzen nach 1378

und Frankreich nicht nur länderspezifischen Traditionen, sondern war auch Ausdruck politischer Bündnisse und Gegnerschaften.

Mit Blick auf Theologie und Frömmigkeit stellte sich ein anderes Problem: Das Papsttum galt nicht erst seit Bonifaz VIII. als Garant der kirchlichen Heilsvermittlung und oberste Leitungsinstanz der Kirche – welcher Papst verkörperte dies auf legitime Weise? Die Verdoppelung des Papsttums zog aber auch die Verdoppelung von Kardinalskollegium und päpstlicher Verwaltung nach sich. Auf der lokalen Ebene gab es nicht selten konkurrierende Bischofskandidaten der verschiedenen Obödienzen und Spaltungen in Klöstern, Kathedral- und Stiftskapiteln.

In der Diskussion über Verfahren zur Beilegung des Schismas zeichneten sich fünf Wege ab:

Fünf Wege

- *Via facti*: Die europäischen Mächte einigen sich auf einen als legitim anerkannten Kandidaten.
- *Via subtractionis*: Die politische und materielle Unterstützung für einen oder mehrere Papstprätendenten wird zurückgezogen.
- *Via compromissi*: Die europäischen Mächte suchen eine Einigung auf dem Verhandlungsweg.

- *Via cessionis*: Einer oder mehrere Papstprätendenten treten zurück.
- *Via concilii*: Ein Konzil als Repräsentanz der Gesamtkirche entscheidet über das Papstamt.

Konziliare Idee

Vor allem an der Pariser Universität arbeitete man Legitimation und Funktionen eines Konzils zur Lösung des Schismas heraus, das man als höchste kirchliche Autorität in Ausnahmesituationen konzipierte. Da Konzilien seit Jahrhunderten vom Papsttum abhängig waren, griff man auf einen spätantiken Rechtssatz zurück: Was alle angeht, soll von allen verhandelt und entschieden werden (*Quod omnes tangit, ab omnibus tractari et approbari debet*). Die Einberufung eines Konzils konnte daher auch von Kardinälen, Bischöfen oder weltlichen Herrschern vorgenommen werden.

Dies wurde im Jahr 1409 von den Kardinälen beider Obödienzen nach einigen Verhandlungen in die Tat umgesetzt: ein von beiden Parteien einberufenes und beschicktes Konzil tagte in Pisa. Dort wurden Gregor XII. (Rom) und Benedikt XIII. (Avignon) abgesetzt und mit dem Mailänder Kardinal Pietro Philargi ein gebildeter Humanist zum Papst gewählt (Alexander V., 1409-1410). Doch die abgesetzten Päpste gaben ihre Ansprüche auf den Stuhl Petri nicht auf, so dass aus der „verruchten Zweiheit" (*dualitas infamis*) eine „von allen verfluchte Dreiheit" (*trinitas non benedicta, sed ab omnibus maledicta*) geworden war – so Bischof Pierre d'Ailly (1350-1420). Der größte Teil Europas scharte sich zwar um die Konzilspäpste Alexander V. bzw. Johannes XXIII. (1410-1415), doch Schottland, Sizilien und die spanischen Reiche blieben bei Benedikt XIII. und der Süden Italiens sowie einige deutsche Territorien bei Gregor XII.

Das Konzil von Konstanz (1414–1418)

Voraussetzung für eine effektive Beilegung des Schismas waren also umfangreiche diplomatische Verhandlungen, um die westliche Christenheit zu einem gemeinsamen Konzil zu versammeln. Das am 5. November 1414 in Konstanz eröffnete Konzil geht daher wesentlich auf die Bemühungen des deutschen Königs Sigismund zurück. Da Johannes XXIII., der das Konzil unterstützt und sich zum Rücktritt bereit erklärt hatte, davor offensichtlich zurückschreckte und floh, wurde er vom Konzil abgesetzt. Zugleich erklärte das Konzil im Dekret *Haec sancta* (6. April 1415) die Oberhoheit des Konzils über das Papsttum. Dies zielte zunächst nur auf die Situation des Schismas, sollte aber in der Folgezeit einige Sprengkraft entfalten. Benedikt XIII. wurde ebenfalls abgesetzt, Gregor XII. konnte zum Rücktritt bewogen werden. So war der Weg frei für eine neue Papstwahl, aus der am 11. November 1417 Odo Colonna als Martin V. (1417-1431) hervorging.

> **Quelle**
>
> **Das Dekret Haec sancta des Konstanzer Konzils von 1415 (Auszug)**
> Josef Wohlmuth, Dekrete der ökumenischen Konzilien, Bd. 2: Mittelalter, Paderborn 2000, S. 409f.
>
> Erstens erklärt [diese heilige Synode]: Die im Heiligen Geist rechtmäßig versammelte Synode, die ein Generalkonzil bildet und die streitende katholische Kirche repräsentiert, hat ihre Gewalt unmittelbar von Christus. Ihr ist jeder, unabhängig von Stand oder Würde, wäre sie auch päpstlich, in dem, was den Glauben und die Ausrottung des besagten Schismas und die allgemeine Reform der Kirche Gottes an Haupt und Gliedern betrifft, zum Gehorsam verpflichtet.
> Zweitens erklärt sie: Jeder – unabhängig von Stellung, Stand und Würde, wäre sie auch päpstlich –, der den Befehlen, Bestimmungen, Anordnungen oder Vorschriften dieser heiligen Synode oder eines anderen rechtmäßig versammelten Generalkonzils, die bezüglich des oben Gesagten oder dazu Gehörenden erlassen sind oder noch erlassen werden, hartnäckig den Gehorsam verweigert, unterliegt, falls er nicht wieder zur Vernunft kommt, der entsprechenden Buße und wird gebührend bestraft, wobei nötigenfalls auch auf andere Rechtsmittel zurückgegriffen wird.

Neben der Wiederherstellung der Kircheneinheit (*causa unionis*) mussten auch die Theologie des Jan Hus (*causa fidei*) und die Kirchenreform (*causa reformationis*) verhandelt werden. Ersteres wurde vor allem eine Auseinandersetzung über die Theologie John Wyclifs, in dessen Nähe man Hus rückte (vgl. Kap. IX). Da Hus sich nicht von dem spiritualistischen Kirchenbild Wyclifs distanzieren wollte, wurde er als hartnäckiger Ketzer verbrannt. Bezüglich der Reformthematik beschritt man neue Wege: Das Konzilsdekret *Frequens* (1417) legte die regelmäßige Abhaltung von Konzilien zur Fortführung der Reformarbeiten alle zehn Jahre fest. Generelle Reformarbeiten hätten allerdings wohl einen zu komplexen Interessensausgleich zwischen den Beteiligten erfordert, der auf dem Konzil nicht zu bewerkstelligen war.

Glaube und Reform

Das Konzil von Basel-Ferrara-Florenz (1431–1447)

Nach den Bestimmungen von *Frequens* war 1423/24 ein Konzil in Pavia (später Siena) zusammengetreten, das freilich zu sehr in politische Kämpfe involviert war, als dass es bedeutende Beschlüsse hätte produzieren können. Martin V. ließ das Konzil auflösen und berief – wiederum in Einklang mit dem Konstanzer Dekret – für 1431 in Basel ein weiteres Konzil ein.

Dieses Konzil stand jedoch von vornherein im Dauerkonflikt mit dem Papst, der selbst in Rom blieb: Wer hatte das Recht, das Präsidium zu benennen? Durfte der Papst das Konzil suspendieren, auflösen oder verlegen? Im Hintergrund stand eine Interpretation des Konstanzer Dekrets *Haec sancta*, die das Konzil nicht mehr nur im Ausnahmefall, sondern generell als dem Papst übergeordnete Instanz ansah. Inhaltlich sollten die Kirchenreform und die Union mit der griechischen Kirche vorangetrieben werden.

Konflikt mit dem Papst

Zum Prestigeprojekt des Konzils wurden während der Auseinandersetzung mit Papst Eugen IV. (1431-1447) aber Verhandlungen mit den böhmischen Hussiten, die bereits 1433 zu einer Union führten. Über den Plänen Eugens IV. zur Verlegung des Konzils nach Italien, wo die Verhandlungen mit den Griechen geführt werden konnten, kam es 1437 zum Bruch: Ein größerer Teil des Basler Konzils ging zum päpstlichen Konzil nach Ferrara, ein „Rumpfkonzil" verblieb in Basel, wo es sich zunehmend radikalisierte. So wurde die Oberhoheit des Konzils über den Papst als dogmatische Wahrheit definiert, Eugen IV. für abgesetzt erklärt und mit Felix V. der letzte Gegenpapst der Geschichte erhoben. Doch wurde dieses Rumpfkonzil immer schwächer, bis Felix V. schließlich 1447 zurücktrat und der bereits amtierende Papst Nikolaus V. auch von den Baslern gewählt wurde.

Kirchenunion in Ferrara

Das Unionskonzil von Ferrara (später Florenz; 1438-1445) stand unter dem Eindruck des starken Drucks der muslimischen Osmanen auf das byzantinische Reich – 1453 sollte Konstantinopel erobert werden. Man näherte sich in intensiven dogmatischen Diskussionen tatsächlich an – anders als auf dem zweiten Konzil von Lyon 1274. Bei der schwierigen Frage nach dem Papstamt stellte man Aussagen der westlichen Tradition zum päpstlichen Primat neben die Reihenfolge der Patriarchate, in der Rom den ersten und Konstantinopel den zweiten Rang einnahmen. Das Unionsdekret *Laetentur coeli* (1439) wurde jedoch im byzantinischen Reich nie rezipiert, es war offenbar zu theologisch gedacht und konnte Klerus, Mönche und Volk nicht erreichen.

Nach den Konzilien von Basel und Ferrara-Florenz war das Papsttum erstarkt, die Theorie von der Oberhoheit des Konzils konnte als zumindest häresieverdächtiger Konziliarismus betrachtet werden. Im 15. Jahrhundert wurde die Position des Papsttums theologisch, juristisch und administrativ weiter ausgebaut, womit eine wesentliche Grundlage für das Papsttum der Neuzeit gelegt wurde. ■

Auf einen Blick

In der Konziliengeschichte zeigen sich wie im Brennglas theologische und institutionelle Entwicklungen der Kirchengeschichte. Je mehr etwa der Einfluss weltlicher Herrscher auf (Partikular-)Synoden sank, desto mehr Bedeutung gewannen zugleich die päpstlichen Synoden in Rom, die ihrerseits unter dem Reformpapsttum des 11. Jahrhunderts zu einem wesentlichen Element der Kirchenleitung wurden. Seit dem 12. Jahrhundert sind daher Konzilien eng mit dem Papsttum verbunden, seit dem 13. Jahrhundert werden auch regionale Synoden verstärkt von päpstlichen Legaten geleitet. National-, Provinzial- und Diözesansynoden dienten damit idealerweise eher der Implementierung der von den päpstlichen Konzilien vorgegebenen Normen in die ortskirchliche Praxis.

Auf theologischer Ebene lässt sich etwa das Verhältnis zwischen griechischer und lateinischer Kirche beobachten, das sich von der Abgrenzung hin zu den spätmittelalterlichen Unionsbestrebungen bewegt. Grundsätzlich jedoch waren fundamentale theologische Aussagen mittelalterlicher Konzilien eher die Ausnahme, das Vierte Laterankonzil bildet auch in dieser Hinsicht einen Höhepunkt der

Konziliengeschichte. Weitaus häufiger reagierten Konzilien auf politische Entwicklungen oder organisatorische Bedürfnisse. Zum dominanten Thema im Spätmittelalter wurden angesichts des Papstschismas die kirchliche Hierarchie und ihre Kompetenzen sowie die Reform der Kirche an Haupt und Gliedern.

Literaturhinweis

Brandmüller, Walter / Bruns, Peter / Prügl, Thomas (Hgg.): Konziliengeschichte. Reihe A: Darstellungen; Reihe B: Untersuchungen, Paderborn 1979ff. *Renommierte Reihe mit detaillierten Darstellungen von Konzilien und regionalen Synoden (Reihe A) und Studien zu Quellen und einzelnen Fragestellungen (Reihe B).*

Dumeige, Gervais / Bacht, Heinrich (Hgg.): Geschichte der ökumenischen Konzilien, 12 Bde., Mainz 1963–1990. *An der Ereignisgeschichte und Dekreten orientierte Darstellungen der als ökumenisch rezipierten Konzilien.*

Schatz, Klaus: Allgemeine Konzilien – Brennpunkte der Kirchengeschichte, Paderborn ²2008. *Knapper und sehr profunder Überblick über die gesamte Konziliengeschichte.*

Schmidt, Bernward: Die Konzilien und der Papst. Von Pisa (1409) bis zum Zweiten Vatikanischen Konzil (1962–65), Freiburg 2013. *Darstellung des Wechselverhältnisses von Papsttum und Konzilien seit dem 15. Jahrhundert.*

Sieben, Hermann Josef: Die Konzilsidee des lateinischen Mittelalters (847–1378), Paderborn 1984. *Darstellung der theologischen Konzeptionen vom Konzil im Mittelalter.*

Wohlmuth, Josef (Hg.): Dekrete der ökumenischen Konzilien, Bd. 2, Paderborn 2000. *Lateinisch-deutsche Ausgabe der Konzilsbeschlüsse.*

VI. Mönchtum und Orden

Überblick

Das seit dem 3. Jahrhundert entstandene christliche Mönchtum hat das abendländische Europa im Mittelalter entscheidend geprägt. Am Übergang von der Antike zum Mittelalter wurden gerade die Klöster zu kulturellen „Speichern", die Wissensbestände, Liturgie und Recht der römisch-christlichen Spätantike bewahrten. Als Missionsstationen spielten Klöster eine wichtige Rolle für die Christianisierung Europas. Trotz der vielfältigen und sehr unterschiedlichen Ideale und Formen von Mönchtum und Ordensleben im Lauf des Mittelalters blieb die fundamentale Grundidee erhalten: ein kritisch-distanziertes Verhältnis zur Welt, in deren Beziehungen man sich nur insoweit einbeziehen lassen wollte, als es das Bedürfnis nach Freiheit für Gott zuließ.

744	Gründung des Klosters Fulda
816	Aachener Synode (Benediktsregel, Kanonikerregel)
910	Gründung von Cluny
933/34	Wieder-Gründung von Gorze
1049	Gründung von Hirsau
1059	Einschärfung der Lebensregeln für Kanoniker
1084	Gründung der Chartreuse durch Bruno von Köln
1098	Gründung von Cîteaux durch Robert von Molesmes
1120	Gründung einer Gemeinschaft in Prémontré durch Norbert von Xanten
1220/21	Entwicklung von Strukturen des Dominikanerordens
1223	Bullierte Regel der Franziskaner
1229	Bestätigung der Kamaldulenser
1233	Bestätigung der nicht-regulierten Lebensform von Frauen
1244	Entstehung der Augustiner-Eremiten
1387	Gründung des Klosters Windesheim (Devotio moderna)
1517	Spaltung des Franziskanerordens

1. Mönchtum zwischen Antike und Mittelalter

Mönchtum in Gallien und Italien

Eigene monastische Landschaften entwickelten sich im westlichen Mittelmeerraum ab der zweiten Hälfte des 4. Jahrhunderts (vgl. Kap. I). Dabei wurde Johannes Cassian (um 360–430/435) zum wichtigsten Vermittler monastischer Ideen aus dem Osten. Er hatte Klöster in Marseille gegründet und schrieb in seinen monastischen Schriften eigene Erfahrungen mit dem Mönchtum in Bethlehem und in Ägypten nieder. Diese Beschreibungen bezogen sich sowohl auf äußere Lebensformen als auch auf den Kampf gegen die Hauptsünden als wesentliche Tätigkeit des Mönchs. Cassians Schriften hatten freilich durchaus normativen Anspruch für die von ihm gegründeten Klöster, und noch in der Benediktsregel wurde ihre Lektüre den Mönchen empfohlen. Ein einheitliches Mönchtum existierte im spätantik-frühmittelalterlichen Gallien freilich nicht, neben Cassians Werken verfasste z.B. auch Bischof Caesarius von Arles (470–542) Klosterregeln für Männer und Frauen, und auch aus Italien wurden Klosterregeln „importiert". Daneben existierten seit dem ausgehenden 6. Jahrhundert auch Klöster irischer Mönche.

Das irische Mönchtum

In Irland hatte sich durch wichtige Klostergründungen im 5. und 6. Jahrhundert ein eigenes Netz von Klöstern gebildet, in das das Bischofsamt integriert wurde: Während das Amt des Abtes bzw. der Äbtissin in der Hand einflussreicher und vermögender Familien blieb und die Kompetenzen der Jurisdiktion und Verwaltung umfasste, wurde in der Regel ein Mönch des Klosters zum Bischof bestellt, der mit Weihevollmacht ausgestattet war. Anders als auf dem Kontinent, wo Bischofssitze sich in Städten etabliert hatten, wurden im ländlich strukturierten Irland also die Klöster zu Zentren der Kirchenorganisation.

Im Hintergrund stand die Überzeugung, dass Mönche aufgrund ihrer strengen Askese und harten Bußübungen wirksamer zwischen Gott und Menschen vermitteln konnten als Kleriker, die lediglich die Weihe empfangen hatten. Der Mönch galt als „Gottesmann" (*vir dei*), der durch seine Lebensführung Verdienste vor Gott erwarb und von Gott im Gegenzug mit Wunderkraft ausgestattet wurde, die in jeder kirchlichen Handlung wirksam wurde: der Sakramentenempfang erschien daher beim Gottesmann vorteilhafter als bei einem „normalen" Kleriker (vgl. Kap. X).

Mönch als Gottesmann

Eine besondere Eigenart des irischen Mönchtums bestand in seinem System der beliebig wiederholbaren Buße mit tarifartig gestaffelten Bußleistungen (vgl. Kap. II). Eine weitere Besonderheit war der Gedanke der asketischen Hei-

Besonderheiten des irischen Mönchtums

matlosigkeit nach dem Vorbild Christi (*peregrinatio propter Christum*). Die vor diesem Hintergrund praktizierte Mission in Schottland und auf dem Kontinent ließ dort auch Klöster entstehen. Zur zentralen Gestalt wurde dabei Columban d. J. (vgl. Kap. II), dessen Klostergründungen Luxeuil und Bobbio große Anziehungskraft auf fränkische Adlige ausübten. Die Ernsthaftigkeit, mit der monastische Ideale hier gelebt wurden, mag ebenso attraktiv gewirkt haben wie der hohe Bildungsstand in den Klöstern. Gemäß den aus Irland bekannten Strukturen legten die irischen Mönche großen Wert auf **Exemtion und Immunität**.

> **Stichwort**
>
> **Exemtion und Immunität**
>
> Wurde einem mittelalterlichen Kloster Exemtion verliehen, war es der ordentlichen bischöflichen Gerichtsbarkeit entzogen und immediat, d.h. unmittelbar dem Papst unterstellt. Das Pendant zur Exemtion ist die Immunität, wodurch ein Kloster aus dem Herrschaftsbereich eines Adligen herausgenommen wurde; es unterstand direkt dem König (Reichsunmittelbarkeit), der den Abt mit der Ausübung der weltlichen Herrschaftsrechte betraute. Dieser setzte einen Vogt ein, der Waffen tragen und die Hochgerichtsbarkeit (mit Strafen an Leib und Leben) ausüben konnte.

Das benediktinische Mönchtum

Benediktsregel

Über Benedikt von Nursia (um 480/490–547), den Gründer der Abteien Subiaco und Monte Cassino, berichtet lediglich Papst Gregor d. Gr. (590–604) in einer recht stilisierten Vita. Von größerer langfristiger Bedeutung ist freilich die Mönchsregel, die unter seinem Namen überliefert ist (vgl. Kap. I). Trotz aller Verwandtschaft mit anderen Regeln ist die *Regula Benedicti* in ihrer Endgestalt doch systematischer angelegt und nimmt Einflüsse des östlichen und westlichen Mönchtums auf. Die klösterliche Organisation in Ämtern und dem Tagesablauf ist dabei nicht nur der Rahmen für das Zusammenleben, sondern zugleich Teil des spirituellen Fundaments. Dabei wird das Kloster als Schule im Dienst am Herrn verstanden, in der dem Abt Gehorsam entgegenzubringen ist und zugleich der Blick für den einzelnen Mönch und seine Bedürfnisse nicht verstellt werden darf. Die klösterliche Gemeinschaft, die sich vor allem im Gottesdienst konstituiert und an einen Ort bindet (*stabilitas loci*), blendet die Außenwelt aber nicht aus, sondern steht in wirtschaftlichen Beziehungen zu ihr, nimmt Gäste auf und sorgt für die Armen.

Die Benediktsregel gewann im angelsächsischen Mönchtum des 7. Jahrhunderts an Bedeutung, wo sie als römisch galt. Zugleich teilten die angelsächsischen Missionare die Idee der *peregrinatio propter Christum* mit ihren irischen Nachbarn und missionierten auf dem europäischen Festland, wodurch auch das benediktinische Mönchtum weitere Verbreitung fand. Vermutlich ist das 744 im Auftrag des Bonifatius gegründete Kloster Fulda das erste benediktinische Kloster im späteren Deutschland.

Im 7. und 8. Jahrhundert dominierten in der Klosterlandschaft des Frankenreichs sogenannte Mischregeln, die man aus Texten verschiedener Klosterregeln kompiliert hatte; vor allem Kombinationen aus den Regeln Columbans d. J. und Benedikts waren verbreitet. Karl der Große bemühte sich zwar bereits um eine Vereinheitlichung des Mönchtums im Sinne der Benediktsregel, die auch ihm als römisch (und damit authentisch) galt, doch erst unter seinem Sohn Ludwig dem Frommen wurde die Vereinheitlichung vollendet. Dabei wurde der Westgote Witiza, mit Ordensnamen Benedikt von Aniane (gest. 821) zur zentralen Gestalt, der die Gesetzgebung Ludwigs maßgeblich beeinflusste. Auf der Aachener Synode von 816 wurden für das Mönchtum die Benediktsregel und für den Klerus an größeren (Kathedral-)Kirchen die *Institutio canonicorum* verpflichtend vorgeschrieben. Freilich übernahmen nicht alle Klöster sofort die neuen Regeln: einige wandelten sich in Kanoniker-Stifte um, andere entwickelten eigene Regelauslegungen (*consuetudines*).

Vereinheitlichung des Mönchtums

2. Reformen des Mönchtums im 10. Jahrhundert

Um 900 war die Situation für das Mönchtum in den fränkischen Teilreichen problematisch geworden. Die Überfälle der Sarazenen (von Süden) und Normannen (von Norden) entlang der Flüsse bis weit ins Binnenland betrafen nicht zuletzt die wehrlosen Klöster. Zudem waren „Laienäbte" verbreitet, die die finanziellen Möglichkeiten eines Klosters nutzten, ohne selbst Teil der Gemeinschaft zu sein. Das Nachlassen der Disziplin in etlichen Klöstern kam hinzu – das Mönchtum erschien den Zeitgenossen als reformbedürftig.

Cluny

Das erste und wohl bedeutendste Kloster, das sich der Reform des Mönchtums verschrieb, war das 910 gegründete Cluny in Burgund. Wilhelm von Aquitanien hatte bei der Gründung des Klosters auf seine Rechte als Eigenkirchenherr verzichtet und Cluny direkt dem Papst unterstellt, was den Mönchen vor allem das Recht der freien Abtswahl garantierte. Da der Gedanke der *libertas ecclesiae* (Freiheit der Kirche von weltlicher Einflussnahme) auch für das Reformpapsttum von größter Bedeutung war, lässt sich eine enge Verbindung Clunys zu den Reformpäpsten beobachten. Zur Entwicklung Clunys trugen neben der stark steigenden Zahl der Mönche die außerordentlich langen Amtszeiten seiner Äbte maßgeblich bei, genannt seien nur Odilo (994-1048) und Hugo (1049-1109), der gleichzeitig Taufpate Heinrichs IV. und enger Berater Gregors VII. war. Im 12. Jahrhundert amtierte mit Petrus Venerabilis ein herausragender Gelehrter als Abt (1122–1156).

Gottesdienst und Totengedenken

In Cluny wurde der Grundsatz der Benediktsregel, dass dem Gottesdienst nichts vorgezogen werden solle, sehr ernst genommen. Aufwendige Liturgien von Messe und Stundengebet standen im Zentrum des Tagesablaufs, liturgische Geräte und Gewänder wurden immer kostbarer, der dritte Kirchenbau von Cluny (ab 1088) wurde die größte Kirche der Christenheit. Umgekehrt wurde die tägliche Handarbeit für die Mönche weitgehend abgeschafft und Laien überlassen.

Abb. 8 Die Klosterkirche von Cluny um 1100

Cluny entwickelte aber auch eine charakteristische Form des Totengedenkens, für die Stiftungen und Gebetsverbrüderungen der Anlass waren. Am jeweiligen Todestag wurde eines Toten gedacht, darüber hinaus etablierte sich ein Tag als Gedenktag für alle Toten (Allerseelen).

Sonderrechte

Auf organisatorischer Ebene genoß Cluny erhebliche Sonderrechte: gegen das benediktinische Klostergelübde von der *stabilitas loci* konnte es Mönche aus anderen Konventen aufnehmen; gegen das Prinzip des Autonomie jedes Klosters konnte sein Abt die Leitung reformbedürftiger Konvente übernehmen, die zu Prioraten von Cluny reduziert wurden. Von Cluny aus wurden zudem neue Klöster gegründet, die in mehr oder weniger großer Abhängigkeit vom Mutterkloster blieben. Cluny bildete auf diese Weise einen zentralistischen Klosterverband aus, in dem alles auf Cluny hin konzentriert war. Im 11. Jahrhundert gab es vor allem in Frankreich, aber auch im deutschen Südwesten eine große Zahl cluniazensischer Klöster.

Weitere Reformzentren

Gorze

Ein von Cluny unabhängiges Reformzentrum bildete sich im lothringischen Gorze heraus. Dort wurde durch eine Gruppe von Weltklerikern in den

Jahren 933/934 mit Unterstützung des Bischofs von Metz ein aufgegebenes Kloster aus dem 8. Jahrhundert wiederbelebt. Gorze teilte mit Cluny das Grundanliegen einer Intensivierung des asketisch-monastischen Lebens, unterschied sich aber in den alltagsprägenden *consuetudines* und in der äußeren Organisation deutlich vom burgundischen Kloster: Gorze blieb als Eigenkirche des Bischofs von Metz unter dessen geistlicher und weltlicher Leitung, vor allem aber bildete es keinen zentralistischen Klosterverband aus. Klöster, die die „gorzische" Reform übernahmen, behielten ihre Autonomie und großen Entscheidungsspielraum für die konkrete Ausgestaltung. Mit Wilhelm von Volpiano amtierte zwischen 1012 und 1031 schließlich ein cluniazensisch geprägter Abt in Gorze, der Einflüsse aus Cluny in Gorze einführte und der Abtei zu steigendem Ansehen verhalf. Da das Modell des bischöflichen Eigenklosters zu den Gegebenheiten des deutschen Reiches gut passte, wurde die gorzische Reform von den deutschen Königen gefördert (v.a. Heinrich II.), von Gorze geprägte Äbte wurden bisweilen auf Bischofsstühle berufen. So orientierten sich im 11. Jahrhundert schließlich rund 170 Klöster im deutschen Reich an der Reform von Gorze, darunter die Reichenau, Fulda, Hersfeld, Corvey, Prüm, Lorsch, Niederaltaich und Tegernsee.

Im deutschen Reich selbst entstand mit dem Kloster Hirsau im Schwarzwald ein weiteres Reformzentrum. Leo IX. hatte im Jahr 1049 seinen Neffen, den Grafen Adalbert von Calw, dazu veranlasst, an diesem Ort nach einem ersten untergegangenen Kloster ein weiteres zu gründen. Zunächst wurde Hirsau nach dem Modell von Gorze gegründet, orientierte sich aber unter Abt Wilhelm (1069-1091) an Cluny mit enger Bindung an das Papsttum bei gleichzeitiger Freiheit von Bischöfen und weltlichen Herren. Entsprechend spiegeln die *Constitutiones Hirsaugienses* die Lebensgewohnheiten von Cluny, doch bildete Hirsau bei aller Ausstrahlung ebenso wenig wie Gorze einen Klosterverband aus. Bedeutung gewann Hirsau im Investiturstreit wegen seiner dezidierten Parteinahme auf der päpstlichen Seite.

Hirsau

Monastische Reform in Italien

Auch in Italien bildeten sich Reformklöster, in Fruttuaria (Piemont) etwa unter dem Einfluss von Cluny, im abgeschiedenen Vallombrosa unter dem Eindruck der Eremitenbewegung und mit strengem Armutsgelübde nicht nur für den einzelnen, sondern für die gesamte Gemeinschaft.

Von Italien ausgehend wurden im 11. Jahrhundert aber auch eremitische Bewegungen stark, die in Armut, Askese und Weltabgewandtheit die Basis für eine Reform des Mönchtums sahen. Dies gilt besonders für Romuald, der die von Cluny reformierte Abtei Sant' Apollinare in Ravenna verließ, um in Camaldoli eine Einsiedlergemeinschaft zu gründen. Im Einsiedlertum sah man – wie schon Johannes Cassian – das vollendete Mönchtum, das jede Versor-

Eremitenbewegung

gungssicherheit hinter sich gelassen hat, die Laster besiegt und Gott auf vollkommene Weise dienen kann. Das hohe Ansehen von Camaldoli zeigt sich nicht zuletzt darin, dass sogar benediktinische Klöster in Italien von dort reformiert wurden.

3. Reformorden im 12. Jahrhundert

Zisterzienser

Cîteaux

Das durch Schenkungen reich gewordene cluniazensische Mönchtum, das für jedermann sichtbaren Aufwand in der Liturgie trieb, um den kostbarsten Besitz Gott zu widmen, geriet um 1100 in die Kritik. Nun verbreitete sich das Ideal des evangeliumsgemäßen apostolischen Lebens (*vita evangelica et apostolica*), das vor allem die Armut Christi und der Apostel hervorhob. In diesem Sinne gründete Abt Robert von Molesme 1098 ein neues Kloster in der Einöde von Cîteaux nahe Dijon, das sich bewusst vom bestehenden benediktinischen Mönchtum abgrenzte. Die Mönche von Cîteaux verstanden sich als die „eigentlichen" Benediktiner, die die „Reinheit der Regel" wiederherstellten. Äußerlich sichtbar wurde dies in einfacher ungefärbter Kleidung, der stark reduzierten Liturgie und der Bedeutung, die man der Handarbeit in Land- und Forstwirtschaft zumaß.

> **Quelle**
>
> **Exordium parvum von Cîteaux (nach 1134), Kap. 15**
> Jörg Oberste, Die Zisterzienser, Stuttgart 2014, S. 39.
>
> Sie verwarfen alles, was der Regel widersprach: gefältelte Kukullen, Pelze und Unterhemden, Kapuzenumhänge und Beinkleider, Kämme und Überdecken, weiche Bettunterlagen, verschiedene Gänge von Speisen im Refektorium, sowie Fett und alles übrige, was gegen die Reinheit der Regel verstößt. So machten sie die Regeltreue zur Richtschnur ihres ganzen Lebens, folgten ihren Vorschriften sowohl in liturgischen als auch in allen übrigen Belangen und richteten sich ganz nach ihr aus. Sie hatten also den alten Menschen abgelegt und in Freude den neuen angezogen. Und da sie weder in der Regel noch in der Lebensbeschreibung des heiligen Benedikt lasen, dass dieser ihr Lehrmeister Kirchen, Altäre, Opferspenden, Begräbnisse, Zehnten fremder Menschen, Backhäuser, Mühlen, Dörfer oder Hörige besessen habe, da sie lasen, dass Frauen sein Kloster nicht betreten durften, noch Verstorbene – mit Ausnahme seiner Schwester – dort begraben wurden, verzichteten auch sie auf all dies und sagten: Wenn der heilige Benedikt lehrt, dass sich der Mönch vom Treiben der Welt fernhalten solle, so bezeugt er damit deutlich, dass es auch in den Taten und Herzen der Mönche keinen Platz haben darf.

Entstehung des Ordens

Unter Roberts Mitgründern und Nachfolgern Alberich und Stephan Harding festigte sich die neue Gemeinschaft und wurde zur Institution: Alberich erwirkte von Papst Paschalis II. die Bestätigung der neuen Lebensform sowie die Freiheit von weltlicher Herrschaft. Unter Stephan Harding entstand die *Charta caritatis* als Grundordnung von Cîteaux und Landschenkungen halfen den Lebensunterhalt der Mönche zu sichern. Aber erst durch den Beitritt Bernhards, der noch 30 Verwandte und Freunde mitbrachte, setzte 1112 ein neuer Bewerberzustrom ein. Daher wurden von Cîteaux aus vier Tochterabteien gegründet: La Ferté, Pontigny, Morimond und Clairvaux, das Bernhard als Abt erhielt. Von diesen vier sog. Primarabteien gingen weitere Gründungen aus, wobei jede Neugründung als „Tochter" an ihr jeweiliges „Mutterkloster" gebunden war. Visitationen jedes Klosters durch den Abt des jeweiligen Mutterklosters und das jährliche Generalkapitel, in dem sich sämtliche Zisterzienseräbte versammelten, dienten der Kontrolle und der Koordination im Orden. Die Zisterzienser gingen damit einen Mittelweg zwischen der traditionellen Autonomie jedes Klosters und dem cluniazensischen Zentralismus, der in der Folgezeit immer wieder nachgeahmt und vom Vierten Laterankonzil 1215 für alle nicht in Orden zusammengeschlossenen Klöster empfohlen wurde. Der erste Papst aus dem Orden, Eugen III. (1145-1153), legte schließlich den Vorrang der Ordensstatuten vor dem diözesanen Recht fest und legte den Grundstein für die Unabhängigkeit der Zisterzienser von den Ortsbischöfen. Bei aller Zurückhaltung der männlichen Zisterzienser übernahmen auch etliche Frauenklöster die zisterziensische Lebensweise (*ordo*), ohne deswegen dem Orden organisatorisch anzugehören; dies wurde nur in Ausnahmefällen ermöglicht (z. B. für das spanische Kloster Las Huelgas).

Für den strukturellen Erfolg der Zisterzienser im 12. Jahrhundert war neben dem gelebten Armutsideal sicherlich auch ihre kommunikative Praxis mit ausgeprägter Schriftlichkeit verantwortlich. Währenddessen blieb aber die Frage nach dem rechten Verhältnis von notwendiger Handarbeit und Zeit für Gebet, geistliche Übungen und gelehrte Arbeit virulent; um 1150 gab es bereits eine große Zahl von Laienbrüdern (Konversen), die für Handarbeit und Geschäfte zwischen den Klöstern zuständig waren, jedoch zu den Chormönchen auf Distanz gehalten wurden. Um 1200 waren die Zisterzienser somit ein etablierter Orden, eine neue Form der Armutsbewegung kam mit den Bettelorden.

Kanoniker

Das gemeinsame Leben von Weltklerikern hatte für seine Kathedralkirche bereits Eusebius von Vercelli in der Mitte des 4. Jahrhunderts eingeführt, Augustinus hatte es für Hippo übernommen. Auf Augustinus und sein Umfeld gehen zwei Regeln zurück, das *Praeceptum* und der *Ordo monasterii*. Beide enthalten Vorgaben für den klösterlichen Tagesablauf und Alltagsfragen, doch ist der *Ordo monasterii* strenger, während Augustins *Praeceptum* die Regelungen in ein Ideal von urkirchlicher Gemeinschaft einbettet.

Normierung des Kanonikats

Obwohl diese Texte im Frühmittelalter weitgehend unbekannt waren, blieb das Ideal eines gemeinsamen Lebens von Weltklerikern erhalten. So war das klosterähnliche Zusammenleben von Bischof und Klerikern im angelsächsischen Raum verbreitet; Chrodegang von Metz adaptierte es um 755 für seine Bischofskirche, orientierte sich dabei aber an der Benediktsregel. Die Aachener Synode von 816 erließ eine Kanonikerregel (*Institutio canonicorum*) für diese Lebensform, die sich der mönchischen stark angeglichen hatte. Diese Regel galt im 11. Jahrhundert als zu großzügig, so dass die Lateransynode von 1059 die Verpflichtung zum gemeinsamen Leben der Kanoniker einschärfte: Askese, Stundengebet, Handarbeit und Schweigegebot wurden betont. Die Reform der Kanoniker, die auch von Adel und reformorientierten Bischöfen gefördert wurde, betonte die Gleichrangigkeit von mönchischem und kanonischem Leben: Während ersteres auf das Innere gerichtet war, zielte letzteres auf Seelsorge und Predigt. Insbesondere in den Bistümern Salzburg, Gurk und Passau wurde die kanonische Lebensweise konsequent gefördert und korrespondierte mit den gestiegenen Anforderungen an Lebensführung und Sakramentenverwaltung der Kleriker; denn es galt als ideales apostolisches Leben nach dem Vorbild der Apostel.

Augustiner und Prämonstratenser

Im 12. Jahrhundert war das Kanonikat nicht mehr nur Mittel zur sittlich-religiösen Erneuerung des Weltklerus, sondern wurde in verschiedenen Gemeinschaften institutionalisiert. Exemplarisch kann das Wirken Bischof Konrads von Salzburg (1106-1147) genannt werden, aber auch eine Reihe von Reformstiften, nicht zuletzt St. Victor in Paris, das zugleich bedeutendes theologisches Zentrum wurde. Diese Reformstifte hielten sich an „die Augustinus-Regel", eine Kombination von *Praeceptum* und *Ordo monasterii*, waren aber organisatorisch relativ unabhängig voneinander und eher ihren jeweiligen Bischöfen zugeordnet; man fasst sie unter dem Begriff der „Augustiner-Chorherren" zusammen. Die Reformimpulse griff auch Norbert, ein Kanoniker in Xanten (1080/1085-1134), auf und gründete 1120 eine Gemeinschaft in *Prémontré* (von Gott vorhergezeigt) nahe Laon. Norbert unterstellte sich und seine Gemeinschaft dem strengen *Ordo monasterii*, war aber – ähnlich wie Bernhard von Clairvaux – auch als Prediger und „Politikberater" tätig, bevor er 1126 Bischof von Magdeburg wurde. Zuvor konnten die bis dahin entstandenen Klöster der Anhänger Norberts als Orden bestätigt werden, später wurde nach zisterziensischem Vorbild ein überdiözesaner Verband selbständiger Klöster mit jährlichem Generalkapitel ausgebildet. Die Einteilung in Provinzen und das Recht zur Übernahme von Pfarreien schloss bis 1188 die organisatorische Entwicklung ab.

Damenstifte

Seit dem Frühmittelalter wurde auch eine Reihe bedeutender Damenstifte gegründet, darunter Quedlinburg, Gernrode, Gandersheim, Essen, Vreden oder Niedermünster (Regensburg). Vor allem im 10. Jahrhundert erhielten sie große Bedeutung durch ihre engen familiären Verbindungen zum Hochadel und Königtum sowie als Orte der Reliquienverehrung und des Totengedächtnisses. Die Stiftsdamen waren zum Besuch der Messe und zum Chorgebet verpflichtet, durften jedoch privates Eigentum nutzen und sogar das Stift wieder verlassen, um zu heiraten.

Eremiten: Kartäuser

Die Impulse der italienischen Eremitenbewegung wirkten auch in Frankreich, wo verschiedene Gemeinschaften entstanden. Der Weg von der Gemeinschaft zum Orden lässt sich bei den Kartäusern nachverfolgen, die auf Bruno von Köln (um 1030-1101) zurückgehen. Dieser war Leiter der Domschule in Reims gewesen, der spätere Papst Urban II. einer seiner Schüler. Nach einer Wanderschaft zu Robert von Molesmes gründete Bruno mehrere Einsiedeleien, 1084 schließlich diejenige in den Bergen von Chartreuse (lat. Cartusia) nördlich von Grenoble, die dem späteren Orden seinen Namen geben sollten. Das neue Kloster verstand sich schon architektonisch als Verbindung von zönobitischem und eremitischem Leben, da zwar jeder Mönch sein eigenes kleines Haus bewohnte, die Häuser aber durch einen großen Kreuzgang miteinander verbunden wurden. Die Kirche diente dem gemeinsamen Gottesdienst, ein Kapitelsaal und ein Refektorium dem gemeinsamen Essen und dem Hören von Lesungen an hohen Feiertagen. In den Häusern verbrachten die einzelnen Mönche den Alltag mit Askese, Schweigen, körperlicher und geistiger Arbeit (besonders dem Abschreiben von Handschriften). Gott im Innern der Seele zu suchen war Aufgabe in der Abgeschiedenheit, ihn zu loben Aufgabe der Gemeinschaft.

Die Institutionalisierung als Orden erfolgte erst in der Zeit nach Bruno, der an den Papsthof Urbans II. geladen worden war und sich in den politischen Wirren der 1090er Jahre in Kalabrien niederließ. Prägend wurde dabei Guigo, der vierte Prior der Chartreuse, der für drei unabhängige Priorate Lebensregeln verfasste (um 1125), denen liturgische Vorschriften hinzugefügt wurden und die 1170 zu ausführlichen Statuten weiterentwickelt wurden. Bereits 1155 war das Generalkapitel als Ort für die gemeinsame Problemlösung der Kartäuserklöster eingeführt worden. Dass der Orden zugleich der bischöflichen Aufsicht entzogen wurde, erleichterte die überregional einheitliche Entwicklung der (bis 1200) 37 Kartausen.

4. Bettelorden im 13. Jahrhundert

Das religiöse Leitbild des armen Christus blieb im 12. Jahrhundert lebendig und führte vor allem in Regionen, in denen Städte stark aufblühten, zu einer neuen Dynamik. Daher konnte das religiös motivierte Ideal freiwilliger

Armut angesichts der wirtschaftlichen Potenz des städtischen Bürgertums auch als Kritik am Wirtschaftsleben verstanden werden. Charakteristisch für die Armutsbewegung der zweiten Hälfte des 12. und des 13. Jahrhunderts ist jedoch, dass sie vornehmlich von Laien getragen wurde – einschließlich der Laienpredigt.

Nicht alle religiösen Strömungen dieser Zeit ließen sich in die Kirche integrieren, weshalb im folgenden nur wichtige Orden vorgestellt werden, die aus der Armutsbewegung hervorgingen (vgl. auch Kap. VII).

Franziskaner

Die Nachahmung des Wirkens Jesu und seiner Jünger wurde wohl am konsequentesten von Franziskus von Assisi (1181-1226) und seinen Anhängern verwirklicht, zumal sie sich nicht hinter Klostermauern zurückzogen, sondern die ganze Welt als ihr Kloster betrachteten.

Franziskus Der Kaufmannssohn Franziskus war nach Kriegsgefangenschaft, Erkrankung, einem Traum und einer Vision von seinem Plan, Ritter zu werden, abgekommen. Er durchlebte einen längeren Prozess von Bekehrung und Entfremdung von seinem Vater, von dem er sich 1207 lossagte. Für seine Entscheidung dürften Aussendungs- und Nachfolgeworte Jesu aus den Evangelien eine wichtige Rolle gespielt haben (Mt 10,9; 19,21; Lk 9,23). Mit drei Gefährten bezog Franziskus die Portiuncula-Kirche bei Assisi, wo eine erste einfache Regel entstand. Für die sich sehr rasch sehr stark vergrößernde Gemeinschaft von Laien, die teilweise auch predigten, war ein institutioneller Rahmen unabdingbar, wollte sie sich nicht außerhalb der Kirche stellen. Dies wurde durch die Vermittlung des Bischofs von Assisi und schließlich durch Kardinal Hugolino als Kardinalprotektor des Ordens erreicht. Seit 1217 sandte man Brüder in die Länder außerhalb Italiens aus, Franziskus selbst reiste in den Orient und predigte vor dem ägyptischen Sultan. In den letzten Lebensjahren zog sich Franziskus von der Leitung der Gemeinschaft zurück, um immer mehr selbst zum Vorbild für seine Mitbrüder zu werden: Christusähnlichkeit in Armut, Demut, Selbsterniedrigung, Gehorsam gegenüber Gott, Liebe zu den Menschen, Predigt und Unbehaustsein war das Lebensmodell.

Franziskanerorden Gleichwohl verfasste Franziskus mit Unterstützung von Hugolino eine (dritte) Ordensregel, die 1223 päpstlich approbiert wurde und dem Franziskanerorden eine rechtliche Form gab. Ein Wandel setzte mit der zweiten Generation der Franziskaner um 1240 ein: Hatte Franziskus noch in seinem Testament auf äußerster Schlichtheit der Lebensführung bestanden, kam der Orden nun in eine Phase der Klerikalisierung und Akademisierung, in der das Theologiestudium eine größere Rolle spielte. Das Vorbild des Franziskus wurde anerkannt, seine Praktikabilität aber angezweifelt; aus dieser Spannung erwuchs ein fundamentaler Streit um das materielle Vermögen des Ordens.

Päpstlich privilegiert und mit einer eigenen Regel ausgestattet wurde auch die Frauengemeinschaft, die sich den frühen Franziskanern angeschlossen hatte und die Franziskus in San Damiano angesiedelt hatte. Sie wurden nach ihrer Gründerin Klara von Assisi Klarissen genannt. Schließlich bildeten sich in den Städten franziskanisch gesinnte Bruderschaften, aus denen der „dritte Orden" hervorging: Laien, die ihr Alltagsleben in franziskanischem Geist gestalten wollten.

Dominikaner

Von Gründung, Grundanliegen und Organisation her unterscheiden sich die Dominikaner als zweiter großer Bettelorden des 13. Jahrhunderts deutlich von den Franziskanern. Ihr Gründer Dominikus de Guzman (1170-1221) war Domkapitular und Regularkanoniker von Osma, der sein Leben der Kontemplation und der Seelsorge widmete. Dominikus und sein Bischof Diego waren von der Stärke der Katharer im Süden Frankreichs, die sie auf einer Reise erlebt hatten, offenbar betroffen und versuchten den kirchlichen Kampf gegen diese Gruppe zu unterstützen. Gegenüber der erfolglosen Machtdemonstration der päpstlichen Legaten entwickelte Dominikus das Auftreten in apostolischer Armut, mit einfacher Kleidung und bescheidenen Gesten als Prinzip zur Unterstützung seiner Predigt. Ihr späterer Einsatz als Inquisitoren legte sich von der Gründungsidee der Dominikaner her nahe (vgl. Kap. VII).

Dominikus

Anders als die Franziskaner konnten sich die Dominikaner nicht sofort als eigener Orden entwickeln, sondern übernahmen die strengere Augustinusregel nach dem Vorbild der Prämonstratenser. Im Hintergrund stand das Verbot der Zulassung neuer Orden durch das vierte Laterankonzil (1215), das eine zu große Diversität der Ordenslandschaft verhindern wollte. Ab 1217 jedoch finden sich in päpstlichen Bullen Spuren einer Anerkennung als eigenständige Predigergemeinschaft, als Honorius III. für sie die Unterstützung der Ortskirchen einforderte. In der Folgezeit breitete sich der neue Predigerorden (*Ordo Praedicatorum*) ähnlich rasch aus wie die franziskanischen Minderbrüder (*Ordo Fratrum Minorum*), so dass 1220 ein erstes Generalkapitel einberufen und 1221 acht Provinzen eingerichtet wurden. Die geographische Struktur des Ordens ähnelt also derjenigen der Franziskaner, beide standen gewissermaßen quer zur Einteilung der Kirche in Diözesen. Auf den Generalkapiteln wurden schließlich die Satzungen des Ordens entwickelt und dem Orden somit eine Struktur gegeben. Dabei stellte man jedoch die Ziele des Ordens – Studium, Predigt und Seelsorge – über die Bewahrung der Strukturen, so dass eine gewisse organisatorische Flexibilität von vornherein abgesichert war. Besonderer Wert wurde auf das theologische Studium gelegt: die Dominikaner hatten nicht nur in jedem Ordenshaus einen theologischen Lehrer, sie waren auch an den Universitäten vertreten und stellten mit Alber-

Dominikanerorden

tus Magnus und Thomas von Aquin zwei der prominentesten Theologen des Mittelalters.

Ebenso wie bei den Franziskanern entstand ein weiblicher Zweig bei den Dominikanern, der nach anfänglicher seelsorglicher Mitarbeit in der Katharer-Mission 1217 auf die Augustinusregel verpflichtet wurde, was Klausur und Chorgebet in den Lebensmittelpunkt dieser Frauen rückte. Im Bereich der Laien entstand ein dritter Orden, über den die dominikanischen Ideale in die städtischen Gesellschaften hineinwirkten.

Eremiten

Waren die Eremitenbewegungen des 11. Jahrhunderts noch Impulsgeber für die Kirche gewesen, befanden sie sich in der ersten Hälfte des 13. Jahrhunderts im Windschatten der neuen Bettelorden.

Karmeliter

Dennoch gab es auch in diesem Bereich Neugründungen: Im Heiligen Land entstand um 1200 eine Eremitengemeinschaft am Berg Karmel, wo der Prophet Elias gelebt haben sollte. Sie war in der Grundform – individuelles Leben in einzelnen Hütten – den Kamaldulensern verwandt. 1229 bestätigte Gregor IX. eine Ordensregel der Karmeliten aus der Zeit vor 1215 und unterstellte sie dem päpstlichen Schutz, gebot ihnen allerdings auch strenge Armut. Mit der Zurückdrängung der Kreuzfahrer im Lauf des 13. Jahrhunderts verlagerte sich der Orden allmählich nach Europa, wo er sich zunächst in küstennahen Städten ansiedelte. Damit ging in der zweiten Hälfte des 13. Jahrhunderts die Transformation in einen städtischen Orden in gemeinschaftlichem Leben und mit Seelsorgeaufgaben einher.

Augustiner-Eremiten

Eine vergleichbare Entwicklung nahmen die Eremitengemeinschaften, die ab 1244 von Innozenz IV. (1243–1254) als Augustiner-Eremiten unter dem Dach der Augustinusregel vereinigt worden waren. Die päpstliche Politik zielte dabei darauf, das eremitische Leben zu beschränken und einen Teil der Gemeinschaften in der Nähe der Bettelorden anzusiedeln. Asketisches Leben und Predigt sollten bevorzugt in Städten zusammen gepflegt werden. Trotz einiger Spannungen in dieser „Union" von Eremitengemeinschaften konnten eine an die Bettelorden angelehnte Struktur mit Ordensprovinzen angelegt werden und inhaltliche Gemeinsamkeiten im theologischen Studium und im Bezug auf Augustinus begründet werden.

5. Beginen

weibliche Gemeinschaftsbildung

Das Beginenwesen ist eine typisch weibliche Form des gemeinschaftlichen religiösen Lebens von Frauen in Städten, die zwischen Mönchtum und Laienstand angesiedelt war: Ohne approbierte Regel oder ein Ordensgelübde verpflichteten sich Frauen zu Armut, Keuschheit, Gebet und Askese. Um 1200 lassen sich in Lüttich Frauen in religiös-caritativer Tätigkeit nachweisen, die nicht Mitglieder bestehender Gemeinschaften an Spitälern waren und von reformoffenen Klerikern unterstützt wurden. Offenbar reagierte man so auf die Herausforderungen einer steigenden Urbanisierung, während die Lebensform der Beginen unter dem starken Eindruck der Armutsbewegung stand. Deren Ansehen erklärt die Attraktivität des Beginenstandes im 13. Jahrhundert wohl besser als ein vermeintlicher Drang nach religiöser und sozialer Emanzipation.

Die kirchlichen Reaktionen auf diese Gemeinschaftsbildung bestanden einerseits in der Gründung des Ordens der Magdalenerinnen (um 1225), der sich als regulierte Form für religiöse Frauen anbot, andererseits im päpstlichen Schutz der weiblichen Lebensform ohne Ordensregel in der Bulle *Gloriam virginalem* (1233). Eine religiöse Lebensform von Frauen außerhalb der Orden wurde also durchaus toleriert und stand nicht von vornherein unter Häresieverdacht. Ihren Lebensunterhalt finanzierten die Beginen durch Handarbeit, Stiftungen oder mitgebrachtes Vermögen, da sie sich üblicherweise aus dem mittleren bis gehobenen Bürgertum rekrutierten. Um 1300 sind Beginenkonvente in Städten am Rhein und seinem Umland, in Thüringen und Bayern, aber auch in Südeuropa zu finden.

Magdalenerinnen und Beginen

Das Konzil von Vienne (1311/1312) sprach zwar ein Verbot der Beginen (und der männlichen Lebensform der Begarden) aus und verurteilte den Beginen zugeschriebene Lehrmeinungen, dürfte damit aber eher radikalisierte Strömungen der Armutsbewegung gemeint haben als das bis dahin etablierte städtische Beginenwesen (vgl. Kap. V). Dafür spricht, dass nach dem Konzil weder Beginenkonvente in nennenswertem Ausmaß unterdrückt noch Beginen allgemein systematisch verfolgt wurden. Wo dies doch geschah, dürften kommunalpolitische Gründe eine gewisse Rolle gespielt haben. Daher konnten Beginenkonvente noch in der Frühen Neuzeit ihren festen Platz in den Stadtgesellschaften etwa der Niederlande, aber auch Bayerns beanspruchen. Eine anerkannte religiöse Lebensform war somit auch außerhalb der Orden möglich.

Verbot der Beginen

Bedeutung kommt dem Beginenwesen aber auch für die Frömmigkeitsgeschichte zu, da in den Konventen Frömmigkeitspraktiken intensiviert wurden und es wichtige Berührungspunkte zur Mystik gab: So stehen einige Predigten Meister Eckharts in einem solchen Kontext, auch Beginen wie Marie von Oignies (um 1177-1213) oder Mechthild von Magdeburg (um 1207-1282) wurden als Mystikerinnen bekannt.

6. Konflikte und Reformen im Spätmittelalter

Ausgangspunkt für die Wandlungen, die das Ordensleben Spätmittelalter erfuhr, war ein Konglomerat von Problemlagen:

- Die Pluralität der Orden, die sich trotz aller Regulierungsversuche in der Kirche etabliert hatte, führte eher zu Konkurrenzdenken und zu einer fragmentierten Wahrnehmung von Kirche.
- Die Franziskaner stritten im 14. Jahrhundert über Umfang und Verpflichtungskraft des Armutsgelübdes sowie über die Frage, in welches Verhältnis ihre Gelübde zur Armut Christi zu setzen seien. Dieser Streit, in dem unterschiedliche Päpste verschiedene Positionen bezogen und der zur Entstehung des radikalen Zweiges der Spiritualen führte, verband sich mit dem politischen Konflikt zwischen Ludwig IV. und Johannes XXII.
- Im Bereich des Mönchtums wurde das Kommendenwesen zum Problem: Eine Abtei konnte als Pfründe (Finanzquelle) an Kleriker oder Laien vergeben werden, die nicht Mitglieder des Ordens waren und als Kommendataräbte fungierten. Dies führte zu erheblichen Belastungen von Klöstern, die finanziell ausgenommen wurden.
- Mönchsklöster wurden generell als materielle und geistliche Versorgungsmöglichkeit für den Adel wahrgenommen, so dass regelrechte „Adelsklöster" entstanden. Hier wurde das private Leben nicht selten dem gemeinsamen monastischen Leben vorgezogen.
- Ein Erschlaffen der Disziplin lässt sich übergreifend in allen Orden beobachten.
- Die europäischen Kriege und die Pest um 1350, aber mehr noch das große abendländische Schisma (1378-1417, vgl. Kap. III) zogen auch die Orden in Mitleidenschaft: Kriege und Pest bedrohten die materielle Lebensgrundlage von Klöstern, das Schisma führte zu Spaltungen in Orden und Klöstern und gefährdete so deren Einheit.

Devotio moderna

Der spirituelle Neuaufbruch des Spätmittelalters, der insbesondere mit der von der Mystik beeinflussten *Devotio moderna* verbunden war, und ein innerliches Frömmigkeitsideal pflegte, drang aus dem Kontext des städtischen Bürgertums auch zum Mönchtum vor. Dies lässt sich insbesondere am 1387 gegründeten Kloster Windesheim bei Zwolle erkennen, das von der Brüdergemeinschaft in Deventer aus gegründet wurde, der Heimat der *Devotio moderna*. Im 15. Jahrhundert schloss sich eine große Anzahl von Augustinerklöstern (v. a. Chorherren) dieser Reformströmung an und bildeten die Windesheimer Kongregation. Im selben Kontext steht auch der Aufschwung der Kartäuser gerade auch in den Städten, da Mystik und Innerlichkeit gerade in den Kartausen beheimatet waren.

Zusammenschlüsse von Klöstern bildeten sich im 15. Jahrhundert auch im benediktinischen Mönchtum, wo sie wirksamer waren als die von Papst Johannes XXII. verfügte Provinzeinteilung. Insbesondere Subiaco, Melk an der Donau, Kastl in der Oberpfalz und Bursfelde an der Weser wurden zu wesentlichen Zentren der Klosterreform. Während die ersten drei im Mittelpunkt freiwilliger lockerer Zusammenschlüsse standen, wurde Bursfelde zum Zentrum einer Kongregation mit gemeinsamer Organisation und jährlichem Generalkapitel. Als gemeinsame Reformziele dürfen die strengere Einhaltung der Benediktsregel und die Intensivierung von Frömmigkeit und Gelehrsamkeit gelten. Der Humanismus schlug im spätmittelalterlichen Mönchtum aber von Ausnahmen abgesehen kaum Wurzeln.

Während Benediktiner und Zisterzienser vor allem auf dem Land anzutreffen waren, dominierten die Bettelorden in den Städten. In ihrer Seelsorgetätigkeit gerieten sie jedoch regelmäßig in Konflikt mit dem Pfarrklerus, an den Universitäten konkurrierten sie mit weltlichen Professoren. Die nötige innere Erneuerung nach Pest und Schisma kam für die Bettelorden aus der Observanzbewegung, die ebenfalls auf die strengere Beachtung der Ordensregeln zielte. Die Einführung der Observanz wurde teilweise auch von Landesherren gefördert, verlief dann aber selten konfliktfrei.

Während bei Dominikanern und Augustinereremiten die reformierten (observanten) Klöster zu Verbänden innerhalb des jeweiligen Ordens zusammengefasst wurden – z.B. in der sächsischen Provinz der Augustinereremiten, der Martin Luther angehörte –, stand die Entwicklung bei den Franziskanern im Zusammenhang mit dem Armutsstreit und führte zur Spaltung: Die Observanten pflegten die Armut des einzelnen und des Konvents, die Konventualen dagegen nur die Armut des einzelnen Bettelmönchs. Nachdem sich im 15. Jahrhundert eine Doppelstruktur im Orden etabliert hatte, ratifizierte Leo X. schließlich im Jahr 1517 die Trennung beider Strömungen. ∎

Auf einen Blick

Die mittelalterliche Entwicklung zeigt zunächst das breite Spektrum, innerhalb dessen sich die Grundgedanken des Mönchtums entfalteten. Dabei stehen der Pluralität immer wieder auch Tendenzen zur Vereinheitlichung gegenüber, was sich sowohl im karolingischen Reich als auch auf dem vierten Laterankonzil beobachten lässt. Während das antike Mönchtum das gemeinsame und das eremitische Leben kannte, bildete sich im Mittelalter mit den Kanonikern ein dritter Zweig heraus, der das gemeinsame Leben von Weltklerikern zum Ziel hatte. Schließlich formten die Bettelorden ein neues Verständnis vom Ordensleben mit Armut und Weltzugewandtheit als wesentlichen Charakteristika. Reformen des Mönchtums und Ordenslebens gingen vom 11. bis 13. Jahrhundert immer wieder von Askese, einfachem und armem Lebensstil aus – um die Regel in reiner Gestalt zu verwirklichen, wie die Zisterzienser es beanspruchten, oder um Christus bzw. den Aposteln authentisch nachzufolgen wie die Bettelorden.

Auch für die mittelalterliche Frömmigkeit sind Mönche und Ordensleute von großer Bedeutung. Seit dem Frühmittelalter gilt der Mönch aufgrund seiner authentisch asketischen Lebensweise als Gott besonders nah, als „Garant für eine größtmögliche Heilsgewissheit, an deren Charisma sie teilhaben wollten" (Gert Melville). Insbesondere für die spätmittelalterlichen Städte mit ihrer Konzentration von unterschiedlichsten Ordenshäusern ist dieser Aspekt von großer Bedeutung.

VI. Mönchtum und Orden

Literaturhinweis

Frank, Karl Suso: Geschichte des christlichen Mönchtums, Darmstadt ⁶2010. *Knapper und lesenswerter Überblick über die Geschichte des Mönchtums von den Anfängen bis zur Gegenwart.*

Melville, Gert: Die Welt der mittelalterlichen Klöster, München 2012. *Äußerst profunde Darstellung von Mönchtum und Orden im Mittelalter auf aktuellem Forschungsstand.*

Oberste, Jörg: Die Zisterzienser, Stuttgart 2014.

Schwaiger, Georg (Hg.): Mönchtum, Orden, Klöster. Von den Anfängen bis zur Gegenwart. Ein Lexikon, München 1993.

Sitar, Gerfried / Kroker, Martin (Hgg.): Macht des Wortes. Benediktinisches Mönchtum im Spiegel Europas, Regensburg 2009.

Voigt, Jörg: Beginen im Spätmittelalter. Frauenfrömmigkeit in Thüringen und im Reich, Köln 2012.

VII. Häresie und Inquisition

> **Überblick**
>
> Die hochmittelalterliche Armutsbewegung band die Nachfolge Christi und der Apostel nicht an eine Weihe oder ein kirchliches Amt, sondern an eine Lebensführung in Armut. Auf dieser Grundlage entstanden nicht nur neue Orden, sondern auch Gemeinschaften von Laien, die nur teilweise in die Kirche integriert werden konnten. Zugleich entstanden in der Nachfolge antiker dualistischer Systeme weitere Strömungen, die sich in ihrem Denken teilweise weit vom Christentum entfernten. Die kirchlichen Reaktionen darauf waren vielfältig und umfassten, die Intensivierung der Predigt und missionarische Tätigkeiten zur Rückgewinnung, die Etablierung einer einschlägigen Gesetzgebung und juristischer Verfahren sowie Gewaltmaßnahmen.

1143	Prozess gegen Katharer in Köln
1179	Ketzergesetzgebung des Dritten Laterankonzils
1184	Exkommunikation der Waldenser
1209–29	Albigenserkreuzzug gegen die Katharer
1215	Bestrafung von Ketzern durch den „weltlichen Arm" (Viertes Laterankonzil)

1. Heterodoxe Armutsbewegung im 12. Jahrhundert

Indem die Armut zum entscheidenden Charakteristikum des apostolischen Lebens erklärt wurde, war zugleich eine Art Sozialkritik formuliert: Denn in den im 11. und 12. Jahrhundert aufblühenden Städten entwickelte sich nicht nur ein wohlhabendes Bürgertum, auch die Kluft zwischen Arm und Reich wurde größer. Die etablierte kirchliche Armenfürsorge war häufig nicht mehr in der Lage, die Armen ausreichend zu unterstützen. Vor diesem Hintergrund entschieden sich vor allem Angehörige der reichen Kaufmannsschicht für die freiwillige radikale Armut – Franziskus ist nur ein prominentes Beispiel.

Südfrankreich und Norditalien waren zunächst Schwerpunkte der Armutsbewegung, hier zeigt sich deren breites Spektrum über die Bettelorden hinaus (vgl. Kap. VI). So setzte der Kleriker Arnold von Brescia (gest. um 1155) seine eigene streng asketische Lebensweise als Norm für die Kirche und übte vor diesem Hintergrund Kritik an Papst und Klerus. In Rom verbanden sich seine Ideen mit dem Streben des städtischen Senats nach Emanzipation vom Papst. Ähnliche Vermischungen von apostolischem Leben und politischer Partizipation finden sich im 12. Jahrhundert auch andernorts.

Waldenser

Aus dem Kaufmannsmilieu stammte auch Valdes, dessen Vorname Petrus erst im 14. Jahrhundert erwähnt wird. Aufgrund eines Bekehrungserlebnisses verschrieb er sich während der 1170er Jahre dem apostolischen Leben in Armut und der Predigt. Eine anfängliche Predigterlaubnis des Bischofs von Lyon wurde zwar durch das dritte Laterankonzil 1179 widerrufen; die Lebensform in Armut wurde Valdes und seinen Anhängern, den Waldensern, jedoch erlaubt. Auch die Rechtgläubigkeit ihrer Lehre stand zunächst nicht in Zweifel, vielmehr engagierten sie sich in der Bekämpfung der Katharer (s. u.). Da sie jedoch weder das Predigtverbot beachten wollten noch einen vom Bischof eingesetzten Propst als Vorgesetzten akzeptierten, wurden die Waldenser 1184 von Papst Lucius III. exkommuniziert. In der Folge näherte sich ein Teil der Waldenser wieder der Großkirche an – ähnlich wie eine vergleichbare norditalienische Strömung, die Humiliaten. Da beide Gruppen in ihrer Lehre nicht vom Glauben der Kirche abwichen, eröffnete Innozenz III. ihnen Lebensräume in der Kirche. Für die Humiliaten wurde 1201 das Modell des „Dritten Ordens" geschaffen, das auch für Laien im Umfeld der Bettelorden vorbildhaft werden sollte.

Radikalisierung der Waldenser

Die Mehrheit der Waldenser radikalisierte sich unter dem Eindruck der Exkommunikation und näherte sich den „lombardischen Armen" an, die ihrerseits Ideen der Reform des 11. Jahrhunderts radikalisiert hatten: So war ihnen zufolge z. B. eine Sakramentenspendung eines unwürdigen Priesters ohne Wert. Theologisch wurden die Waldenser von hier beeinflusst, vollzogen aber den Aufbau einer eigenen kirchlichen Struktur nicht mit. Dennoch wurden die Waldenser nun als häretische Gruppe wahrgenommen und verfolgt, konnten aber bis ins 16. Jahrhundert überleben, als sie sich mit reformatorischen Strömungen verbanden.

2. Dualistische Strömungen

Verschiedentlich lassen sich im Früh- und Hochmittelalter Strömungen beobachten, in denen die Welt extrem negativ und in Opposition zu Gott gesehen wurde. Üblicherweise wurden sie von den Zeitgenossen auf die vor allem durch Augustinus bekannten Manichäer zurückgeführt – ob es nun die byzantinischen Paulikianer des 9. Jahrhunderts oder die bulgarischen Bogomilen des 11. Jahrhunderts waren. Bei Letzteren vermischte sich ein ausgeprägter Dualismus mit dem Ideal von der apostolischen Armut, was auch die größte dualistische Strömung des Hochmittelalters beeinflusste, die Katharer.

Die Katharer

Der Begriff *cathari* kommt in der Mitte des 12. Jahrhunderts erstmals vor, parallel zur Bezeichnung *Albigenser* (nach der Stadt Albi, einer Hochburg der Katharer). Die Katharer waren vor allem im Süden Frankreichs verbreitet, die Bewegung strahlte aber nach Italien und ins Reich aus; 1143 fand etwa in Köln ein Häresieprozess gegen Katharer statt. In ihrem Kerngebiet waren die Katharer aber eine kaum zu überschätzende Bedrohung für die Kirche, da sie neben ihrer dualistischen Lehre eine die Zeitgenossen offensichtlich überzeugende Lebensführung an den Tag legten und eine eigene religiöse Organisation samt Zeichensystem aufgebaut hatten.

Einer der wenigen erhaltenen Texte der Katharer, der *Liber de duobus principiis* (Buch von den zwei Prinzipien), gibt Auskunft über ihre Lehre: Gott wurde als gutes, mit dem geistig-geistlichen verbundenes Prinzip gedacht, das durchaus personale Züge trug. Ihm stand ein nicht-personales, an die Materie gebundenes Prinzip gegenüber, das die Schöpfung der Welt ins Werk gesetzt habe. Der Mensch habe daher einen verderblichen materiellen Leib, in seiner Seele aber einen Funken göttlicher Reinheit. Durch Buße und eine von Absage an die Materie geprägte asketische Lebensführung wollten die Katharer die sündhafte Welt hinter sich lassen und ihren Seelenfunken von Gott aufgenommen wissen. Solange auch derartige Vorstellungen in der Religionsgeschichte zurückreichen, ihr Gegensatz zur christlichen Schöpfungslehre ist evident. Christus kommt jedoch in soteriologischer Hinsicht ins Spiel, als Erlöser aus der Welt der sündhaften Materie. [Lehre der Katharer]

Aus der katharischen Lehre folgte eine streng asketische Lebensweise mit dem Ziel der Reinheit, die sexuelle Enthaltsamkeit, Vegetarismus (keine Speisen, die durch sündige Zeugung entstanden waren) und regelmäßiges Fasten umfasste. Nur wenige *perfecti* (Vollkommene) konnten eine solche Lebensweise erreichen, die Mehrzahl der Katharer waren *credentes* (gläubige Anhänger) oder *defensores* (Förderer). Gemeinsamer Ritus im Alltag war eine Messfeier mit dem Brotbrechen im Zentrum, die im Haus eines Anhängers gehalten wurde. Als Übergangsritus zum Stand des *perfectus* und auch bei Sterbenden wurde das *consolamentum* zelebriert, eine Art Geisttaufe, die nur von einem *perfectus* gespendet werden konnte und die Vergebung der Sünden ohne Gegenleistung nach sich zog. Damit war auch eine Gegenposition zur kirchlichen Lehre vom Fegefeuer als Ort der Buße formuliert, die der Frömmigkeit der Menschen durchaus entsprochen haben dürfte (vgl. Kap. X). [Lebensweise der Katharer]

3. Die Systematisierung der Abwehr

Die kirchliche Abwehr der Häresie im allgemeinen und der Katharer im besonderen wurde im 12. und 13. Jahrhundert auf drei Ebenen betrieben: Formierung und Systematisierung des einschlägigen Rechts, Predigt und Gewaltmaßnahmen.

Häresie im Kirchenrecht

Häresiebegriff — Um 1100 waren der Häresiebegriff und die diesbezügliche Rechtspraxis noch kaum festgelegt und differierten je nach Quelle. Wollte man abweichende Lehrmeinungen als häretisch brandmarken, führte man sie auf bekannte Häresien der Antike zurück, etwa den Manichäismus, Nestorianismus oder Pelagianismus. Im Umfeld des Reformpapsttums des 11. Jahrhunderts wurde der Häresiebegriff auch auf die Simonie und die mit ihr verknüpfte Laieninvestitur ausgedehnt (vgl. Kap. IV). Dem Anspruch des Reformpapsttums entsprach es zudem, dass seit dem 12. Jahrhundert auch die „Häresie des Ungehorsams" im Kirchenrecht greifbar wird, was etwa bei der Nichtbeachtung des Predigtverbots durch die Waldenser relevant wurde. Dieser erweiterte Häresiebegriff findet sich dann auch in der Kirchenrechtssammlung Gratians (um 1140), wo auch Strafen erwähnt werden: die Exkommunikation im geistlichen, Enteignung, Kerkerhaft, Todesstrafe und Krieg im weltlichen.

Gesetzgebung — Die Ketzergesetzgebung durch Synoden erreichte ihren ersten Höhepunkt mit dem Kanon *De haereticis* des dritten Laterankonzils (1179), in dem nicht nur Strafen für Häresie festgelegt wurden, sondern auch jede Aufnahme und Unterstützung von Häretikern verboten wurde. Lucius III. führte dann unautorisierte Predigt, Ablehnung der Sakramente, der Sündenlehre und der Heiligenverehrung als Merkmale von Häresie an (Dekretale *Ad abolendam*, 1184).

Kirchliches und weltliches Strafrecht — Bemerkenswert ist aber das hier geregelte Zusammenwirken von Bischöfen mit lokalen weltlichen Obrigkeiten, um Häresien einzudämmen. Rückfällige überführte Ketzer sollten ohne weiteren Prozess dem „weltlichen Arm" übergeben werden, was zunächst nur die Anwendung des ortsüblichen Rechts bedeutet, nicht zwangsläufig die Todesstrafe. Da um 1200 Häresie als Majestätsbeleidigung Gottes beschrieben wurde, lag auch eine weitere Verschärfung des Strafrechts nicht fern. Das vierte Laterankonzil (1215) schließlich fasste die bisherige Gesetzgebung zusammen und verpflichtete weltliche Machthaber auf die Verfolgung von Ketzern. Dabei wurde die kirchliche Gesetzgebung in etlichen Reichen vom weltlichen Recht flankiert, insbesondere von Friedrich II., unter dessen Herrschaft sich seit 1224 die Verbrennung von überführten und verurteilten Ketzern als Strafe des „weltlichen Arms" durchsetzte.

Predigt

Im 12. und 13. Jahrhundert war – nicht zuletzt durch die unautorisierten Wanderprediger, die sich nur teilweise in die Kirche integrieren ließen – die Sensibilität für den Wert der Predigt gestiegen. Dies schlug sich nicht nur in den einschlägigen Bestimmungen des dritten und vierten Laterankonzils nieder, sondern auch in verstärkten Bemühungen um die Predigtausbildung an der Universität in Paris. Petrus Cantor (gest. 1197) und Alanus von Lille (gest. 1202) sind hier als Initiatoren und erfolgreiche Lehrer zu nennen, die sich neben der Predigt auch mit pastoral relevanten Fragen von Sünde, Buße, Bußsakrament und Seelenheil befassten. Vor diesem Hintergrund sind auch die in Frankreich und dem deutschen Reich als vorbildhaft betrachteten Pariser Diözesanstatuten von 1204 zu sehen, die auf die Ausbildung des Klerus und die Intensivierung der Predigt besonderen Wert legten.

Für die verstärkte Predigt gegen die Katharer setzte Papst Innozenz III. aber bevorzugt auf die Zisterzienser, da sie aufgrund ihrer Lebensführung geeignete Sympathieträger zu sein schienen. Innozenz III. setzte zudem eine Reihe südfranzösischer Bischöfe wegen Unfähigkeit oder Unterstützung der Katharer ab und ersetzte sie durch Zisterzienser. In diesen Kontext ordnete sich ab 1206 auch Dominikus mit seiner Gemeinschaft ein, der in Zusammenarbeit mit den Zisterziensern gewisse Erfolge erzielen konnte. Eine Bekehrung der Katharer im größeren Maßstab war den Predigern aber nicht vergönnt.

Der Albigenserkreuzzug

Angesichts der begrenzten Erfolge der Predigtmission gab es um 1200 auch Überlegungen zum gewaltsamen Vorgehen gegen die Katharer. Den Auslöser für ein militärisches Vorgehen bildete schließlich die Ermordung des päpstlichen Legaten Pierre de Castelnau (1208), im Hintergrund stand aber auch das große Interesse des französischen Königtums an der Durchsetzung seiner Macht im Süden des Landes und der Krieg Frankreichs mit England. Das im Jahr 1209 begonnene Unternehmen erwies sich jedoch als sehr mühsam und langwierig, erst 1229 konnte mit dem Frieden von Paris und den in Toulouse gefassten Beschlüssen zur Ketzergesetzgebung eine neue Phase im Kampf gegen die Katharer eingeleitet werden.

Dass der Krieg gegen die Katharer als Kreuzzug geführt werden konnte, verdankt sich der „Umleitung" des Kreuzzugsgedankens vom Heiligen Land auf die Bekämpfung von Ungläubigen in der westlichen Christenheit (vgl. Kap. VIII). Auf diese Weise ließ sich Unterstützung aus ganz Europa mobilisieren.

VII. Häresie und Inquisition

Inquisition als Verfahren und Institution

Die strafrechtliche Verfolgung von Häretikern war bis ins 13. Jahrhundert hinein in erster Linie Aufgabe der bischöflichen Gerichte und – in komplexeren Fällen – von Synoden. Dies änderte sich im Pontifikat Gregors IX. (1227–1241), indem auf der Basis päpstlicher und konziliarer Rechtssetzung ein spezielles Mandat zum umfassenden Vorgehen gegen Häretiker entwickelt wurde. Darin waren das Recht zum Aufspüren von Häretikern, zur Prozessführung, Verurteilung und Bestrafung enthalten. Die Mandatsträger, die Inquisitoren (von lat. *inquirere = untersuchen*), konnten von lokalen kirchlichen und weltlichen Organen Amtshilfe anfordern, aber unabhängig von deren Zustimmung agieren. Aufgrund ihrer Verbreitung, Organisation und Bildung boten sich die Bettelorden als Träger der Inquisition an, die hauptsächlich den Dominikanern anvertraut wurde.

Inquisitionsprozess — Die Neuartigkeit des Inquisitionsprozesses seit Gregor IX. bestand zum einen darin, dass das Inquisitionsgericht auch ohne Anklage *ex officio* tätig werden konnte, und zum anderen in der Ablehnung irrationaler Beweisverfahren (z. B. Reinigungseide oder Gottesurteile). Das Verfahren bestand zunächst in einem Eid des Angeklagten, die Wahrheit zu sagen; sodann wurde vom Inquisitor in Gegenwart von mindestens zwei Zeugen das Verhör geführt. Dabei waren manche Inquisitoren eher daran interessiert, Namen weiterer Verdächtiger zu erfahren, andere wiederum an den Glaubensvorstellungen der Angeklagten. Durch die sorgfältige Protokollierung und Führung von Namenslisten wurde die erste Flächenfahndung der mittelalterlichen Geschichte ermöglicht.

> **Quelle**
>
> **Anweisungen für das Verhör aus dem Ordo Processus Narbonensis (um 1244)**
> Kurt-Viktor Selge (Hg.), Texte zur Inquisition, Gütersloh 1967, S. 71.
>
> [Nach dem Eid] wird jede Person sorgfältig darüber verhört, ob sie jemals einen Ketzer (Katharer) oder Waldenser getroffen habe, wo und wann, wie oft und in wessen Begleitung. [Sie ist ferner zu fragen], ob sie jemals der Predigt oder Rede eines Ketzers beiwohnte, ihm Wohnung oder Nahrung zur Verfügung stellte, ihn von Ort zu Ort führte oder ihm anderweitig Beistand gewährte. Ob sie jemals mit einem Ketzer zu Tisch saß oder von ihm gesegnetes Brot annahm. Ob [die befragte Person] jemals etwas von Ketzern annahm oder ihnen schickte, ihnen als Geldsammler, Bote oder Helfer diente oder von ihnen etwas zur Aufbewahrung bekam. Ob sie von ihnen den Frieden gespendet bekam, indem sie das Buch [der Ketzer] am Mund, Schulter oder Ellenbogen berührte, ob sie jemals einen Ketzer verehrt oder das Knie vor ihm gebeugt und zu ihm gesagt habe: „Segne uns". Ob sie jemals bei solchen Ehrbezeugungen gegenüber Ketzern anwesend war oder bei ihren Taufen und Beichten. Ob sie jemals an einem Abendmahl der Waldenser teilgenommen habe […]. Ob sie irgendeinen Mann oder irgendeine Frau kenne, die in einer der oben beschriebenen Weisen mit Ketzern oder Waldensern Kontakt halte.

Was das Strafmaß angeht, wurde deutlich differenziert. Helfer, Verteidiger oder Anhänger von Ketzern hatten in der Regel eine mildere Strafe zu erwarten (z. B. Bußwallfahrten, Teilnahme an Prozessionen in Bußkleidung, generell stigmatisierende Kleidung), der Ketzerei Verdächtige wurden oft zu Gefängnisstrafen verurteilt. Ketzer im strengen Sinn waren nur diejenigen, die trotz Belehrung in ihrem Glauben blieben und diesen öffentlich gepredigt hatten. Sie mussten mit Exkommunikation, Konfiskation ihres Besitzes, Verlust ihrer bürgerlichen Rechte, Kerkerhaft und der Androhung der Todesstrafe rechnen. Wer unter diesem Eindruck bereute, kam mit einer Buße davon. Die Todesstrafe als härteste Form der Bestrafung war also nur für den vergleichsweise kleinen Teil der hartnäckigen Ketzer und für Rückfällige vorgesehen. Hierin hatte sich das kirchliche Recht dem weltlichen angenähert.

Strafen für Ketzer

Die mittelalterliche Inquisition war meist in Regionen mit besonderer „Ketzerdichte" aktiv, so dass etwa im Spätmittelalter Böhmen zum Tätigkeitsschwerpunkt wurde, während im Übrigen deutschen Reich zu dieser Zeit kaum noch Inquisitoren zu finden waren. Die Entwicklung einer flächendeckenden Behörde fand nicht im Mittelalter statt, sondern erst im Spanien und Italien der Frühen Neuzeit. In diese Epoche gehört auch die Hexenverfolgung, deren theoretische Grundlagen zwar im Spätmittelalter gelegt wurden, die jedoch erst im 16. und 17. Jahrhundert gesellschaftliche Realität wurde.

4. Häresie im Spätmittelalter

Durch den franziskanischen Armutsstreit entstand um 1300 die Gruppe der Spiritualen, die nicht nur das Armutsgebot radikalisierten, sondern gerade auch in Südfrankreich und Norditalien (dem früheren Verbreitungsgebiet der Katharer) Menschen anzog. Bei ihnen vermischte sich die asketische Lebensweise mit volkstümlichen Endzeitvorstellungen und einer allgemeinen Ablehnung der päpstlichen „Amtskirche". Während der Sedisvakanz 1314-16 und im Pontifikat Johannes' XXII. (1316-1334), der radikale Armutsforderungen ablehnte, wurden die Spiritualen und Laiengruppen aus ihrem Umfeld von der Inquisition verfolgt. Im Streit um die Armut Jesu und der Apostel, die Johannes XXII. leugnete, wurde freilich auch der Papst als Ketzer bezeichnet.

Franziskaner-Spiritualen

Außerdem standen im 14. Jahrhundert von der Mystik beeinflusste Strömungen unter Häresieverdacht, die teils pantheistische Züge trugen; selbst Meister Eckhart zog beanstandete Sätze zurück. Insbesondere die Idee von der mystischen Vereinigung der Seele mit Gott zog Kritik auf sich, da sie etwa kirchliche Heilsvermittlung und Sakramente in Frage stellte.

Zu erwähnen wären in diesem Kontext auch die Lehren John Wyclifs und Jan Hus', die sich in England und Böhmen mit sozialen und politischen Fakto-

Wyclif und Hus

ren verbanden (vgl. Kap. IX). Gerade im Böhmen des 15. Jahrhunderts ging man jedoch nicht mehr mit Inquisitionsprozessen gegen die Hussiten vor, sondern militärisch: auch hier fand der erweiterte Kreuzzugsbegriff seine Anwendung.

Die Idee von der Häresie des Ungehorsams wurde in die Theorie vom Papsttum übernommen und im 15. Jahrhundert im Grundsatzkonflikt zwischen Papst und Konzil angewandt (vgl. Kap. V): Papsttreue Autoren wie Juan de Torquemada sahen in der Theorie von der Oberhoheit des Konzils über den Papst den Glaubensartikel von der Einheit der Kirche verletzt und damit den Tatbestand der Häresie gegeben. ■

Auf einen Blick

Im Lauf der mittelalterlichen Kirchengeschichte scheinen die Häresien vielfältiger zu werden. Während im 12. Jahrhundert ausschließlich Gruppierungen aus dem großen Strom der Armutsbewegung im Fokus stehen, ist seit der Bedeutungszunahme der Katharer im 13. Jahrhundert bereits ein Moment der Pluralisierung gegeben, denn ihre Ansichten korrespondieren nur teilweise mit der Armutsbewegung. Im Spätmittelalter scheint das Spektrum an devianten Formen des Christentums umso breiter. Dazu trägt neben unserer heutigen Wahrnehmung aufgrund der besseren Quellenlage sicherlich auch der Umstand bei, dass die Begriffe „Glaube" und „Häresie" von der Theologie immer differenzierter dargestellt wurden, so dass sich schärfere Trennlinien zwischen richtigem Glauben und Irrlehre ziehen ließen.

Die kirchlichen Abwehrmaßnahmen sind dabei gewissermaßen die Kehrseite der Tendenzen zur Konformierung der Kirche unter Führung des Papsttums. Insbesondere im dogmatischen Bereich werden Standards gesetzt und mit Hilfe einer Präzisierung und Verschärfung des Strafrechts Grenzen gezogen. Die Kooperation zwischen Kirche und weltlichen Mächten zeigt sich schließlich drastisch in den Kreuzzügen, aber auch in Inquisitionsgerichten. Deren Verfahren wiederum waren gemessen an den Standards des Hochmittelalters fortschrittlich, was ihren Charakter als Repressionsorgane aber keineswegs relativiert.

Literaturhinweis

Deggau, Hans-Georg: Kleine Geschichte der Katharer, Freiburg 2005.
Lambert, Malcolm: Häresie im Mittelalter. Von den Katharern bis zu den Hussiten, Darmstadt 2001. *Ein Klassiker der „Ketzergeschichte" des Hoch- und Spätmittelalters.*
Oberste, Jörg: Ketzerei und Inquisition im Mittelalter, Darmstadt 2007. *Knapper, quellennaher und lesenswerter Überblick über beide Phänomene.*
Rottenwöhrer, Gerhard: Die Katharer. Was sie glaubten, wie sie lebten, Ostfildern 2007. *Ausführliche Darstellung von einem der besten Kenner der Materie.*
Schwerhoff, Gerd: Die Inquisition. Ketzerverfolgung in Mittelalter und Neuzeit, München 2004. *Knappe und übersichtliche Darstellung, die auch die spanische und römische Inquisition der Neuzeit einbezieht.*

VIII. Die Kreuzzüge und das Verhältnis der Religionen

Überblick

Seit dem Zeitalter der Aufklärung wird der Begriff „Kreuzzug" mit religiösem Fanatismus in Verbindung gebracht. In den Quellen des 11. und 12. Jahrhunderts, vom Beginn und einer ersten Hochphase der Kreuzzüge, ist nicht von „Kreuzzug", sondern von „Pilgerfahrt" oder „Reise" die Rede. Im allgemeinen Sinn ist ein Kreuzzug ein von einem Papst ausgerufener und mit der Zusage eines Ablasses ausgestatteter Kriegszug gegen Feinde des christlichen Glaubens. Besondere Bedeutung für die Zeitgenossen im Mittelalter hatten dabei die Kriegszüge in den Nahen Osten mit dem Hauptziel Jerusalem. Seit dem 12. Jahrhundert lassen sich jedoch auch Kreuzzüge gegen Muslime auf der iberischen Halbinsel, zur gewaltsamen Missionierung im Ostseeraum und gegen Ketzer, besonders die südfranzösischen Katharer, beobachten.

7. Jh.	Ausbreitung des Islam
1061	Eroberung Siziliens durch die Araber
1095	Aufruf zum Kreuzzug durch Urban II.
1096	Judenpogrome am Rhein
1099	Eroberung Jerusalems
1118	Entstehung des Templerordens
1147	Zweiter Kreuzzug
1147	Eroberung von Lissabon
1187	Niederlage der Kreuzritter gegen Saladin
1204	Eroberung Konstantinopels durch die Kreuzritter
1244	Verlust Jerusalems
1342	Franziskaner mit kirchlichen Aufgaben im Heiligen Land betraut
1453	Eroberung Konstantinopels durch die Osmanen

VIII. Die Kreuzzüge und das Verhältnis der Religionen

1. Kreuzzugsidee(n) und ihr Wandel

Christliche und muslimische Territorien

Byzantinischer Bereich

Die rasche Ausbreitung des Islam seit dem 7. Jahrhundert über Nordafrika und die iberische Halbinsel wurde im Westen zu Beginn des 8. Jahrhunderts von den Franken aufgehalten. In Spanien entwickelte sich eine dauerhafte muslimische Herrschaft, in die die Christen eingeordnet wurden. Im östlichen Mittelmeerraum konnten die Seldschuken jedoch im Lauf des 11. Jahrhunderts das politisch instabile byzantinische Reich mehr und mehr in Bedrängnis bringen. Bereits 1009 war die Grabeskirche in Jerusalem zerstört worden, was im Westen mehr noch als in Byzanz mit Erschütterung wahrgenommen wurde. Die Seldschuken drangen schließlich ins byzantinische Gebiet ein und nahmen Kaiser Romanos IV. Diogenes (1068-71) in der Schlacht bei Manzikert gefangen und machten ihn tributpflichtig. Dem militärischen Erfolg folgte jedoch eine Phase der politischen Krise der muslimischen Staaten in den 1090er Jahren, nachdem eine Reihe wichtiger Anführer gestorben war und die Nachfolger um das Erbe stritten.

Westen

Im westlichen Mittelmeerraum waren die muslimischen Herrschaften in der zweiten Hälfte des 11. Jahrhunderts ebenfalls in die Defensive geraten. Seit 1061 war Sizilien durch die mit dem Papsttum verbündeten Normannen von den Arabern erobert worden, wo eine multireligiöse Gesellschaft nun von Christen regiert wurde. Auf der iberischen Halbinsel begann das christliche Königreich von Kastilien zu expandieren und eroberte 1085 Toledo, bevor es von den Almoraviden wieder zurückgedrängt wurde. Eine positive Bewertung des Krieges – zumal im kirchlichen Auftrag – hatte sich im 11. Jahrhunderts durchgesetzt und wird etwa auch vom Papsttum im Konflikt mit Heinrich IV. vertreten.

Um 1100 war also die nördliche Seite des Mittelmeers weitestgehend christlich, die südliche muslimisch beherrscht. Im Westen und Osten, wo sich beide Sphären berührten, kam es zu Konflikten. Insbesondere Jerusalem als beiden Religionen gleichermaßen heilige Stadt wurde zum gedanklichen Symbol und realen Zentrum des Konfliktes.

Motivation und Legitimation von Kreuzzügen

neues Ritterideal

Am 27. November 1095 rief Papst Urban II. im Rahmen der Synode von Clermont die französische Ritterschaft zum Kreuzzug auf. Der päpstliche Aufruf sollte fortan ein wesentliches Merkmal der Kreuzzüge sein, die Teilnahme am Kreuzzug war aber freiwillig. Die Ritterschaft jedenfalls wurde durch die Kreuzzüge aufgewertet: Während das Königtum seine sakrale Würde im 11. Jahrhundert weitgehend eingebüßt hatte, war der Stand der Krieger nun vom

Papst mit neuer sakraler Würde ausgestattet. Zugleich dürfte es ein Ziel des Papstes gewesen sein, die adlige Gewalt im noch stark dezentral strukturierten Frankreich zu kanalisieren und auf ein neues Ziel hin zu lenken. Insofern flankierte die Kreuzzugsbewegung die Gottesfriedensbewegung, in der etwa Kampfhandlungen nur an bestimmten Tagen erlaubt waren.

> **Quelle**
>
> **Der Kreuzzugsaufruf Urbans II. 1095 nach Robert von Reims (Auszüge)**
> Robert von Reims, Historia Iherosolimitana I,1, in: Receuil des Historiens des Croisades – Historiens Occidentaux, Paris 1866, S. 771–782; Übersetzung B.S.
>
> Besonders soll euch das Heilige Grab unseres Herrn Heilands bewegen, das im Besitz unreiner Völker ist, und die heiligen Orte, die jetzt unehrenhaft behandelt und unehrerbietig durch deren Unrat besudelt werden […] Macht euch auf den Weg zum Heiligen Grab, entreißt den verruchten Völkern dieses Land, macht es euch untertan. Jenes Land ist von Gott den Söhnen Israels gegeben, wie die Schrift sagt, „wo Milch und Honig fließt".
> Wir zwingen oder überreden die Alten, die schlichten Gemüter oder die zum Kampf Untauglichen nicht, diese Pilgerfahrt zu unternehmen […] Solche Pilger wären eher hinderlich als hilfreich, eher eine Last als von praktischem Nutzen. […] Keinem Priester oder Kleriker soll diese Pilgerfahrt ohne Genehmigung seines Bischofs erlaubt werden. Ähnlich soll ein Laie die Pilgerfahrt nur mit Erlaubnis seines Priesters antreten. Wer diese heilige Pilgerfahrt unternehmen möchte und in diesen Handel mit Gott eintritt und sich selbst als lebendige, heilige und willkommene Opfergabe weiht, soll das Zeichen des Kreuzes auf Stirn oder Brust tragen.

Doch traf der Aufruf des Papstes die religiös enorm aufgeladene Stimmung um 1100 offenbar sehr genau. Denn entscheidend für den Kreuzzugsgedanken war seine geschichtstheologische Verortung: Der Ruf „Gott will es", der als Antwort auf Urbans Kreuzzugsaufruf erklungen sein soll, deutet schon an, dass Kreuzzüge im Letzten als Werk Gottes angesehen wurden. Gott demonstriert seine siegreiche Macht – vor allem bei der blutigen Eroberung Jerusalems 1099 – und gibt seinen Gläubigen die Möglichkeit, für ihn kämpfend einzutreten. Die Kreuzfahrer sahen sich daher als „Heer Gottes" (*exercitus Dei*), wurden aber auch mit einer kirchlichen Prozession verglichen oder als „bewaffnete Pilger" angesehen. Durch das Scheitern des zweiten Kreuzzugs geriet dieses Modell zwar in die Krise, da der Wille Gottes nicht offensichtlich zu sein schien, doch griffen nun die legitimatorischen Strategien des Verteidigungskrieges und der Niederlage als Prüfung des Glaubens.

Ein weiteres von Urban II. eingeführtes Element der Kreuzzugspraxis ist der Kreuzzugsablass: Ein besonderer Nachlass der zeitlichen Sündenstrafen wurde allen gewährt, die sich auf den Kreuzzug begaben. Es ging damit nicht mehr um bloßen Krieg, sondern zugleich um eine eigene Art von Kirchenbuße. Kreuzzüge waren in allererster Linie durch die Elemente von Umkehr, Buße, Pilgerfahrt und den Einsatz des eigenen Lebens für bedrängte christliche

Kreuzzugsablass

Brüder religiös motiviert. Der Ablass wurde also nicht als Gegenleistung für Gewalttaten gewährt, sondern auf der Basis einer inneren Haltung; sollte jemand nur auf Ehre oder materiellen Gewinn aus sein, würde ihm der Ablass nicht gewährt werden, bestimmte Urban II. Auf diese Weise war die gedankliche Nähe zur Pilgerfahrt, die ebenfalls oft als Bußwerk unternommen wurde, unübersehbar.

Der Krieg wurde damit keineswegs als heilig angesehen, wohl aber wirkte er heilbringend auf die Kreuzfahrer. Der Ritter konnte sich daher als Teil einer neuartigen Heilsgemeinschaft verstehen, nicht mehr mit dem König an der Spitze, sondern im Rahmen einer speziellen Bußbewegung kirchlich organisiert. In diesem Kontext wandelte sich die Bewertung des kämpfenden Adligen durch das Papsttum vom blutbesudelten Laien zum Diener Gottes mit blutgeweihten Händen. Ähnlich wie der Mönch, aber mit anderen Methoden sollte sich der Kreuzritter sein Leben in der Nachfolge Christi einsetzen und sich auf diese Weise heiligen. Die innere Einstellung stand letztlich über dem militärischen Erfolg. In diesem Sinne konnte die Teilnahme am Kreuzzug auch in die Nähe des (ebenfalls sündenvergebenden) Martyriums gerückt werden.

„gerechter Krieg"

Zwar wurden die Kreuzzüge vor allem theologisch gedeutet und waren religiös, nicht machtpolitisch motiviert, doch spielten auch juristische Rechtfertigungsmotive eine wichtige Rolle. Insbesondere griff man die Theorie des gerechten Krieges bei Augustinus auf, der einen gerechten Grund, eine rechtschaffene Absicht und das Recht einer legitimen Obrigkeit auf Kriegführung als Kriterien für die legitime Kriegführung ansieht. Kreuzzüge ließen sich damit als Wiederherstellung der gottgewollten Ordnung auf der Welt, die im 7. Jahrhundert durch islamische Aggressoren gestört worden sei, legitimieren: Die heiligen Stätten mussten für das Christentum wiedergewonnen werden. Im Sinne des Verteidigungskrieges ließ sich der Kreuzzug nicht nur theologisch, sondern rechtlich-philosophisch rechtfertigen.

Weitung der Kreuzzugsidee

Kreuzzüge im Westen

Im 12. Jahrhundert wurde der Kreuzzugsbegriff geographisch und inhaltlich über das Heilige Land hinaus geweitet. Dies gilt zunächst für die iberische Halbinsel, wo für den Kampf gegen die Muslime wiederholt der gleiche Ablass versprochen wurde wie für den Kampf um Jerusalem. Im Kontext des zweiten Kreuzzugs weiteten Papst Eugen III. und Bernhard von Clairvaux den Begriff und Gedanken des Kreuzzugs entschieden auf alle „Heidenkriege" aus. An der Eroberung von Lissabon (1147) waren u. a. englische und flämische Kreuzfahrer beteiligt, der Kreuzzugsablass wurde zudem für den Kampf der norddeutschen Fürsten gegen die slavischen Wenden gewährt (vgl. Kap. II). Schließlich folgte der Albigenserkreuzzug des 13. Jahrhunderts der gleichen Logik (vgl. Kap. VII). Aber auch der Kampf gegen Christen wurde mit dem Kreuzzugsbegriff legitimiert: Bereits nach dem Scheitern des zweiten Kreuzzugs gab es Pläne zur Verbindung eines Orient-Kreuzzugs mit einem Krieg gegen Byzanz, die schließlich 1204 realisiert wurden, und auch Innozenz III. betrieb die innerchristliche Kreuzzugsrhetorik. Das Argument war in jedem Fall die Behinderung der Kreuzfahrt.

Damit wurde Jerusalem vom geographischen Ort zur Metapher: Der Kampf um Jerusalem wurde zum Kampf für Gott und im Dienst am Nächsten, mit dem sich – entsprechende Bußfertigkeit vorausgesetzt – der Nachlass der Sündenstrafen erreichen ließ. Der physische Kampf war also zugleich Ausdruck von religiöser Umkehr, so dass Kreuzzüge in der Wahrnehmung der Zeitgenossen unabhängig von ihrem äußeren Ziel auch der Selbstreinigung der Kirche dienten. Im 13. Jahrhundert setzte sich die gedankliche Lösung der Kreuzfahrt von Jerusalem fort, indem etwa Heinrich von Segusia (Hostiensis) argumentierte: Christus hat sich nicht einem Land anvertraut, sondern der Kirche. Daher gelte es für christliche Ritter in erster Linie, der Kirche gegen ihre Feinde zu Hilfe zu kommen.

Jerusalem als Metapher

2. Die Kreuzzüge ins Heilige Land

Im Jahr 1095 rief Urban II. in Clermont vor dem Hintergrund der oben skizzierten Zusammenhänge zum Kreuzzug auf und steht damit am Beginn einer Serie von Kriegszügen der westlichen Christenheit in den östlichen Mittelmeerraum. Während sich der Papst mit seiner offenbar mitreißend-beeindruckenden Predigt vor allem an die gut gerüstete Ritterschaft und den Adel wandte, erreichten andere Kreuzzugsprediger (z.B. Peter von Amiens, gest. 1115) auch untere Gesellschaftsschichten. Der „erste Kreuzzug" lässt sich daher in drei Wellen unterteilen: eine erste Welle (1096) umfasste Teilnehmer aus allen Gesellschaftsschichten, war kaum militärisch organisiert und bestritt ihren Lebensunterhalt durch Plünderungen. Keine dieser Gruppen kam ans Ziel, spätestens in Kleinasien wurden sie von den Seldschuken aufgerieben. Ähnlich ging es der dritten Welle (1098–1101). Höheren Organisationsgrad und bessere Disziplin wies die zweite Welle auf, die von Adligen getragen und deren fünf Heere von kriegserfahrenen Fürsten geleitet wurden. Wichtige Stationen waren dabei die Sammlung des gesamten Heeres von 30.000 bis 70.000 Bewaffneten am Bosporus, die Eroberung von Nikaia (1097), Antiochia (1098) und schließlich Jerusalem (1099) sowie die Schlacht bei Askalon im gleichen Jahr. Die Eroberung Jerusalems artete dabei nach Ausweis der Quellen zu einem Massaker an der Bevölkerung aus, einem Blutrausch, der möglicherweise aus der religiösen Erregung der Kreuzfahrer zu erklären ist.

Erster Kreuzzug

VIII. Die Kreuzzüge und das Verhältnis der Religionen

> **Quelle**
>
> **Die Eroberung Jerusalems 1099 nach Wilhelm von Tyrus**
> Wilhelm von Tyrus, Chronicon VIII,19f., Übersetzung bei Althoff, Selig sind..., S. 124 und 136.
>
> Es liefen der Herzog und seine Begleitung mit gezogenem Schwert, beschützendem Helm und vorgehaltenem Schild wie ein Trupp in die Viertel und auf die Plätze, und wen sie immer auffinden konnten, den streckten sie mit der Schärfe des Schwertes nieder, ohne Rücksicht auf Alter und Stand. So groß war das Blutbad der überall Niedergemetzelten und der Haufen der abgeschlagenen Köpfe, dass kaum noch ein Weg frei und ein Durchgang möglich war als über die Leichen der Erschlagenen. [...] Als sie hörten, dass das Volk im Tempel Zuflucht genommen hatte, marschierten sie allesamt dorthin, drangen mit Mann und Pferd ein und köpften dort schonungslos, wen sie antrafen, und erfüllten alles mit Blut.
> Dies hat sich sicher nach dem gerechten Urteilsspruch Gottes ereignet, dass die, die das Heiligtum des Herrn mit ihren heidnischen Riten entweiht und die den gläubigen Völkern Ungehöriges vergolten hatten, dies mit dem Verlust ihres eigenen Blutes sühnten und das Verbrechen durch das Sühneopfer ihres Todes bezahlten.

Kreuzfahrerherrschaften

Während das Verhältnis zu Byzanz von Spannung und Unsicherheit auf beiden Seiten geprägt war, musste die Herrschaft der Kreuzfahrer im Orient nach den militärischen Erfolgen stabilisiert werden. Daher wurden mit dem Königreich Jerusalem, dem Fürstentum Antiochia und den Grafschaften Edessa und Tripolis vier Kreuzfahrerherrschaften errichtet. Diese Territorien, auch „Outremer" (jenseits des Meeres) genannt, entwickelten eigene Formen von Herrschaft, Recht, Verwaltung und Handel nach westeuropäischem Vorbild. Etliche Kreuzfahrer ließen sich langfristig dort nieder; sie entwickelten eine eigene Identität und Symbolwelt. Zudem entstand eine lateinische Kirchenorganisation, an deren Spitze die Patriarchen von Jerusalem und Antiochia standen.

Kreuzzüge im 12. Jh.

Auf den ersten Kreuzzug folgte eine Vielzahl weiterer größerer und kleinerer Kriegszüge, von denen in der Neuzeit eine kleine Anzahl durchnummeriert wurde. Sie alle hatten die Verteidigung oder Rückeroberung der um 1100 erworbenen Gebiete zum Ziel. Ein wesentlicher Auslöser war nach einer längeren Phase der Stabilität der Kreuzfahrergebiete die Eroberung Edessas durch die Seldschuken (1144). Für den folgenden sog. zweiten Kreuzzug, den Papst Eugen III. ausgerufen hatte, warben mit Bernhard von Clairvaux und Norbert von Xanten profilierte Ordensmänner in ganz Europa. Das französisch-deutsche Unternehmen scheiterte jedoch, da das Heer zu schwach für die Rückeroberung Edessas war und man zugleich Verbündete in Byzanz und Damaskus verärgerte. Ein ähnliches Muster zeigt sich auch Ende des Jahrhunderts: Nach der Niederlage der Outremer-Territorien gegen Sultan Saladin (1169-1193) bei Hattin (1187) wurde unter Führung Kaiser Friedrich Barbarossas und der Könige Englands und Frankreichs das größte Kreuzfahrerheer des Mittelalters

2. Die Kreuzzüge ins Heilige Land   111

Abb. 9
Die Kreuzfahrer-
herrschaften

[Karte: Die Kreuzfahrerherrschaften mit Beschriftungen: Edessa, Sultanat der Rum-Seldschuken, Armenien, Antiochia, Aleppo, Antiochien, Zypern, Chastel Blanc, Crac de Chevalliers, Tripolis, Sidon, Damaskus, Tyrus, Montfort, Akkon, Hattin, Nazareth, Ajn Dschallud, Königreich Jerusalem, Jaffa, Magna Mahumeria, Jerusalem, Askalon, La Forbie, Damiette, Kairo. Legende: Patriarchensitz, Ort, Burg, Schlacht, Kreuzfahrerherrschaften kurz vor 1187, um 1230]

zusammengestellt, das neben einigen Siegen auch den Zugang nach Jerusalem für christliche Pilger erreichen konnte.

Um 1200 kam es zu zwei weiteren Kreuzzugsunternehmungen, bei denen 1197 der Landweg zwischen Jerusalem und Tripolis wiedergewonnen wurde und sich die Spannungen zwischen dem Westen und Byzanz verschärften. Dafür war der Kreuzzug der Jahre 1202–1204 verantwortlich, bei dem die westlichen Kreuzfahrer ihre Schulden für bestellte Schiffe bei der Republik Venedig durch die Eroberung und Plünderung christlicher Städte zu begleichen suchten: zuerst wurde die von Ungarn regierte Stadt Zara (heute Zadar) erobert, dann

Spannungen zu Byzanz

 Die Kreuzzüge und das Verhältnis der Religionen

sogar Byzanz – beides unter ausdrücklicher Missbilligung Papst Innozenz' III., der die Kreuzfahrer aufgrund dieser Ungeheuerlichkeiten exkommunizierte. Byzanz wurde systematisch geplündert und bis 1261 von den Lateinern beherrscht; die Kunstschätze der Stadt wurden nach Venedig gebracht. Der ohnehin offensichtliche Graben zwischen West- und Ostkirche wurde zusätzlich durch die Errichtung eines lateinischen Patriarchats Konstantinopel verschärft.

Heterogene Kreuzzüge im 13. Jh.

Im Lauf des 13. Jahrhunderts kam es immer wieder zu kleineren Kreuzzügen sowie zu einem nicht organisierten Zustrom von Kreuzrittern in die Levante, die die vorhandenen Kräfte in den Kreuzfahrerstaaten verstärkten; die päpstliche Ausrufung fehlte in diesen Fällen. Die sogenannten „Kinderkreuzzüge" und vergleichbare Bewegungen waren dagegen sehr heterogen aus ärmeren Bevölkerungsschichten zusammengesetzt, auch Angehörige des niederen Klerus, Frauen und Jugendliche nahmen teil. Doch waren sie weder päpstlich legitimiert (sie hingen Wanderpredigern an) noch kamen sie weit: sie lösten sich noch im Westen Europas unverrichteter Dinge wieder auf.

Wenig erfolgreich war auch ein von einem päpstlichen Legaten angeführter Kreuzzug nach Ägypten (1217–1221), während dessen Franziskus von Assisi vor dem Sultan predigte. Anders jedoch der Kreuzzug Kaiser Friedrichs II. (1227–1229): zwar war der Kaiser wegen der immer wieder aufgeschobenen Einlösung seines Kreuzzugsgelübdes von Papst Gregor IX. (1227–1241) exkommuniziert worden, doch gelang es ihm, mit Sultan Al-Kamil einen Vertrag zu schließen, mit dem er die Herrschaft über Jerusalem, Bethlehem und Nazaret auf zehn Jahre erlangte. Der Streit zwischen Friedrich II. und den Päpsten (vgl. Kap. III) schadete jedoch nicht nur dem Ansehen von Kaisertum und Papsttum, sondern auch demjenigen des Kreuzzugs. Schließlich beruhten Kreuzzüge gerade auf dem Zusammenwirken von geistlicher und weltlicher Autorität.

Ende der Kreuzfahrerstaaten

Die Eroberung Jerusalems durch die muslimischen Chwarismier und die vernichtende Niederlage eines christlichen Heers bei Forbie im Jahr 1244 läuteten das Ende der Kreuzfahrerherrschaften ein. Die Kreuzzüge des frommen französischen Königs Ludwig IX. (1226–1270) scheiterten – ein erstes Heer (1248–1254) wurde in Ägypten durch Seuchen dezimiert, so dass Ludwig nur noch zur Stabilisierung der Lage in Jerusalem beitragen konnte; sein zweiter Kreuzzug (1270) endete mit dem frühen Tod des Königs in Karthago und kam nicht ans Ziel. In der Folgezeit fielen nach und nach die Burgen, Städte und Herrschaftssitze der Kreuzfahrerstaaten, bis hin zum blutigen Fall Akkons 1291. Für die Überlebenden wurde Zypern zur neuen Heimat, wo auch Pläne zur Rückeroberung des Heiligen Landes geschmiedet wurden.

Ab dem 14. Jahrhundert wurde der Kreuzzugsgedanke dann angesichts des Aufstiegs des osmanischen Reiches und erst recht der Eroberung Konstantinopels (1453) auf die Abwehr auf dem Balkan gemünzt. Für Jerusalem und das Heilige Land erhielten die Franziskaner in den 1330er Jahren unter der Protektion der Könige von Sizilien die *custodia terrae sanctae*, die 1342 vom

Papst bestätigt wurde. Damit waren sie faktisch die einzige Repräsentanz der lateinischen Christenheit und mit allen kirchlichen Aufgaben, insbesondere der Betreuung der Pilger und Aufsicht über die heiligen Stätten, betraut.

3. Die Ritterorden

Die christlichen Ritterorden gehören zu den langlebigsten Entwicklungen der Kreuzzugsepoche. Wohl seit 1118 lebte auf dem Tempelberg in Jerusalem eine Gruppe von Rittern, die monastische Gelübde geleistet und sich dem Jerusalemer Patriarchen unterstellt hatte. Auf Bestreben ihres Anführers Hugo von Payens (um 1080-1136/37) erhielten sie 1129 eine benediktinisch geprägte Regel, die ihre mönchisch-ritterliche Doppelexistenz festschrieb: Gottesdienst, Schweigegebote, die Ordnung des alltäglichen Zusammenlebens, das Verbot des Umgangs mit Frauen finden sich dort, aber auch Regelungen zum Waffenbesitz, zu Pferden und Ausrüstung. Der so entstehende Templerorden umfasste Ritter, Priester und Diener und war in Provinzen gegliedert. Von den Zisterziensern übernahm man das Kapitel als Zusammenkunft der Oberen zu Beratung und Beschlussfassung über Ordensangelegenheiten.

Templer

Die Mischung von Ritterschaft und Mönchtum war im frühen 12. Jahrhundert durchaus begründungsbedürftig. Vor allem Bernhard von Clairvaux rechtfertigte die neue Lebensform, deren Grundlage neben Armut, Ehelosigkeit und Gehorsam auch der Kampf war. Im Hintergrund standen dabei zweifellos die durch die Reformzeit des 11. Jahrhunderts intensivierte Laienfrömmigkeit und eine Verchristlichung des Rittertums, die auf den Dienst am Nächsten abzielten. Damit war in der Situation der Kreuzfahrerstaaten insbesondere die Fürsorge für Arme und Kranke gemeint, aber auch der Schutz von Pilgern und Befestigungen. Weltlicher und geistlicher Kriegsdienst mussten daher keinen Gegensatz bilden, sondern konnten auf die höhere Ebene einer „militia Christi" gehoben werden.

Quelle

Bernhard von Clairvaux: De laude novae militiae, c. III
Bernhard von Clairvaux – Werke, hg. v. Gerhard B. Winkler, Bd. 1, Innsbruck 1990, S. 277.

Die Ritter Christi aber kämpfen mit gutem Gewissen die Kämpfe des Herrn und fürchten niemals eine Sünde, weil sie Feinde erschlagen, noch die eigene Todesgefahr. Denn der Tod, den man für Christus erleidet oder verursacht, trägt keine Schuld an sich und verdient größten Ruhm. [Christus] nimmt wahrlich den Tod des Feindes als Sühne gern an und bietet sich noch lieber seinem Streiter als Tröster dar. Ein Ritter Christi, sage ich, tötet mit gutem Gewissen, noch ruhiger stirbt er. [...] Der Tod, den er verursacht, ist Christi Gewinn; wenn er ihn erleidet, sein eigener. Der Christ rühmt sich, wenn er einen Ungläubigen tötet, weil Christus zu Ehren

> kommt. [...] Allerdings dürfte man die Heiden nicht töten, wenn man sie auf einem anderen Wege von den maßlosen Feindseligkeiten und von der Unterdrückung der Gläubigen abhalten könnte. Nun aber ist es besser, dass sie beseitigt werden, als dass das Zepter des Frevels auf dem Erbland der Gerechten lasten soll, damit die Gerechten nicht etwa ihre Hände nach Unrecht ausstrecken.

Außer im Heiligen Land agierten die Tempelritter auch in Spanien, in Frankreich waren sie nicht nur sehr wohlhabend, sondern auch Hüter des Thronschatzes. Nach dem Fall ihrer letzten Bastion in Akkon 1291 erwarben sie kein eigenes Territorium, sondern zogen sich nach Frankreich zurück, wo der Orden jedoch 1312 von Papst Clemens V. (1305-1314) auf Betreiben des französischen Königs aufgelöst und zerschlagen wurde.

andere Ritterorden

Die Mehrzahl der übrigen Ritterorden ging aus Bruderschaften hervor, die sich insbesondere der Krankenpflege gewidmet und Hospitäler unterhalten hatten. Dies gilt für den um 1110 entstandenen Lazarusorden, den wenig später entstehenden Johanniterorden und schließlich auch den 1198 in Akkon gegründeten Deutschen Orden. Nach dem Verlust der Kreuzfahrerstaaten zogen sich die Johanniter nach Rhodos zurück, wo sie im Spätmittelalter ein Bollwerk gegen die Ausbreitung des osmanischen Reiches bildeten. Der Deutsche Orden erhielt ein neues Tätigkeitsfeld im Baltikum, wo die Marienburg bei Danzig ein Zentrum für den Kampf gegen die heidnischen Pruzzen und ein wichtiges Wirtschaftszentrum bildete (vgl. Kap. II).

Als dauerhaft vor Ort präsente und nicht an die zeitliche Begrenztheit von Kreuzzügen gebundene militärische Macht waren die Ritterorden für die Kreuzfahrerstaaten von kaum zu überschätzender Bedeutung. Der Verlust der Kreuzfahrerstaaten ließ um 1300 jedoch auch Kritik laut werden: Zu sehr seien die Ritterorden auf ihr wirtschaftliches Wohlergehen bedacht gewesen, dafür aber zu wenig engagiert im Kampf gegen die muslimischen Feinde und bei der Bekehrung von Nichtchristen. Wo die Ritterorden nicht wie die Johanniter und der Deutsche Orden eigene Territorien besaßen, verloren sie im Spätmittelalter ihren Status: Die Templer wurden zerschlagen, in Spanien wurden sie nach dem Ende der christlichen Eroberung der iberischen Halbinsel in das soziale Gefüge der Königshöfe von Kastilien und Aragon integriert.

4. Das Verhältnis der Religionen

Christen und Muslime: Wechselseitige Wahrnehmungen

Durch die Kreuzzugsepoche richtete sich der Blick der christlichen Welt Europas stärker als zuvor auf den Islam und die Muslime. Dies gilt nicht nur für den Wissens- und Kulturtransfer von Ost nach West, etwa im Bereich der

Philosophie, der Kunst, der Medizin oder des Handelswesens, sondern auch für die Wahrnehmung der fremden Religion. Berührungspunkte zwischen Islam und Christentum bildeten neben den Kreuzfahrerstaaten auch Sizilien, Spanien und die Mittelmeerinseln.

In der Kreuzzugszeit bildeten sich auf beiden Seiten Bilder vom je anderen aus, wobei die jeweiligen Darstellungen stets die Überlegenheit der eigenen Gruppe bzw. Religion belegen sollen. In den islamischen Schriften werden die „Franken" als intellektuell, moralisch, kulturell und hygienisch auf einer niedrigeren Stufe stehende Barbaren vorgeführt. Bedenkt man den hohen Stand von Kultur und Wissenschaft im mittelalterlichen Orient, war diese Sicht der westlichen Ritter sicherlich nicht ganz unzutreffend. Die zweifelhafte Moral der „Franken" wurde insbesondere an ihrem freizügigen Umgang mit Frauen festgemacht, die mangelnde Hygiene zeigte nicht nur ihre Unkenntnis, sondern hatte angesichts der islamischen Reinheitsvorschriften eine religiöse Komponente: Wein, Schweine und Exkremente wurden daher zur Stigmatisierung der Kreuzfahrer eingesetzt. Auch das Kreuz, das als Sieges- und Herrschaftszeichen diente, wurde zum Ziel von Aggression; ohnehin wurden das Bekenntnis zur göttlichen Dreifaltigkeit als Polytheismus und die Jungfrauengeburt als Hirngespinst abgelehnt.

"die Franken"

Aus der Sicht christlicher Theologen galt der Islam vor diesem Hintergrund als größte und gefährlichste der Häresien: Jüdische und christliche Traditionen werden verfälscht und zu Unrecht im Koran rezipiert, Mohammed war ein unmoralischer Mensch, Hochstapler und falscher Prophet bzw. falscher Messias. Da er die Dreifaltigkeit verspottet habe, sei er mit Epilepsie geschlagen, vergiftet und alkoholisiert gestorben, wahlweise von einem Schwein in Stücke gerissen worden. Christliche Autoren hatten zwar eine recht präzise Vorstellung vom Islam, doch wurde er stets mit Hilfe eigener Interpretationsmuster von Heiligkeit als pervertierte Religion dargestellt.

"der Islam"

Die gegenseitige Polemik darf jedoch nicht davon ablenken, dass ein friedliches Zusammenleben der Religionen zumindest zeitlich und räumlich begrenzt auch im Hochmittelalter möglich war. Dies gilt für die Kreuzfahrerstaaten und ihr Umfeld ebenso wie Mallorca.

Juden im mittelalterlichen Europa

Anders als Muslime waren Juden auch außerhalb des Mittelmeerraums selbstverständlicher Teil der spätantiken und mittelalterlichen Gesellschaften. In Spanien entwickelte sich das Judentum zunächst unter westgotischer, dann unter muslimischer, schließlich durch die Reconquista wieder unter christlicher Herrschaft. In jeder dieser Phasen gab es Zwangsmaßnahmen und Duldung von Juden: beispielsweise übten die Westgoten die Praxis der Zwangstaufen, beim Abschluss der Reconquista kam es zu Vertreibungen von Juden aus

Spanien

Spanien (1492 / 1513), die sich in Nordafrika und im osmanischen Reich niederließen. Diese iberisch geprägte Gruppe wird Sephardim genannt.

Aus diesem spanischen Judentum stammte auch Mosche ben Maimon (Moses Maimonides, 1138-1204), einer der wichtigsten Philosophen des Mittelalters. Seine Familie hatte unter dem Druck der muslimischen Herrscher auf Andersgläubige das Land verlassen, er selbst kam 1170 als Hofarzt des Sultans Saladin an den Hof in Kairo. Ähnlich wie arabische Philosophen der Zeit (Avicenna, Averroes) befasste sich Maimonides mit der Philosophie des Aristoteles und führte sie in das jüdische Denken ein. Die Schriften des Maimonides wurden auch von christlichen Theologen rezipiert.

West- und Mitteleuropa

In West- und Mitteleuropa wuchs die jüdische Bevölkerung seit karolingischer Zeit zwar, doch war der Umgang mit Juden ambivalent: Einerseits stellten Herrscher und auch Bischöfe die jüdische Bevölkerung immer wieder unter ihren Schutz, andererseits gab es kirchliche Bestrebungen zur Bekehrung der Juden (z.B. auf der Synode von Meaux-Paris 845/846) und soziale Ausgrenzung. Die Begeisterung für die Kreuzzüge konnte auch in Pogrome umschlagen, wie etwa 1096 entlang des Rheins. Dort gab es zwischen Köln und Straßburg etliche jüdische Zentren, die in ihren Schulen auch bedeutende Gelehrte hervorbrachten. Gewalt gegen Juden ist seit dem 11. Jahrhundert immer wieder bezeugt, die Schutzbriefe für Juden deuten also auch auf deren Gefährdung hin: So werden Zwangstaufen, Störung jüdischer Gottesdienste, Schändung von Friedhöfen oder die Verletzung von Juden verboten. Das vierte Laterankonzil schrieb 1215 eine eigene Kleidung für Juden vor, wie es auch das weltliche Recht im Rahmen ständischer Kleidungsvorschriften vorsah. Doch waren Juden auf diese Weise erkennbarer und erhöhter Gefährdung ausgesetzt.

Die gesellschaftliche Randposition der Juden wurde durch ihre ausgedehnte wirtschaftliche Tätigkeit seit dem 12. Jahrhundert noch verstärkt, die sich vom Fernhandel mehr und mehr auf den Geldverkehr verlagerte. Angesichts der zunehmenden Bedeutung der Finanzwirtschaft wurde das kirchliche Verbot des Zinsnehmens immer wieder eingeschärft, so dass Juden stärker als Christen von diesem neuen Wirtschaftszweig profitieren konnten. Das Missverhältnis zwischen sozialer, rechtlicher und religiöser Maginalisierung einerseits und wirtschaftlicher Potenz andererseits konnte durchaus zu Neid und schärferer Judenfeindschaft führen.

Religionsdialoge – Rationalität angesichts religiöser Pluralität

Nur kurz erwähnt werden kann an dieser Stelle ein hochinteressantes Genus der mittelalterlichen Theologie: die Religionsdialoge. Im 12. Jahrhundert wurde der Koran mehrfach ins Lateinische übersetzt, womit nicht nur eine Grundlage für abgrenzende Polemik, sondern auch für – fiktive – Gepräche zwischen Christen und Nichtchristen geschaffen war. Diese literarische Form findet sich etwa bei Abaelard (1079-1142), der einen Philosophen, einen Juden und einen Christen ins Gespräch miteinander bringt, oder bei Ramon Llull (1232-1316), der einen jüdischen, einen muslimischen und einen christlichen Gelehrten im Gespräch zeigt und jeden von ihnen die Argumente für die Wahrheit seiner Religion einem unvoreingenommenen Heiden vortragen lässt. Im ausgehenden Mittelalter wird auch Nikolaus von Kues (1401-1464) dieser Vorlage Llulls folgen.

Den Religionsdialogen ist gemeinsam, dass sie versuchen, die nichtchristlichen Religionen ernst zu nehmen und weder als Häresie darzustellen noch auf ethische Handlungsnormen zu reduzieren. Der Nicht-Christ wird damit als Dialogpartner angenommen. Zugleich wird der Vernunft eine eigene Rolle zugeschrieben, da sich gerade christlich-islamischer Dialog auf keine gemeinsame Autorität stützen konnte; rationale Methodik wird damit als Basis für die Argumentation eingefordert.

Zwar darf man die Rezeption dieser Dialogschriften nicht überschätzen, sie zeigen aber exemplarisch, welche Möglichkeiten der intellektuellen Auseinandersetzung es im Mittelalter eben *auch* gab. ■

Auf einen Blick

Die Kreuzzüge sind ein komplexes Geflecht aus politischen, sozialen und religiösen Faktoren: Sicherung der Pilgerwege und -stätten im Heiligen Land, Ethos und Funktionen des Ritterstandes, geschichtstheologische Einbettung und individueller Heilserwerb bildeten den Hintergrund des ersten Kreuzzugs und wurden auch in den Argumentationen der folgenden Jahrhunderte bemüht. Die Kreuzzüge lassen sich dabei weder auf kanonische Zählungen beschränken, noch waren sie – mit Ausnahme des Beginns um 1100 – militärische Erfolgsgeschichten. Zugleich hatten sie Auswirkungen auf das Verhältnis der westlichen Christen zu „den anderen": Die Spannungen mit Byzanz begannen mit dem Vorwurf mangelnder Unterstützung der Kriegszüge und gipfelten in der Eroberung von Byzanz 1204 und einigen Jahrzehnten westlicher Herrschaft. Die Spaltung der Kirche vertiefte sich auf diese Weise. Religiöse Alterität wurde zunehmend weniger toleriert, was zum einen in Zusammenhang auch mit der Systematisierung der Häresiegesetzgebung (vgl. Kap. VII) stand, und sich zum anderen in der Abwertung anderer Religionen von der theologischen Gelehrsamkeit bis hin zu Pogromen gegen Juden äußerte. Andererseits wirkte die Kreuzzugsepoche auf die westliche Christenheit zurück: In den Ritterorden entstand eine neuartige Verbindung von Rittertum und Mönchtum, die insbesondere in den Randgebieten der westlichen Christenheit ihre Wirksamkeit entfalten sollte; die Begegnung mit der islamischen Welt im östlichen Mittelmeerraum führte zu intensivem Kultur- und Wissensimport in den Westen; die theologische Auseinandersetzung mit dem Islam diente zugleich der innerchristlichen Selbstvergewisserung.

VIII. Die Kreuzzüge und das Verhältnis der Religionen

Literaturhinweis

Cobb, Paul M.: Der Kampf ums Paradies. Eine islamische Geschichte der Kreuzzüge, Darmstadt 2015. *Eine sehr wichtige Ergänzung der westlichen Kreuzzugsforschung um die islamische Perspektive.*

Hehl, Ernst-Dieter: Was ist eigentlich ein Kreuzzug?, in: Historische Zeitschrift 259 (1994), S. 297–336. *Theologie-, rechts- und mentalitätsgeschichtlicher Zugang zu den Definitionen des Kreuzzugs.*

Jaspert, Nikolas: Die Kreuzzüge, Darmstadt ^{5}2010. *Exzellenter und übersichtlicher Überblick über die wesentlichen Entwicklungen und Fragestellungen in Form eines Studienbuches.*

Riley-Smith, Jonathan: Die Kreuzzüge, Darmstadt 2016. *Aktuelles Standardwerk.*

Sarnowsky, Jürgen: Die Templer, München 2016. *Überblick aus der Reihe C.H. Beck Wissen.*

Walter, Peter: Muss(te) Raimundus Lullus scheitern? Die Möglichkeiten des Religionsdialogs damals und heute, in: Klaus Oschema u.a. (Hgg.), Abrahams Erbe. Konkurrenz, Konflikt und Koexistenz der Religionen im europäischen Mittelalter, Berlin 2015, S. 50–68.

IX. Theologie im Mittelalter

> **Überblick**
>
> Theologie als intellektuelle Durchdringung des christlichen Glaubens auf der Basis rationaler Argumente erlebte im Mittelalter vielfältige Wandlungsprozesse. Es wurden nicht nur unterschiedliche Inhalte erörtert, es änderten sich auch die methodischen Voraussetzungen des Theologie-Treibens und die Orte, an denen Theologie gedacht und vermittelt wurde. Dabei zeigt sich, dass theologische Fragestellungen und Methoden auch im Mittelalter stets von der sozialen und räumlichen Situation des Theologie-Treibens abhängen. So wurde Theologie in den Klöstern und am Königshof im Frühmittelalter anders verstanden als in den Kathedralschulen des 11./12. Jahrhunderts und in den Universitäten des 13./14. Jahrhunderts. Eine von der Theologie autonome Philosophie war den mittelalterlichen Theologiekonzeptionen jedoch fremd.

1. Theologie im Frühmittelalter

Aneignung der Antike

Der Übergang von der Antike zum Mittelalter wurde schon von Zeitgenossen als Traditionsbruch aufgefasst, da Wissensbestände und intellektuelle Fähigkeiten verloren gegangen schienen. Lesen und Schreiben konnte in den ländlichen Gesellschaften nur eine kleine Elite. Einzig in Klöstern konnte Wissen bewahrt und tradiert werden, freilich schon christlich gefiltert: was als nicht für das Christentum adaptierbar galt, ging häufig verloren. Doch gerade in Südgallien sammelten sich in Klöstern und ihrem Umfeld Angehörige der alten galloromanischen Elite, die auch ihre intellektuellen Traditionen mitbrachten. Auch in Italien und auf den britischen Inseln lassen sich solche Kontinuitäten beobachten.

Vor diesem Hintergrund war die Aneignung antiker Traditionen ein wesentliches Moment frühmittelalterlicher Theologie, der freilich die Kenntnis des Griechischen abhanden gekommen war: Platonische und aristotelische Philosophie war im westlichen Europa nur in den auszugsweisen lateinischen Übersetzungen des Boethius und die Rezeption in den Schriften des sog. Pseudo-Dionysius Areopagita bekannt. Aneignung antiker Traditionen bedeutete in dieser Übergangszeit grundsätzlich zweierlei:

Zunächst wurden die seit dem 5. Jahrhundert als „Trivium" und „Quadrivium" zusammengefassten wissenschaftlichen Disziplinen (Grammatik, Rhe-

Philosophie und Wissen

torik, Dialektik sowie Arithmetik, Geometrie, Astronomie, Musik) in den Bildungskanon aufgenommen und gehörten zum Bildungsprogramm im christlichen Kontext. Hierfür stehen die *Institutiones* Cassiodors (gest. ca. 588), die durch die Behandlung der biblischen Schriften und der sieben *artes liberales* gewissermaßen die Fundamente für eine christliche Bildung in einem klösterlichen Kontext aufbereiten.

Aneignung antiker Traditionen bedeutete darüber hinaus im Frühmittelalter die Übernahme von Kommentartechniken der Kirchenväter, wozu insbesondere die Auslegung der Bibel nach dem vierfachen Schriftsinn zählt. In karolingischer Zeit konnte dann Amalarius von Metz (gest. ca. 850) die Technik der allegorischen Auslegung auch auf die Liturgie übertragen.

> **Quelle**
>
> **Der vierfache Schriftsinn bei Augustin von Dänemark (gest. 1285): Rotulus pugillaris, Tract. 1**
> Angelus Walz, Des Aage von Dänemark „Rotulus pugillaris". Zweiter Teil: Text des Rotulus pugillaris, in: Classica et mediaevalia 16 (1955), S. 139; Übersetzung B.S.
>
> Der Buchstabe lehrt das Geschehene; was du glauben sollst, die Allegorie; was du tun sollst, der moralische Sinn; was du hoffen darfst, die Anagogie.

Impulse vom Hof Karls des Großen

Hofschule und Bildungsreform

Zur Zeit Karls des Großen war die Kirche im Frankenreich so gefestigt, dass auch die Theologie mit produktiven Denkern einen Aufschwung erlebte. Die enge Verzahnung von Theologie und Politik am Hof Karls zeigt sich nicht nur in der Auseinandersetzung mit Byzanz (vgl. Kap. V), sondern auch in der Tatsache, dass Karl einen Kreis von Gelehrten an seinem Hof versammelte, der später seine „Hofschule" heißen sollte. Zur prägenden Gestalt wurde Alkuin aus York (gest. 804), aus Italien kam Paulus Diaconus (gest. 799), aus dem fränkischen Reich Theodulf und Einhard. Letzterer entwarf das Idealbild Karls als eines gebildeten Herrschers, der lesen konnte, Latein aktiv und Griechisch passiv beherrschte und sich von den Gelehrten am Hof unterrichten ließ. Von der Aachener „academia" sollten im Sinne der Bildungsreform Karls vielfältige Anregungen für das Reich ausgehen. Wo immer Gelehrte vom Hof an andere Orte des Reiches gingen, entstanden neue Zentren der Gelehrsamkeit. Alkuin dürfte auch die maßgebliche Autorität hinter Karls *Epistola de litteris colendis* (784/785) und der *Admonitio generalis* (789) gewesen sein, die beide zeigen, wie eng Bildung und Lebensführung miteinander verbunden wurden. Irriges berichtigen, Überflüssiges abschneiden, Richtiges kräftigen (*errata corrigere, superflua abscindere, recta cohartare*) – auf diese Formel brachte die *Admonitio generalis* das Programm.

1. Theologie im Frühmittelalter

Vor allem an Kathedralkirchen entstanden in diesem Sinne Schulen, die zugleich das kanonische Leben der Kleriker förderten (vgl. Kap. IV), aber doch häufig hinter den bedeutenden Klosterschulen wie St. Gallen, Corbie oder St. Emmeram zurückstehen mussten. Gerade im Kloster waren Schule und Skriptorium eng verbunden; die Bedürfnisse der Liturgie und der Schulen machten eine größere Handschriftenproduktion notwendig. Die Kommunikation wurde durch die Schaffung einer einheitlichen, leicht zu lesenden und zu schreibenden Normschrift, der karolingischen Minuskel, erheblich vereinfacht; auf sie gehen unsere heutigen Schriften zurück. Normative Texte wurden zur Grundlage für das gelehrte Arbeiten: Alkuin überarbeitete den lateinischen Bibeltext, aus Rom wurden Vorlagen für die Liturgie und eine Sammlung des Kirchenrechts geholt.

Kloster- und Kathedralschulen

Unter Karls Nachfolgern verlor die „Hofschule" an Bedeutung, herausragende Gelehrte fanden sich nun eher in den Klöstern (etwa Hrabanus Maurus in Fulda, Lupus von Ferrières, Paschasius Radbertus in Corbie, St. Gallen). Am Hof Karls des Kahlen wirkte schließlich mit Johannes Scotus Eriugena (gest. um 877) einer der wichtigsten frühmittelalterlichen Gelehrten, der unter anderem der Dialektik eine entscheidende Rolle für die Theologie zuwies und neuplatonische Philosophie in seine Theologie integrierte. Damit waren kritischer Analyse die Türen geöffnet, wie Eriugena selbst in seinem Hauptwerk *Periphyseon* bezüglich der Frage der Erkennbarkeit Gottes zeigte.

Theologische Streitfälle

Um die Mitte des 9. Jahrhunderts wurden im Westfrankenreich zwei theologische Auseinandersetzungen geführt, die für die Theologie der Zeit signifikant sind.

Den ersten Abendmahlsstreit gab es im Kloster Corbie, einem führenden Zentrum theologischer Gelehrsamkeit. Abt Paschasius Radbertus (gest. um 859) versuchte, ausgehend von Augustinus, die eucharistische Gegenwart Christi näher zu ergründen. Dabei geriet er in die Spannung zwischen der Identität von historischem und eucharistischem Leib Christi einerseits und der Symbolizität des Abendmahls in Brot und Wein andererseits. Realität (*veritas*) und Symbol (*figura*) konnten für Paschasius nur in einem *mysterium* zusammengedacht, ihr Verhältnis also nicht letztlich geklärt werden. Da sich aber mit dem Fuldaer Abt Hrabanus Maurus und dem Mönch Gottschalk zwei scharfe Denker gegen Paschasius Radbertus wandten, gab König Karl der Kahle beim Mönch Ratramnus in Corbie eine Stellungnahme in Auftrag: Wird der Leib Christi nun *in mysterio* oder *in veritate* verspeist? Ratramnus ging ebenfalls von Augustinus aus, betonte aber, dass eine reale Gegenwart nur für Brot und Wein gelte, Christus dagegen nur *in figura* gegenwärtig sei. Beide Positionen unterschieden sich nicht grundsätzlich, sondern in ihren Akzenten:

Erster Abendmahlsstreit

Paschasius Radbertus betonte die Realität der Gegenwart Christi im Symbol, Ratramnus die Symbolizität des Sichtbaren. So wurde hier die theologische Begrifflichkeit geschärft, eine Entscheidung in der Debatte wurde nicht herbeigeführt.

Prädestinationsstreit

Anders war es beim Mönch Gottschalk, der aus dem Kloster Fulda im Streit mit seinem Abt Hrabanus Maurus nach Orbais gewechselt war. Auch Gottschalk befasste sich mit Augustinus, doch auf dem schwierigen Feld der Gnadenlehre. Augustinus hatte die Unverfügbarkeit der göttlichen Gnade betonen wollen und gelehrt, dass alle Menschen zum Verderben verurteilt seien, Gott aber einige aus dieser *massa damnata* zum Heil erwählt habe. Gottschalk zog die Konsequenz aus Augustins Position und lehrte eine doppelte Prädestination: Gott habe die einen zum Leben und die anderen zum Tod vorherbestimmt. Gottschalks Zuspitzung der augustinischen Lehre führte zu einer heftigen Kontroverse, an der sich alle führenden Theologen des fränkischen Reiches beteiligten. Letztlich standen einander sogar widersprechende Synodenurteile gegenüber. Theologisch wurde das Problem jedoch nicht gelöst, lediglich eine Rücknahme gegenseitiger Verurteilungen wurde erreicht.

2. Monastische und scholastische Theologie

Im ausgehenden 11. Jahrhundert kam mit neuen Institutionen des Lehrens und Lernens auch eine völlig neuartige Theologie auf, die freilich rund anderthalb Jahrhunderte neben herkömmlichen Formen stand. Die Begriffe für beide Formen verweisen auf ihren Sitz im Leben: Das Kloster und die Schule. Im 11. und 12. Jahrhundert entstanden zunehmend Schulen an den Kathedralkirchen (Reims, Chartres) wie auch philosophisch-theologische Schulen freier Lehrer, daneben blieben die Klöster der Benediktiner und Zisterzienser als Orte relativer Abgeschiedenheit, an die sich die Mönche durch ihr Gelübde lebenslang banden. Unterscheiden lassen sich auch Adressaten und Ziele des Unterrichts: Während das klösterliche Studium auf die Vertiefung des monastischen Lebens und seiner Vollzüge bei den Mönchen gerichtet war, bildeten die Schulen vorrangig den Weltklerus aus, der in der Lage sein musste, sich im intellektuellen und sozialen Umfeld der aufblühenden Städte angemessen zu bewegen.

Monastische Theologie

Die monastische Theologie bewegte sich daher in traditionellen Bahnen. Formuliert wurde sie in Predigten, Schriftauslegungen, Traktaten und Briefen. Da monastische Theologie auf die Lebenspraxis des Mönchs abzielte, spielten die religiöse Erfahrung und Erfahrbarkeit als Bezugspunkt von Theologie eine bedeutende Rolle. Selbsterkenntnis und Gotteserkenntnis konnten daher als zwei Pole einer Ellipse beschrieben werden, um die sich monastische Theologie bewegte.

Die scholastische Theologie beanspruchte dagegen, das Gesamt des Glaubens in den Blick zu nehmen und systematisch zu ordnen. Ein Bezug zur eigenen Lebenspraxis war dabei nicht konstitutiv, Erfahrung wurde als rein äußerliche Sinneswahrnehmung konzipiert. Daher entwickelte sich hier ein neuartiger Begriff von Theologie als Wissenschaft, in dem der Dialektik eine entscheidende Rolle zukam: die scharfe Unterscheidung von Begriffen und die Argumentation *pro* und *contra* prägten die Gedankengänge, die schließlich zu einer Schlussfolgerung führten. Auf diese Weise wurden einzelne, systematisch angeordnete Fragen behandelt; die *quaestio* war die kleinste Einheit im scholastischen Denken. Besonders einprägsam führte Thomas von Aquin (1225–1274) dieses Schema in seiner *Summa theologiae* vor. Zugleich diente die Methode des Abwägens von Argument und Gegenargument dem kritischen Hinterfragen von Autoritäten – ein Nachhall des Investiturstreits, in dem auch die Verläßlichkeit von Autoritäten zur Debatte gestanden hatte.

Scholastik

Selbstverständlich deuten diese Unterscheidungen nicht mehr als Tendenzen an, da erstens etliche Autoren beide Sphären verbanden – das wichtigste Beispiel ist sicherlich Anselm von Canterbury – und zweitens beispielsweise die Theologie der Chorherrenstifte, etwa von St. Victor in Paris, nur unzureichend erfasst wird.

Anselm von Canterbury (1033–1109)

Der in Aosta geborene Anselm lernte im Benediktinerkloster Le Bec in der Normandie bei einem führenden Gelehrten seiner Zeit, Lanfranc. Nach der normannischen Eroberung Englands wurde er 1078 Abt des Klosters, 1093 dann zum Erzbischof von Canterbury berufen. Doch war Anselm stets mehr Theologe als Kirchenpolitiker; seine Werke stehen mit am Anfang der Scholastik.

Anselms theologische Arbeit gründet in dem berühmten *fides quaerens intellectum* (gemeint ist: Glaube, der nach tieferem Verstehen fragt). Der Glaube (*fides*) also stößt das Fragen an, das durch das menschliche Vermögen, logische Schlussfolgerungen zu ziehen (die *ratio*), zu einem tieferen Verständnis eben dieses Glaubens (*intellectus*) führt. Diesem Programm folgend führt Anselm etwa seinen berühmten Gottesbeweis im *Proslogion*, der von einem durchaus innovativen Gottesbegriff ausgeht: *id quo nihil maius cogitari possit* (das, worüber hinaus nichts Größeres gedacht werden kann). In der folgenden Debatte mit dem Mönch Gaunilo von Marmoutier konnte Anselm sein Konzept schärfen und vertiefen. Überhaupt ist Dialog ein Strukturmerkmal von Anselms Schriften, nicht nur hinsichtlich der äußeren Form, sondern auch, weil er seine Schüler im Kloster Le Bec ihn befragten, ob seine Theologie tatsächlich zum Verständnis des Glaubens beitrage oder letztlich nur mit äußerstem Scharfsinn auf den Holzweg führe.

Bernhard von Clairvaux (1090–1153) und Abaelard (1079–1142)

Die unterschiedlichen Ansätze von monastischer und scholastischer Theologie verdichten sich in einem quasi paradigmatischen Konflikt, den der berühmte Zisterzienserabt Bernhard von Clairvaux und Abaelard austrugen, der zwar einen Großteil seines Lebens im Kloster verbrachte, doch als Typus des freien Lehrers gelten darf, als der er einmal begann. Während auf Bernhard alles zutrifft, was oben bereits über die monastische Theologie gesagt wurde, steht Abaelard mit einer Schrift Pate für die scholastische Dialektik: *Sic et non*. Der Streit zwischen beiden Theologen drehte sich vordergründig um Trinitätslehre, Christologie und Gnadenlehre; dies spiegelt auch die Verurteilung von 19 Abaelard zugeschriebenen Sätzen durch die Synode von Sens 1141, die Bernhards Anklagen teils wörtlich aufgreift.

Glaubensbegriff

Im Hintergrund steht freilich eine unterschiedliche Konzeption des Glaubens, die zugleich für das theologische Selbstverständnis der Kontrahenten aufschlussreich ist. Für Abaelard ist der Glaube primär eine *existimatio*, ein Für-Wahr-Halten, das freilich auf tieferes Verstehen angewiesen ist: Denn so wie der Glaube letztlich der Inhalt von Liebe und Hoffnung ist, so brauchen diese beiden ein exaktes und korrektes Verständnis des Glaubens, das ihnen ihre Ausrichtung verleiht. Dialektik ist also ebenso notwendig wie legitim, denn da in der Schöpfung alles gemäß der *ratio* angelegt und der Mensch als Ebenbild Gottes des vernünftigen Denkens mächtig ist. Abaelard behauptet jedoch nicht, dass die Vernunft zur Gotteserkenntnis ausreicht: *intelligere* bedeutet für ihn (ähnlich wie für Anselm) das tiefere Verstehen, nicht das vollständige Erkennen.

Bernhards scharfe Reaktion auf Abaelards Schriften ist wohl nicht zuletzt der Tatsache geschuldet, dass Abaelard die Begriffe *existimatio* und *intelligere* in einem vom üblichen Sprachgebrauch abweichenden Sinn verwendet. So wehrt sich Bernhard gegen die Bezeichnung des Glaubens als *existimatio*, was für ihn eine bloße Meinung (*opinio*) ohne Sicherheit ist. *Intelligere* wiederum bedeutet für ihn die Erkenntnis einer offen zu Tage liegenden Wahrheit. Doch geht der Unterschied zwischen beiden Theologen über die reine Begrifflichkeit hinaus: Während für Abaelard der Glaube nach immer tieferer intellektueller Durchdringung verlangt, ist für Bernhard mit der Zustimmung zur Autorität Gottes und Hingabe an die verhüllte Wahrheit ein Willensakt gefordert. Auch auf diese Weise lassen sie die Unterschiede zwischen einer „monastischen" und einer „scholastischen" Art des Theologie-Treibens erkennen. Kurz vor Abaelards Tod versöhnten sich die beiden Kontrahenten auf Vermittlung des gelehrten Abtes von Cluny, Petrus Venerabilis.

3. Universitätstheologie im 13. und 14. Jahrhundert

Die Universität

Um 1200 trat mit der Universität eine neue Institution auf den Plan. Bei dieser *universitas magistrorum et scholarium* handelte es sich zunächst um freiwillige Zusammenschlüsse von Schulen bzw. Lehrern, wie sie in Paris, Bologna und Oxford stattfanden. Später kam es sowohl zu Abspaltungen (z. B. Toulouse von Paris, Cambridge von Oxford) als auch zu Neugründungen auf Veranlassung von Herrschern (etwa die Universität Prag 1348). Die frühen Universitäten wurden päpstlich privilegiert und dadurch unabhängig von den jeweiligen Bischöfen und Stadtverwaltungen. Zwar waren die Universitätsangehörigen als eigene Gesellschaft nicht mit der städtischen Gesellschaft verwoben, doch hatten die Universitäten durch die Ausbildung neuartiger geistiger Eliten eine gesellschaftliche Funktion.

Die mittelalterliche Universität gliederte sich üblicherweise in vier Fakultäten: die Artistenfakultät vermittelte mit den *artes liberales* die Grundlagen für das Studium an den höheren Fakultäten für Theologie, Rechtswesen und Medizin. Studierende mussten etwa in Paris zunächst nach sechs Jahren Studium an der Artistenfakultät den Grad eines *baccalaureus* erwerben, um zu einer höheren Fakultät zugelassen zu werden. Nach weiteren Jahren des Theologiestudiums konnte man *baccalaureus biblicus* und *baccalaureus sententiarius* werden, womit die Pflicht zur Lehre über biblische Einleitungsfragen bzw. zur Erklärung der Sentenzen des Petrus Lombardus verbunden war, des Lehrbuchs der scholastischen Theologie schlechthin. Diese Lehrtätigkeit und weiteres Studium befähigten zum Erwerb des Magistergrades; die entsprechenden Prüfungen fanden in Form von Disputationen statt. Wer sodann als Magister in den Vorlesungsbetrieb eingebunden war, nannte sich *magister actu regens* und hatte die Pflicht, selbständige Vorlesungen und Disputationen abzuhalten.

Studienorganisation

Nachdem die Bettelorden ihre Gründungsphasen hinter sich hatten, fanden sich zunehmend auch Bettelmönche unter den Studenten und Professoren – bei den Dominikanern, die Wert auf eine gute Ausbildung zur Predigt legten, aber auch bei den Franziskanern. Da sie keine Studiengelder annehmen durften, boten sie sich den Studenten als günstige Alternative zu den Professoren aus dem Weltklerus an, die zur Sicherung ihres Lebensunterhalts auf die Studiengelder angewiesen waren. Dies führte immer wieder zu teilweise schweren Konflikten.

Umstrittene Aristotelesrezeption

Im 13. Jahrhundert wurden – als eine Folge der Kreuzzüge und der intensivierten Kulturkontakte – Texte des antiken Philosophen Aristoteles (gest.

Integration aristotelischer Philosophie

322 v. Chr.) im lateinischen Westen wieder zugänglich. Sie waren in der arabischen Welt erhalten geblieben und wurden insbesondere in der kommentierten Fassung des spanisch-arabischen Philosophen Averroes (Ibn Rushd, 1126–1198) rezipiert. Dies geschah nicht überall im gleichen Maß: Während etwa an der Universität Oxford stärker an Augustinus ausgerichtete Theologie gelehrt wurde und auch die franziskanischen Theologen eher reserviert blieben, integrierten vor allem die Dominikaner die aristotelische Philosophie stark in ihre Theologie. Ein erster Durchbruch ist dabei mit Albertus Magnus (gest. 1280) verbunden, der in Köln lehrte und der Theologie und der (aristotelischen) Philosophie je eigene Erkenntnisbereiche zuschrieb und beide voneinander abgrenzte. Doch war Albertus Magnus kein reiner Aristoteliker: auch wenn er sämtliche verfügbaren Werke des Aristoteles kommentierte, befasste er sich doch ebenso intensiv mit Pseudo-Dionysius Areopagita und der neuplatonischen Philosophie. Häufig genug konnte er konkurrierende Deutungen auch nebeneinander stehen lassen ohne die eine explizit zu bevorzugen. Die Theologie des Thomas von Aquin, der vor allem mit seiner dreiteiligen *Summa theologiae* eine Gesamtdarstellung der Theologie vorlegte, kann dagegen als „christlicher Aristotelismus" (Volker Leppin) bezeichnet werden. Thomas verstand dabei Theologie und Philosophie nicht als Konkurrenten, sondern als zwei Wege zur selben Wahrheit. Dabei kann die Theologie von der Philosophie zwar profitieren, ist aber nicht auf sie angewiesen; in der Praxis läuft dies auf das für die Scholastik so typische Abwägen von Argumenten hinaus, das Thomas in den einzelnen *quaestiones* der *Summa theologiae* beispielhaft vorexerziert. Dass die Integration der aristotelischen Philosophie in die Theologie keine einfache Übernahme bedeuten konnte, zeigt sich etwa hinsichtlich der theologischen Wissenschaftstheorie: Während Wissenschaftlichkeit für Aristoteles durch die Evidenz der Prinzipien gesichert wurde, war gerade dies für die Theologie bei Thomas nicht möglich, da ihre Prinzipien nur mit Hilfe des „Lichts einer höheren Wissenschaft" einsichtig sind.

> **Quelle**
>
> **Thomas von Aquin (1225–1274): Summa Theologiae I, q.2**
> Thomas von Aquin, Summe der Theologie, übs. Joseph Bernhart, Bd. 1, Stuttgart ²1938, S. 5.
>
> Scheinbar ist die Theologie keine Wissenschaft. Denn jede Wissenschaft geht von denknotwendigen Ursätzen aus. Aber die Theologie geht von Artikeln des Glaubens aus, die nicht denknotwendig sind, da sie ja nicht von allen anerkannt werden. [...] Also ist die Theologie nicht Wissenschaft.
> Ferner ist Wissenschaft nicht auf das Einzelne, sondern das Allgemeine gerichtet. Aber die Theologie handelt von Besonderheiten, etwa der Geschichte des Abraham, des Isaak und Jakob und ähnlichem. Also ist die Theologie nicht Wissenschaft.

> Aber dagegen spricht das Wort bei Augustinus: „Zu der Wissenschaft, von der ich rede, gehört nur das, wodurch der Glaube [...] erzeugt, genährt, verteidigt und gekräftigt wird." Das aber ist nur in der heiligen Wissenschaft der Fall. Also ist die heilige Lehre eine Wissenschaft. [...]
> Ich antworte: Die Theologie ist eine Wissenschaft. Doch ist dabei zu bedenken, dass es zweierlei Wissenschaften gibt. Die einen gehen von Ursätzen aus, die durch das natürliche Licht des Verstandes gegeben sind, wie die Arithmetik, die Geometrie und ähnliche. Andere gehen von Ursätzen aus, die sich aus dem Lichte einer anderen, höheren Wissenschaft ergeben, wie etwa die Perspektive ausgeht von den Ursätzen, welche die Geometrie zur Kenntnis bringt und wie die Musikwissenschaft von arithmetischen Gegebenheiten. In dieser letzteren Weise ist auch die Theologie eine Wissenschaft [...]

Gegen eine Integration der aristotelischen Philosophie in die Theologie sprach, dass einige Gedanken des Aristoteles als im Widerspruch zu christlichen Lehre gesehen wurden. So nahm Aristoteles die Ewigkeit der Welt an, in der alles nach einer strengen Kausalität abläuft, was sowohl der Lehre von der Schöpfung durch Gott als auch von der Freiheit des Menschen widerspricht. In den 1270er Jahren arbeiteten die „konsequenten Aristoteliker" diese Positionen besonders scharf heraus, ohne sie freilich selbst zu vertreten. Doch wurden der konsequente Aristotelismus von Bonaventura (1221-1274) und Thomas von Aquin, einem Franziskaner und einem Dominikaner also, scharf angegriffen. Eine vom Pariser Bischof Etienne Tempier eingesetzte Kommission formulierte 219 Sätze aus dem Werk des Aristoteles, die als dem christlichen Glauben widersprechend am 7. März 1277 verurteilt wurden.

Verurteilung des Aristotelismus

Neuansätze um 1300

In der Folge der Verurteilung von 1277 musste die Rolle des Aristoteles neu austariert werden: Weder schien eine Theologie ohne Aristoteles sinnvoll, noch ließ sich der konsequente Aristotelismus halten. Ein Lösungsweg, den Bonaventura und nach ihm Heinrich von Gent (vor 1240-1293) beschritten, war die stärkere Rückbindung der Theologie an Augustinus in Fragen der Erkenntnis- und Wissenschaftslehre. Darüber hinaus musste die Freiheit Gottes gegenüber den konsequenten Aristotelikern verteidigt werden, was etwa den Franziskaner Duns Scotus (um 1226-1308) zur Unterscheidung von *potentia absoluta* und *potentia ordinata* führte. Auf das Verhältnis von Gott und Mensch bezogen konnte dies bedeuten, dass Menschen auf dem üblichen Weg durch die Heilsvermittlung der Sakramente zum Heil gelangen konnten, Gott aber nicht an diesen Weg gebunden war.

> **Quelle**
>
> **Duns Scotus: Ordinatio I, d. 44**
> Leppin, Geschichte des mittelalterlichen Christentums, S. 368.
>
> Einerseits kann er in Übereinstimmung mit dem rechten Gesetz handeln, und das tut man dann auf Grund seiner geordneten Macht […]. Auf der anderen Seite kann man aber auch ohne oder sogar gegen das Gesetz handeln. Das ist dann die absolute Macht, die über die geordnete hinausgeht. Deshalb muss man nicht nur bei Gott, sondern bei jedem freien Wesen […] zwischen der geordneten und der absoluten Macht unterscheiden.

Theologen wie Duns Scotus oder Wilhelm von Ockham (1288-1347) konnten mit Aristoteles nicht anders als kritisch umgehen: Als Logiker blieb Aristoteles verbindlich, auf den Feldern von Naturphilosophie, Ethik und Metaphysik konnte man ihn teils deutlich kritisieren. Freilich musste auch der Logik ihre Begrenztheit aufgezeigt werden, da sie nur innerweltlich korrekte Ergebnisse liefern konnte, nicht aber notwendigerweise auch bezüglich der Wirklichkeit Gottes. Auf diese Weise war auch der Artistenfakultät in der Universität ihr Platz zugewiesen: Als Schule der Logik und Dialektik hatte sie der Theologie in einer propädeutischen Funktion zu dienen. Die Theologie wiederum konnte sich nicht auf die aristotelischen Kriterien für Wissenschaftlichkeit berufen, da sie ihren Grund im Glauben, nicht in der Evidenz hat.

4. Theologie am Ende des Mittelalters

„Nationale" Theologie

Deutete der Begriff *natio* in der mittelalterlichen Universität noch auf landsmannschaftliche Zugehörigkeiten hin, bildeten sich im Spätmittelalter in ganz Europa Territorien heraus, in denen sich Herrschaft verdichtete und die sich nach außen abgrenzten. In England und in Böhmen verbanden sich dabei theologische und nationale Diskurse enger als andernorts.

John Wyclif — Zum Wortführer in England wurde John Wyclif (1330-1384), der sich, obwohl selbst Kleriker, für die Besteuerung des Klerus zur Finanzierung des (hundertjährigen) Krieges gegen Frankreich aussprach. Für Wyclif ließ sich exklusiv aus dem Neuen Testament die rechtmäßige Form der Kirche ermitteln – und so stritt er die Leitungskompetenz des Papsttums und die Notwendigkeit von weltlichem Besitz der Kirche ab. Diese Form von Sozialkritik kam dem König natürlich entgegen, doch in Verbindung mit Kritik am Klerus und einer eigenen Eucharistielehre schuf sie Wyclif Feinde, die Verurteilungen durch die Universität Oxford (1381) und eine Synoden in London (1382) erreichten. Auf Wyclifs Lehre berief sich die Gruppe der Lollarden, eine Art später englischer Armutsbewegung, die nach einem Aufstandsversuch 1413/14 verfolgt wurde.

Seit der Heirat des englischen Königs Richard II. mit der Schwester des böhmischen Königs Wenzel, Anne (1382) gab es regen Kulturaustausch zwischen beiden Ländern, der auch Wyclifs Ideen nach Böhmen kommen ließ. Jan Hus (um 1370 – 1415) griff sie auf, zumal in der Situation des Schismas sowohl die Autorität des Papsttums fraglich als auch der Ruf nach Reform der Kirche an Haupt und Gliedern lauter geworden waren. Hus übernahm von Wyclif auch den Gedanken, Kirche sei nicht abhängig von ihrer Hierarchie, sondern allein und unmittelbar von Christus. Bekanntlich reiste Hus zur Rechtfertigung seiner Theologie zum Konzil nach Konstanz, wo er als Anhänger Wyclifs und „Erzketzer" verbrannt wurde (vgl. Kap. V). Doch ähnlich wie in England entstand auch in Böhmen mit den Hussiten eine Bewegung, in der sich religiöse (Kelchausteilung bei der Eucharistie auch für Laien), soziale (Forderung nach einer armen Kirche) und politische (Opposition des Adels gegen König Sigismund) Motive vermischten. Nach langen kriegerischen Auseinandersetzungen wurde im Frieden von Kuttenberg (1485) schließlich die Existenz des Hussitismus als einer vom Papst unabhängigen „Konfession" festgeschrieben.

Jan Hus

Via antiqua und via moderna

Im 14. und 15. Jahrhundert stieg die Zahl der Universitäten europaweit stark an, wobei etliche Gründungen von Paris ausgingen. Das bedeutete ganz praktisch, dass Lehrpersonal und -bücher von den Neugründungen übernommen wurden. Für die universitäre Theologie des Spätmittelalters wurde die Ausdifferenzierung in zwei „Wege" charakteristisch, die einander jeweils nicht selten verurteilten. Im 15. Jahrhundert legten sich die meisten theologischen Fakultäten auf einen Weg (seltener explizit beide) fest, so etwa Heidelberg auf die *via moderna*, Köln auf die *via antiqua*; in Tübingen und Ingolstadt führte die Konkurrenz der beiden Wege zu Konflikten.

Freilich ist innerhalb der beiden Wege das Spektrum so groß, dass sie sich nur recht grob charakterisieren lassen. Während etwa die *via antiqua* hauptsächlich auf Thomas von Aquin oder Albertus Magnus als Autoritäten rekurrierte, waren es für die *via moderna* beispielsweise Gregor von Rimini (um 1300-1358), Johannes Buridan (um 1300 – um 1360) oder Wilhelm von Ockham. Die größte inhaltliche Differenz bestand hinsichtlich der philosophischen Frage nach den Allgemeinbegriffen (Universalien), in der die Vertreter der *via antiqua* dafür plädierten, den Allgemeinbegriffen eine eigene Realität zuzugestehen. Für die Vertreter der *via moderna* war der Schritt von Begriffen zur Realität nicht ohne Weiteres möglich, so dass sie sich auf die Analyse der Begriffe, Satzteile und Inhalte stützten. Dieser hohe Grad an logischer Durch-

Zwei Wege

dringung brachte der spätmittelalterlichen Theologie oft den Vorwurf der Realitätsferne ein. Schließlich war die *via antiqua* optimistisch, was die Möglichkeiten einer rationalen Durchdringung Gottes anging, wohingegen die *via moderna* Gottes unergründliche Freiheit und seine Selbstbeschränkung in der *potentia ordinata* betonte.

Theologie und Humanismus

Rezeption antiker Philosophie

Im späten Mittelalter entstand in Italien mit dem Humanismus eine Bewegung, die bereits den Übergang zur Neuzeit markiert. Humanismus bedeutet dabei zunächst einmal das philologische Bemühen um antike philosophische – in einem zweiten Schritt auch theologische – Texte; insofern rekurrierte der Humanismus auf Grammatik und Rhetorik als Bestandteile des mittelalterlichen Triviums, bezog darüber hinaus aber auch Poetik, Geschichte und Moralphilosophie ein. Die Vereinbarkeit von antiker Philosophie und christlicher Theologie betonte etwa Francesco Petrarca (1304-1374), indem er auf die Bedeutung von Ciceros (verlorenem) Dialog *Hortensius* für Augustinus hinwies. Dieses Programm hatte zunächst Bedeutung für die Auslegung der Bibel, für die etwa Nikolaus von Lyra (gest. 1349) den wörtlichen Sinn bevorzugte, bis hin zur Entwicklung der Textkritik und ihrer Anwendung auf die Bibel (insbesondere bei Erasmus von Rotterdam, 1466-1536).

Platonismus

Auf dem Feld der Philosophie gewann der Platonismus besondere Bedeutung für die Humanisten. Dies gilt insbesondere für Florenz, das sich nicht zuletzt aufgrund der Kontakte, die das Konzil dort ermöglichte (vgl. Kap. V), zu einem Zentrum des humanistischen Platonismus entwickelte. Marsilio Ficino (1433-1496) und Giovanni Pico della Mirandola (1469-1553) dürfen als Zentralgestalten gelten. Letzterer formulierte in *De hominis dignitate* (1486) das optimistische Menschenbild des Humanismus, verband dies aber mit einer Form verinnerlichter Frömmigkeit, wie sie zu dieser Zeit in ganz Europa zu finden war. Darüber hinaus führte der Florentiner Humanismus zur intensiven Beschäftigung mit einem ebenfalls vom Platonismus geprägten altkirchlichen Theologen, der in humanistischen Konzepten die Einseitigkeiten der augustinischen Theologie ausbalancieren half: Origenes. Der Humanismus des 15./16. Jahrhunderts kann also keineswegs im Gegensatz zum Christentum gesehen werden, vielmehr ist er eine genuin christliche Strömung.

Humanismus ist aber nicht nur als bestimmte Ausrichtung des wissenschaftlichen Arbeitens zu begreifen, sondern auch und vor allem als Kommunikationsnetzwerk. Daher waren Humanisten nicht nur an Universitäten zu finden, sondern beispielsweise auch in Klöstern, am Papsthof oder als Laien in den Städten. ∎

Auf einen Blick

Mittelalterliche Theologie entwickelt sich keineswegs geradlinig und ist von großer Pluralität geprägt. Dies zeigt sich etwa in der Parallelität der Strömungen von monastischer und scholastischer Theologie im 12. Jahrhundert oder der beiden Wege im 15. Jahrhundert. Der personenbezogene Ansatz vieler wissenschaftlicher Darstellungen hat hierin seine Berechtigung. Leitmotivisch zieht sich die Auseinandersetzung mit der Antike durch die Theologie des Mittelalters: Waren es im 8. und 9. Jahrhundert noch die Aneignung und das Weiterdenken der Kirchenväter, vor allem des Augustinus, gewesen, so führte der Kontext des Investiturstreits zu einem Aufschwung der Dialektik in der Theologie und im Kirchenrecht (in Gratians *Concordia discordantium canonum*, um 1140). Für die beginnende Scholastik wurde damit die kritische Auseinandersetzung mit alten Autoritäten zu einem Wesensmerkmal, in die ab dem 13. Jahrhundert die antike Philosophie in Gestalt des Aristoteles einbezogen wurde. Autoritätenkritisches Argumentieren geht dabei mit einem großen Vertrauen in die Kräfte der menschlichen Vernunft und ihre Möglichkeiten, die Sphäre des Göttlichen gedanklich zu durchdringen, einher. Die Verurteilung des Aristotelismus von 1277 bringt diese Theologie in eine Krise, setzt Kräfte für Neuansätze frei und schafft so die Voraussetzungen für die Pluralisierung der Theologie im späten Mittelalter. Mit dem Humanismus wird auch die Ausdifferenzierung von Theologie, Philosophie und Philologie deutlich erkennbar; zugleich ist Theologie im ausgehenden Mittelalter nicht mehr ausschließlich Sache der Universitäten und Klöster.

Literaturhinweis

Gerwing, Manfred: Theologie im Mittelalter. Personen und Stationen theologisch-spiritueller Suchbewegung im mittelalterlichen Deutschland, Paderborn 2002. *Regional ausgerichtetes Übersichtswerk, das Theologen vorstellt, die in „Deutschland" tätig waren.*

Hoff, Gregor Maria / Körtner, Ulrich H.J. (Hgg.) Arbeitsbuch Theologiegeschichte. Diskurse – Akteure – Wissensformen, Bd. 1: 2.-15. Jahrhundert, Stuttgart 2012. *Knappe Vorstellung von Leben und Werk der wichtigsten Theologen, punktuell unterbrochen durch knappe thematische Orientierungen (z.B. zu Scholastik, Mystik, Via moderna).*

Köpf, Ulrich (Hg.): Theologen des Mittelalters, Darmstadt 2002. *Knappe Präsentation von Leben und Werk der wichtigsten Theologen des Mittelalters, der ein einleitender Überblick vorangestellt ist.*

Leinsle, Ulrich: Einführung in die scholastische Theologie, Paderborn 1995. *Tiefschürfende Darstellung der Entstehung und Entwicklung der Scholastik in Mittelalter und Neuzeit.*

Leppin, Volker: Theologie im Mittelalter (Kirchengeschichte in Einzeldarstellungen I/11), Leipzig 2007. *Profunder Überblick über die mittelalterliche Theologiegeschichte, der die Theologie immer an ihren Sitz im mittelalterlichen Leben bindet.*

Niederbacher, Bruno / Leibold, Gerhard (Hgg.), Theologie als Wissenschaft im Mittelalter. Texte, Übersetzungen, Kommentare, Münster 2006. *Auszüge aus zentralen theologischen Werken des 13. Jahrhunderts (zweisprachig) mit knappem Kommentar dazu.*

X. Mittelalterliche Frömmigkeit

> **Überblick**
>
> Mittelalterliche Frömmigkeit ist wesentlich geprägt von der kulturellen Transformation des Christentums am Übergang von der Antike zum Mittelalter. Im Zuge der Begegnung der von Schriftlichkeit geprägten römischen Kultur mit den kriegerischen Germanen, deren Reiche das frühmittelalterliche Europa prägten, veränderten sich auch Religiositäten. Wo Germanen das Christentum annahmen, integrierten sie in komplexen Prozessen seine religiösen Ideen, Werte und Lebensformen in ihre Kultur und passten sie zugleich dieser Kultur an; dies wird als Inkulturation bzw. Akkulturation bezeichnet. Dabei standen christliche und pagane Formen von Religiosität häufig nebeneinander, in Konkurrenz zueinander oder wurden synkretistisch vermischt. Auch die im Hoch- und Spätmittelalter intensivierte und sich wandelnde christliche Religiosität beruhte auf diesen Voraussetzungen.

1. Gott, das Heilige und die Heiligen

Gottesbilder

Das Bild Gottes vom Schöpfer und geschichtsmächtigen Lenker der Welt, der das Gute belohnt und das Böse bestraft, lehnte sich – insbesondere im Früh- und Hochmittelalter – stark an die Überlieferung des Alten Testaments an. Neben dieser ethischen Komponente stand die personale, da Gott nach christlicher Glaubensauffassung als die drei Personen von Vater, Sohn und Geist existiert. In der Welt sah man aber auch – ebenso real und daher bedrohlich – das Böse bzw. den Teufel am Werk, der sich etwa in Krankheit oder einer Niederlage im Rechtsstreit manifestieren konnte. Dass man jederzeit mit dem göttlichen Eingreifen rechnete, belegt etwa die frühmittelalterliche Praxis des Gottesurteils, die jedoch stets umstritten war und vom vierten Laterankonzil (1215) verboten wurde: Im Zweikampf, bei einer Feuerprobe oder auch bei einem Reinigungseid zeigte der Ausgang des Geschehens, über wen Gott seine schützende Hand hielt bzw. wen er strafte.

Weltgericht — Das Gericht über die Welt am Ende der Zeit war dabei für mittelalterliche Menschen ein Fixpunkt, an dem sie ihr Leben ausrichteten; seit dem Hochmittelalter wurde es häufig über den Portalen großer Kirchen oder auf Altargemälden dargestellt. Zugleich erschienen Himmel und Hölle als die Orte von Lohn und Strafe nicht als Verlängerung der diesseitigen Sozialordnung, da für die Zuordnung eben nicht der soziale Rang, sondern die moralische Lebensführung entscheidend war. In spätmittelalterlichen Höllendarstellungen finden sich daher auch Herrscher und Kleriker. Demgegenüber sollte das Fegefeuer als Ort der Reinigung auf Gottes Barmherzigkeit verweisen, die auch postmortal die Möglichkeit der Sühne gewährt. Denn mittelalterliche Theologen stellten neben Gottes Gerechtigkeit und Strenge auch seine Güte und Liebe, die sich im Verzeihen zeigt.

Darüber hinaus verwiesen vor allem die Theologen der hochmittelalterlichen Scholastik auf die eigenen Kräfte und Fähigkeiten des Menschen, die nicht zuletzt durch Übung erworben und erhalten werden konnten. Vor diesem Hintergrund konnten die Medizin das bloße Fürbittgebet und Rechtsprechung das Gottesurteil ersetzen.

Abb. 10 Das Kreuz als Lebensbaum und Thron: Die Bernwardstür des Hildesheimer Doms (um 1000)

Jesus Christus

Repräsentant des transzendenten Gottes war in erster Linie Jesus Christus, der im Frühmittelalter häufig mit dem Haupt im Himmel und den Füßen auf der Erde dargestellt wurde: er stellte die Verbindung zwischen Himmel und Erde her. Als Erlöser ließ er sich kreuzigen, um so die Menschen von der Sünde loszukaufen und überwand in seiner Auferstehung noch den Tod als fundamentales Übel des Menschseins. Von ebenso großer Bedeutung waren seine Anforderungen an die Lebensführung, denen man sich anzuschließen hatte, wollte man das ewige Heil der Seele erlangen. Schließlich rechnete man – gemäß den Aussagen des Neuen Testaments – mit Christus als dem „von Gott eingesetzten Richter der Lebenden und der Toten" (Apg 10,42). Das antike Bild von Christus als Arzt trat demgegenüber deutlich in den Hintergrund und wurde auf die Heiligen übertragen.

Das sich im Mittelalter wandelnde Christusbild mag anhand von drei Etappen deutlich werden: Im Bericht von der Bekehrung Chlodwigs bei Gregor von Tours (vgl. Kap. II) erscheint Christus als der Sieghelfer in der Schlacht; im altsächsischen Heliand-Epos (9. Jh.), einer Art Evangelienharmonie, erscheinen Christus und seine Jünger gewissermaßen als Herrscher und Krieger. Die Akkulturation des Christlichen an die germanische Welt ist hier offensichtlich. In der bildenden Kunst des Hochmittelalters tritt uns Christus dann als der thronende Herrscher und Weltenrichter entgegen; selbst das

Wandlungen im Christusbild

Kreuz wird zum Thron, womit man der Theologie des Johannes-Evangeliums folgt. Im Spätmittelalter wird Christus – nicht zuletzt unter dem Einfluss der Pestepidemie um 1350 – menschlicher dargestellt. Am Kreuz hängt nun ein leidend verdrehter, geschundener und geschändeter Leib, noch der Auferstandene und Weltenrichter trägt die Wundmale an seinem Leib und die Marterwerkzeuge befinden sich in seiner Nähe.

Die Heiligen

Gottesmann

Heiligkeit als besondere Nähe zum versprochenen göttlichen Heil wurde vor allem im Frühmittelalter nicht nur Toten zugesprochen, sondern auch lebenden „Gottesmännern", besonders Mönchen (vgl. Kap. VI): Diese glaubte man nicht nur in einer besonders engen Beziehung zu Gott stehend, sondern in einem Maß mit Wunderkraft ausgestattet, das in direkter Proportionalität zu ihren Verdiensten durch Askese oder fromme Werke stand. In Heiligenlegenden findet sich eine feste Motivfolge: Auf sein Gebet hin kommt göttliche Kraft über den Heiligen, es geschieht ein Wunder, der Satan wird vertrieben. Dabei ist der Heilige aufgrund seiner vorbildlichen Nachfolge Christi ein Instrument, durch das Gott handelt, in dem seine Wirklichkeit in der Welt verkörpert wird. Wenn, wie häufig berichtet, der Leichnam eines Heiligen nicht verweste, galt dies als besonderer Erweis der Macht Gottes.

Heilige und Kirche

Heiligkeit wurde im wesentlichen drei Personengruppen zugeschrieben: Missionaren, die wie Bonifatius das Martyrium durch bekehrungsunwillige Heiden erlitten; Asketen, die vor allem sexuell enthaltsam lebten; Menschen, die in besonderer Weise die Nächstenliebe übten – nicht zuletzt als Bischöfe in Leitungsfunktion. Mit diesen Lebenswegen wurden Heilige nicht nur vorbildhaft, sie erfüllten nach ihrem Tod auch die Funktionen von Patronen für bestimmte Kirchen, Orte, Regionen oder Personenverbände. Diese waren damit freilich zur Verehrung der jeweiligen Heiligen verpflichtet, damit sie ihnen zu Hilfe kamen – andernfalls konnte ein Heiliger durchaus auch seine Hilfe verweigern. Damit lebte der schon in der Antike vorhandene Glaube fort, verstorbene Heilige seien Gott so nahe, dass sie durch ihr fürbittendes oder kritisches Zwiegespräch mit ihm Einfluss auf das irdische Leben nehmen konnten.

Ein förmliches Verfahren zur offiziellen Feststellung von Heiligkeit wurde zuerst bei der Kanonisation Ulrichs von Augsburg (993) durchgeführt, ausgebaut, präzisiert und verpflichtend wurde es jedoch erst unter den kanonistisch geschulten Päpsten des 12. und 13. Jahrhunderts. Durch das Verfahren, in dem Informationen zum Leben der betreffenden Person und auch zu Wundern eingeholt und geprüft wurden, sollte sichergestellt werden, dass in ihrem Leben tatsächlich ein Abglanz Gottes sichtbar gewesen und die Anrufung sinnvoll war.

Materialisierung von Heil und Segen

Die wirksame Vermittlung von göttlichem Heil dachte man vor allem im Frühmittelalter als an Materie gebunden. Dies spiegelt sich etwa in der vielfältigen Verwendung von Weihwasser, das man das Vieh trinken ließ, auf die angebauten Pflanzen oder auch Rüstungen sprengte, zur Heilung von Kranken oder zur Überführung von Bösewichten verwendete. Mit dem geweihten Wasser sollte gewissermaßen eine quantifizierbare göttliche Kraft übertragen und wirksam werden. Diese Vorstellung wurde im Frühmittelalter auch auf die Taufe übertragen, die mehr als Segensakt denn als Lebensentscheidung für den Glauben aufgefasst wurde.

Weihwasser

In besonderer Weise gilt die Vorstellung vom an Materie gebundenen Heil für die Überreste von Heiligen, die Reliquien. So wie der Heilige zu Lebzeiten Instrument Gottes war, wurde auch seinen sterblichen Überresten segensvermittelnde Kraft zugesprochen. Während man im Frühmittelalter offensichtlich Ehrfurcht vor dem unversehrten Körper eines Heiligen hatte, setzte im Hochmittelalter die Aufteilung heiliger Leichname ein. Doch nicht nur Knochen, Haare oder Fingernägel kamen als Reliquien in Frage, sondern auch Gegenstände, die der Heilige berührt hatte; auch ihnen wurde heilende Kraft zugesprochen. Zahllose (Heilungs-)Wundergeschichten des Mittelalters erzählen von den Reliquien als Instrumenten des Wirkens Gottes. Schon Kaiser Konstantins Mutter Helena ließ der Legende zufolge die Echtheit des wiedergefundenen Kreuzes Christi überprüfen, indem sie es auf einen Toten legen ließ, der daraufhin zum Leben erweckt wurde. Am besonders stark von Pilgern frequentierten Petrusgrab in Rom wurden Berührungsreliquien von Diakonen hergestellt, indem man das Apostelgrab mit Stoffstreifen berührte und diese an die Gläubigen verteilte.

Reliquien

Zur Aufbewahrung und Präsentation der Reliquien stellte man häufig kunstvolle Gefäße (Reliquiare) her, manchmal in der Form des darin aufbewahrten Körperteils. Je bedeutsamer der Heilige, desto höher war – abgesehen von der Kraft der Segensvermittlung – auch das mit der Reliquie verbundene Prestige. Dies gilt etwa für Köln, wohin im Kontext kriegerischer Auseinandersetzungen 1164 die ursprünglich in Mailand aufbewahrten Gebeine der Heiligen Drei Könige verbracht wurden: Reliquien biblischer Gestalten gaben Köln eine Sonderstellung in der religiösen Geographie. Und noch im Jahr 1500 wurde das Haupt der Heiligen Anna aus Mainz gestohlen und nach Düren gebracht – wo es nach päpstlicher Anordnung auch bleiben sollte. Der schwunghafte Reliquienhandel des Mittelalters, aber auch Raub, Diebstahl oder Fälschung von Reliquien zeugen von der enormen Bedeutung, die sie für die Frömmigkeit hatten. Und auch ein kritischer Geist wie Alkuin, der Hoftheologe Karls d. Gr., schrieb zwar, es sei besser, das Vorbild der Heiligen im Herzen nachzuahmen als ihre Gebeine in Säckchen mit sich herumzutragen – doch hinderte ihn dies nicht am eifrigen Sammeln von Reliquien.

Die Echtheit der Reliquien, die man bis ins 12. Jahrhundert mit Wasser- oder Feuerprobe überprüft hatte, sollte nach den Bestimmungen des vierten Laterankonzils (1215) nur vom Papst bestätigt werden können – gewissermaßen analog zum Kanonisationsverfahren.

2. Heiliger Ort – heilige Zeit – heilige Handlung

Die Prägung von Zeit und Raum

Strukturierung der Zeit

Christianisierung Europas bedeutete auch, dass Zeit und Raum immer intensiver von der christlichen Religion durchdrungen und geprägt wurden. Wochenrhythmus und Sonntag sowie die Feste im Lauf des Jahreskreises strukturierten das Leben der Gemeinschaft. Die Jahreszählung begann (regional unterschiedlich) mit einem Hochfest: Weihnachten (25. Dezember), sein Oktavtag (1. Januar), Epiphanias (6. Januar) und sogar das bewegliche Osterfest konnten den Jahresbeginn markieren. Das Leben des einzelnen wurde durch Sakramente und sakramentale Handlungen geprägt, von der Taufe und der späteren Firmung über Ehe oder Weihe bis hin zur Krankenölung, die zur „letzten Ölung" im Sterben wurde, und zum Begräbnis.

Strukturierung des Raumes

Die Strukturierung des Raumes geschah nicht nur durch die Diözesaneinteilung (vgl. Kap. IV), sondern auch durch Reliquien: Im Zuge der Christianisierung Sachsens wurde unter Karl d. Gr. eine große Menge Reliquien aus allen Teilen des Frankenreiches nach Sachsen transferiert, womit zugleich Beziehungen zwischen den abgebenden und den empfangenden Orten gestiftet wurden. Stärker noch als in der Antike wurden Orte mit bedeutsamen Reliquien zu Zielen von Wallfahrten, die wichtigsten sicherlich die Apostelgräber in Rom und Santiago de Compostela, wobei die Pilger schon auf dem Weg zahlreiche weitere Wallfahrtsorte besuchen konnten, wie etwa Vézelay mit den Reliquien der Maria Magdalena.

Auf der lokalen Ebene kam dem Kirchengebäude besondere Bedeutung zu. Durch das im Lauf des Mittelalters immer reichhaltiger und komplexer werdende Ritual der Kirchweihe wurde es aus dem Alltag ausgesondert und gewissermaßen Gott übereignet. Das Kirchengebäude wurde auf diese Weise sakrosankt, Verfolgte konnten dort Zuflucht suchen und waren vor dem weltlichen Recht geschützt. Das Kirchengebäude enthielt wenigstens in jedem Altar Reliquien, die dort während der Altarweihe beigesetzt wurden. Daher prägte der Wunsch nach Bestattung in der Nähe der Reliquien, d.h. in der Nähe der Heiligen, den Kirchenbau und sein Umfeld. Die Bestattung in der Kirche selbst war meist hochstehenden Persönlichkeiten vorbehalten, doch der Raum neben der Kirche wurde – in der Stadt wie auf dem Land – für Bestattungen genutzt.

Bild und Symbolik im Kirchenraum

Die Architektur des Kirchenbaus wurde im Mittelalter stets symbolisch gedeutet, da etwa die übliche Kreuzform das Erlösungssymbol schlechthin zeigte und seltenere Achteck- und Rundformen auf die Vollkommenheit hindeuteten. Der Kirchenbau selbst wurde zu einem Abbild der Gottesstadt, die man zunächst als feste Burg konzipierte, seit dem 11. Jahrhundert aber mehr und mehr als hohen, lichtdurchfluteten Raum.

Insbesondere seit dem 12. Jahrhundert sind der Kirchenbau und seine Ausstattung mit farbigen Fenstern und Bildwerken Gegenstand der Reflexion, auch wenn es Bilder in Kirchen natürlich auch vorher gab: so hatte z. B. Bischof Bernward von Hildesheim (um 960–1022) für seinen Dom nach römischen Vorbildern große Bronzetüren mit biblischen Szenen und eine Bronzesäule mit Darstellungen des Lebens Christi anfertigen lassen (Abb. 10); die Apsis der 1095 geweihten dritten Basilika des Klosters Cluny war mit einer riesigen Darstellung des thronenden Christus ausgemalt. Im 12. Jahrhundert findet man häufiger bildliche Darstellungen auf Kapitellen über den Säulen sowie auf dem Bogenfeld (Tympanon) über einem Portal; im 13. Jahrhundert „explodiert" die bildliche Ausstattung von Kirchen mit gemalten Altarbildern, aber auch mit Skulpturen im Außenbereich.

Ausstattung von Kirchen

Diese Bildwerke erfüllen eine dreifache Funktion: Sie schmücken das Gebäude, sie helfen bei der Vermittlung religiösen Wissens an die leseunkundige Bevölkerung und sie lenken die Verehrung der Gläubigen auf bestimmte Heilige oder Aspekte der Heilsgeschichte. Die Wirkmacht der in der Kirche zu sehenden Bilder ist kaum zu überschätzen, da Zeitgenossen Bilder eben nur dort zu sehen bekamen.

> **Quelle**
>
> **Honorius Augustodunensis (gest. um 1150): De gemma animae, cap. 132**
> Patrologia latina 172, Sp. 586; Übersetzung B. S.
>
> Tafelgemälde zeigen beispielhaft die Gerechten, die den sittlichen Schmuck der Kirche repräsentieren. Ein Gemälde fertigt man aus drei Gründen an: erstens, weil es Literatur für die Leseunkundigen ist; zweitens, damit auf diese Weise das Haus geschmückt werde; drittens, damit das Leben früherer Menschen in die Erinnerung gerufen werde.

Auch die in der Kirche gefeierte Liturgie wurde zum Gegenstand symbolischer Deutung. So wurde jedem Gewandteil, das Bischöfe, Priester und Diakone anlegten, eine symbolische Bedeutung beigegeben, die sich meist auf die Nachahmung Christi durch den Amtsträger bezog. In gewisser Weise wurde

Liturgie

dies im 9. Jahrhundert auf die Handlungen der Messe übertragen, die in allegorischer Auslegung als dramatisches Nachahmen des Lebens Christi gedeutet wurde.

Im Hochmittelalter wurden Sehen und Nacherleben zu wichtigen Aspekten der Liturgie: In der Prozession zum Palmsonntag etwa wurde der Einzug Jesu in Jerusalem erlebbar, am Karfreitag beteiligte man sich an der Grablegung Christi, indem man eine Figur (teils mit beweglichen Armen) vom Kreuz abnahm und in ein vorbereitetes Grab in der Kirche legte.

Die Eucharistie

Messfrüchte und Segenswirkung

Die in der Eucharistiefeier gewandelte Hostie war im Frühmittelalter in die Nähe von Reliquien gerückt, denn beide repräsentierten Christus: die Reliquien von Heiligen indirekt, vermittelt durch Leib und Leben des Heiligen, die Hostie direkt aufgrund der Einsetzung durch Christus. Hostie und Reliquien wurden im 9. Jahrhundert in kostbaren Gefäßen auf den Altar gestellt. Die Parallele ist nicht zufällig, denn auch die Eucharistie wurde im Frühmittelalter weniger als Mahlfeier der Gemeinschaft denn als individueller Segen aufgefasst, dem ein Opfer zugrunde lag. Die Feier der Messe brachte nach früh- und hochmittelalterlicher Überzeugung „Messfrüchte" hervor, so dass Messen als Hilfsmittel in allen Nöten des Lebens eingesetzt wurden: gegen Krankheit und Pest, für Verstorbene, für Schwangere und Gebärende, aber auch als Liebes- und sogar Tötungszauber. Der Priester, letztlich alleiniger Akteur in der Eucharistie, musste für deren Feier entlohnt werden, um seinen Lebensunterhalt bestreiten zu können. Die so entstehenden Messstipendien trugen zur Kommerzialisierung der Eucharistiefeier im Mittelalter bei, bei der man sich oder andere gewissermaßen durch die Bestellung von Messen in die göttliche Gnade hineinkaufte.

Schaufrömmigkeit und Realpräsenz

Die hochmittelalterliche Schaufrömmigkeit stellte dann das Sehen der Hostie ins Zentrum: seit dem 12. Jahrhundert wird die Hostie bei der Wandlung erhoben und den Gläubigen gezeigt, zugleich ist das Anschauen der Hostie wichtiger als der tatsächliche Kommunionempfang. Dem entspricht auch die Einführung des Fronleichnamsfestes im Bistum Lüttich (1246), später auch für die gesamte Kirche (1317). Dem großen Vertrauen in die Wirkkräfte der Hostie entspricht die enorme Ehrfurcht vor der Materialisierung des Göttlichen bzw. vor der realen Gegenwart Christi in Brot und Wein: Priester und Gläubige achteten peinlich genau darauf, keinen Krümel zu verlieren und keinen Tropfen des eucharistischen Weines zu verschütten. Theologen stellten die Frage, ob denn eine Maus, die eine heruntergefallene Hostie gefressen habe, nun den Leib Christi in sich trage.

Die Realpräsenz Christi wird besonders im spätmittelalterlichen Bildtypus der Gregorsmesse betont: Papst Gregor I. d. Gr. (590–604) sei von Zweifeln an der Eucharistie geplagt worden, als ihm bei einer Messfeier der leidende Christus auf dem Altar erschien, um seine reale Gegenwart im Geschehen deutlich zu machen.

Die Betonung der Realpräsenz führte aber auch zum Missbrauch. Klagen über Hostiendiebstähle zum Zweck der Zauberei finden sich häufiger im Hochmittelalter, seit dem 13. Jahrhundert richtete sich der Verdacht verstärkt gegen Juden. Ihnen wurden im 13. und 14. Jahrhundert immer wieder Hostienfrevel vorgeworfen, d.h. die Schändung von Hostien durch Zerschneiden, Beschmutzen oder Ähnliches. Derartige Vorwürfe wurden nicht selten zum Auslöser für Verfolgung und Tötung von Juden. Die kirchliche Hierarchie beteiligte sich kaum an dieser Art der Judenverfolgung, doch beim niederen Klerus und beim Volk fiel der Vorwurf des Hostienfrevels zeitweilig auf fruchtbaren Boden.

Abb. 11 Gregorsmesse (15. Jh., Aachen, Domschatz)

Formen der Buße

Hatte in der Alten Kirche zunächst die Taufe als einzige Form der Sündenvergebung gegolten, etablierte sich doch die Möglichkeit einer einmaligen Buße und Rückkehr in die Kirche. Bei schweren Vergehen wurde der Sünder für eine gewisse Zeit aus der (Kommunion-)Gemeinschaft ausgeschlossen (exkommuniziert), in der er seine ernsthafte Sinnesänderung unter Beweis zu stellen hatte. Danach wurde er in einem eigenen Ritual wieder in die Gemeinschaft aufgenommen. Andere Bußformen entwickelten sich im antiken östlichen Mönchtum, wo das gegenseitige Sündenbekenntnis der Mönche voreinander Bestandteil des Abendgebets sein konnte. Die kritische Selbstprüfung spielt denn auch in der Benediktsregel und im benediktinisch-zisterziensischen Mönchtum eine große Rolle.

Eigene Formen pflegten die irischen Mönche des Frühmittelalters mit der wiederholbaren und berechneten Buße, bei der die nach der Beichte vor dem Priester zu erbringende Bußleistung in einem quantitativen Verhältnis zur Tat stehen musste (vgl. Kap. II). Dieser Tathaftung stellten Theologen der aufkommenden Scholastik im 12. Jahrhundert die Intention gegenüber: Die Wurzel der Sünde wurde nun in der bösen Absicht gesehen, Vergebung daher nicht an ein materielles oder geistliches Bußwerk, sondern an die Reue gebunden. Diese sollte sich vor allem geistlich äußern, wobei immer auch im Sinne der Gerech-

Intention und Reue

tigkeit Wiedergutmachung eines entstandenen Schadens gefordert wurde. Unbeschadet dessen wurden auch größere Wallfahrten als Bußwerk unternommen.

Erst durch das Vierte Laterankonzil (1215) wurde die individuelle Beichte der Gläubigen geregelt und zu einem Geschehen zwischen dem Büßenden und dem zu absolutem Stillschweigen verpflichteten Priester gemacht. Ihre wesentlichen Bestandteile waren das (vollständige) Bekenntnis mit Reue und dem Vorhaben der Besserung, ein seelsorgliches Gespräch, die Lossprechung und eine Bußleistung. Dabei verstand das Konzil die Beichte in erster Linie als pastorales Mittel, da die Büßenden mit viel Sensibilität auf den Weg der Besserung gebracht werden sollten. Praktisch wurde die Beichte jedoch in aller Regel zur Voraussetzung für den Kommunionempfang (der wenigstens zum Osterfest vorgeschrieben war) sowie zum Bestandteil der Sterbebegleitung.

Ablass

Aus dem frühmittelalterlichen Bußwesen ging auch der Ablass hervor: Im Frühmittelalter war es möglich, eine Person (z. B. einen Mönch) stellvertretend Bußleistungen erbringen zu lassen, für deren Lebensunterhalt während der fraglichen Zeit der Auftraggeber zu sorgen hatte. Dieses Konzept geriet mit der auf individuelle Besserung zielenden scholastischen Bußtheologie in die Krise, hielt sich aber als Frömmigkeitspraxis. Mit der Unterscheidung von zeitlichen und ewigen Sündenstrafen war aber eine neue Grundlage gegeben: Die ewigen Sündenstrafen in der Hölle waren mit Beichte und Buße aufgehoben, die noch abzuleistenden Strafen (z. B. im Fegefeuer) konnten gegen eine kleine Eigenleistung abgelöst werden. Als „Garantie" diente der „Kirchenschatz" (*thesaurus ecclesiae*), der in den Verdiensten Jesu Christi und aller Heiligen, Märtyrer und Asketen bestand. Der Ablass zielte also strenggenommen nicht auf die Vergebung der Schuld, sondern den Nachlass eines bestimmten Strafmaßes, doch wurde gerade im Spätmittelalter beides häufig vermengt. Die Eigenleistung zum Ablasserwerb bestand in der Regel in Wallfahrten oder geistlichen Übungen, wie es etwa Urban II. bei seinem Kreuzzugsaufruf 1095 oder Bonifaz VIII. für Wallfahrten nach Rom im ersten Heiligen Jahr (1300) versprachen.

3. Divergierende Tendenzen im Spätmittelalter

Im Spätmittelalter lässt sich in vielerlei Hinsicht eine deutliche Intensivierung der Frömmigkeit beobachten, so dass geradezu von einem „Christianisierungsschub" gesprochen werden kann. Religiöse Vollzüge wurden in allen Teilen der Gesellschaft mit noch größerem Ernst und Eifer gepflegt als in den Jahrhunderten zuvor. Christliche Existenz sollte fest im Diesseits stehen, aber doch auf das Jenseits hin ausgerichtet sein; das Leben stand unter dem Vorzeichen des Todes und des Gerichtes. In der geistlichen Literatur wurde die *Ars moriendi* (Kunst des guten Sterbens) behandelt, in der Kunst begegnet häufig der Totentanz: Alle Menschen sind sterblich, diesseitiger Stand, Rang und Reichtum durch den Tod relativiert. Da der plötzliche und unvorbereitete Tod als schlimmste Gefahr erschien, galt es, jederzeit für die Begegnung mit Gott als Richter bereit zu sein.

Quantifizierte Frömmigkeit

Die Intensivierung der spätmittelalterlichen Frömmigkeit erstreckte sich auf etliche bereits genannte Bereiche. So wurden die Möglichkeiten, einen Ablass zu erwerben, deutlich ausgeweitet, was sich an den allmählich von 100 auf 25 Jahre verkürzten Abständen für Heilige Jahre erkennen lässt, womit möglichst vielen Menschen die Möglichkeit gegeben werden sollte, einen solchen Ablass zu erwerben. Zu diesem Zweck musste man nicht zwingend auf eine weite Pilgerreise gehen, Reliquiensammlungen ermöglichten dies nicht selten auch in der eigenen Region. Eine der größten Reliquiensammlungen besaßen die Erzbischöfe von Magdeburg in Halle. Im Jahr 1521 befanden sich dort 21.441 Stücke, darunter 42 vollständige Heiligenleiber; insgesamt war – Beichte und entsprechende fromme Leistungen vorausgesetzt – ein Ablass von über 39 Millionen Jahren möglich. Dabei konnte der Ablass für Lebende wie Verstorbene erworben werden. Zu einem besonderen Ereignis wurde die alle sieben Jahre stattfindende Heiligtumsfahrt nach Aachen, wo sich im Jahr 1496 mehr als 100.000 Pilger das Kleid Mariens, die Windel Jesu, das Lendentuch Jesu, das Enthauptungstuch Johannes' des Täufers und andere Schätze zeigen ließen. Ähnliche Pilgerströme kamen nach Regensburg zum Bild der Schönen Madonna, was zeigt, dass auch Bilder ähnlich verehrt werden konnten wie Reliquien, und dass spätmittelalterliche Frömmigkeit durchaus ein Massenphänomen sein konnte. Schließlich wurden Stationen des Lebens und der Passion Jesu in Mysterienspielen nachgespielt oder das Heilige Grab aus Jerusalem an etlichen Orten nachgebaut.

Ablass und Reliquienverehrung

Diese äußerlich-aktive Seite spätmittelalterlicher Frömmigkeit beruhte zunächst auf Berechenbarkeit und Quantifizierbarkeit, insofern Frömmigkeitsleistungen zählbar waren und ein bestimmtes Quantum an Heil einbrachten. Dies förderte ein Verständnis von Frömmigkeit, das den Heilserwerb von Leistungen der Gläubigen abhängig machte. Diese „Leistungsfrömmigkeit" ließ die Menschen nicht nur auf Wallfahrten gehen und Gebete verrichten oder Geld für die Armen stiften, ihr verdanken wir auch große Mengen kirchlicher Kunst: Altarbilder und andere Kunstwerke wurden in diesem Sinn gestiftet. Schließlich wurde das Heilige in verschiedenen Weisen repräsentiert und damit sinnlich erfahrbar: in der konsekrierten Hostie, in Reliquien, dem Weihwasser, in Prozessionen oder Mysterienspielen.

Zählbare Frömmigkeit

X. Mittelalterliche Frömmigkeit

Innerliche Frömmigkeit

Mystik

Recht unvermittelt neben diesen Formen von Frömmigkeit standen im Spätmittelalter deutliche Tendenzen zur Innerlichkeit. Sie hatten ihre Wurzeln in der Theologie der Mystik, in der die Beziehung zwischen Gott und dem einzelnen Menschen im Zentrum der Reflexion stand. Schon Bernhard von Clairvaux hatte im 12. Jahrhundert insbesondere in seinen Predigten über das Hohelied im Alten Testament die Beziehung zwischen Christus und der Seele beleuchtet. Spätmittelalterliche Mystik stellte etwa ein unmittelbares Verhältnis zwischen dem einzelnen Gläubigen und Gott her, wobei kirchliche Autoritäten und Repräsentationen im o.g. Sinn übersprungen wurden. Johannes Tauler (um 1300-1361) etwa konnte den Erwerb des ewigen Heils ganz von der Gnade Gottes und den Verdiensten Christi abhängig machen und lehnte einen Beitrag des Menschen durch fromme Leistungen oder einen Unterschied aufgrund der Weihe ab. So erscheint es nur konsequent, dass Mystiker die Buße eher als Lebenshaltung ansahen und den Akzent auf die Reue legten; wahre Reue konnte daher sogar das Sakrament ersetzen.

Laienspiritualität

Zwar war die Mystik in erster Linie in den Orden beheimatet, doch strahlte sie weit über dieses Milieu hinaus aus auch in die Laienfrömmigkeit. Als vermittelnde Instanz kann die Frömmigkeitstheologie angesprochen werden, die sich vor allem in Stadtkirchen findet. Nun hatten die Bettelmönche nicht mehr das „Predigtmonopol", vielmehr wurden Predigerstellen auch an Kathedral- und Stadtkirchen eingerichtet. Hier verschob sich der Akzent von der eucharistischen Schaufrömmigkeit zur Ausrichtung auf das Wort, seine Verkündigung und seine Lektüre. Große Wirkung entfaltete etwa Geiler von Kaysersberg (1445-1510), der 1477 eine Professorenstelle in Freiburg aufgab, um Prediger am Straßburger Münster zu werden. Auch bedeutende Theologen wie Jean Gerson (1363-1429) schrieben Werke zur Frömmigkeitspraxis, vermittelten so Glaubensinhalte an ein breiteres Publikum und stellten die Theologie in den Dienst der Seelsorge. Auch Bibelübersetzungen, die ab der zweiten Hälfte des 15. Jahrhunderts verstärkt gedruckt wurden, waren in diesen Kontexten spätmittelalterlicher Frömmigkeit zu Hause.

Devotio moderna

Diesen Tendenzen korrespondiert eine breite Frömmigkeitsbewegung, die von den Niederlanden ihren Ausgang nahm und von Laien ebenso aufgegriffen wurde wie von Klerikern und Mönchen: die *Devotio moderna*. Mystisches Gedankengut wird hier aufgenommen und mit dem starken Impuls für eine intensivierte Alltagsspiritualität verbunden. Zum „Bestseller" wurde hier ein Buch mit dem Titel „Nachfolge Christi", das die Ideale der Innerlichkeit und der Abgeschiedenheit von der Welt in die bürgerliche Welt der Städte hinein übersetzte: Nachfolge Christi bedeutete den Aufbau einer inneren Distanz zur Welt, ohne die Beziehungen zur Welt abzubrechen. ■

> **Auf einen Blick**
>
> Mittelalterliche Frömmigkeit ist keineswegs statisch, sondern wandelt sich teilweise deutlich: im Frühmittelalter wird die christliche Überlieferung der mediterranen Antike in komplexen Prozessen in die germanische Vorstellungswelt integriert, die sich dabei ebenso wandelt wie Aspekte der christlichen Botschaft. Die Scholastik des Hochmittelalters führt auch im Bereich der Frömmigkeit zu einem solideren theologischen Fundament, wie am Beispiel von Buße und Beichte zu sehen ist. Eine kontinuierliche Linie durch das gesamte Mittelalter hindurch bildet sicherlich die Vorstellung von der Materie als Trägerin göttlichen Segens bzw. als Vermittlerin von Heil. Damit hängt eine quantifizierende Auffassung von Frömmigkeit eng zusammen, die im Spätmittelalter gesteigert und intensiviert wurde. Daneben existierte eine „innerliche" Strömung der Frömmigkeit, der durch die Betonung der Unmittelbarkeit zwischen Gott und Mensch nicht nur eine hierarchiekritische Komponente inhärent war, sondern die auch eine stark intellektuelle Prägung aufwies.

Literaturhinweis

Andersen, Elizabeth (Hg.): A companion to mysticism and devotion in northern Germany in the late middle ages, Leiden / Boston, Mass 2014.

Angenendt, Arnold: Grundformen der Frömmigkeit im Mittelalter (EdG 68), München 2004. *Ein kurz gefasster Überblick, der einen Schwerpunkt im Frühmittelalter setzt, aber auch auf die Forschungsgeschichte eingeht.*

Angenendt, Arnold: Geschichte der Frömmigkeit im Mittelalter, Darmstadt ^{4}2009. *Das Standardwerk zum Thema vom wohl besten Kenner der Materie.*

Hamm, Berndt: Religiosität im späten Mittelalter. Spannungspole – Neuaufbrüche – Normierungen, Tübingen 2011. *Eine Sammlung von Aufsätzen, die Frömmigkeit und Theologie als Einheit denken.*

Schreiner, Klaus (Hg.): Frömmigkeit im Mittelalter. Politisch-soziale Kontexte, visuelle Praxis, körperliche Ausdrucksformen, München 2002. *Enthält Aufsätze zu zahlreichen Themen der Frömmigkeit im Spätmittelalter.*

XI. Die mittelalterliche Reformation – ein Ausblick

> **Überblick**
>
> Die Geschichte der Reformation fällt in der institutionalisierten deutschsprachigen Geschichtswissenschaft in den Bereich der Frühen Neuzeit. Doch beruht die Reformation in vielerlei Hinsicht auf derart prägenden mittelalterlichen Voraussetzungen, dass sie selbst ein recht mittelalterlicher Ereigniskomplex ist. Dies sei anhand einiger Aspekte verdeutlicht.

1. Frömmigkeit

Wie im vorangegangenen Kapitel bereits dargestellt, gab es nicht „die" spätmittelalterliche Frömmigkeit, sondern stark divergierende Strömungen. Auf der einen Seite erlebten Heiligen- und Reliquienverehrung im 15. Jahrhundert einen Höhepunkt: Für beinahe jede Notlage konnte ein „passender" Heiliger angerufen werden, die Verehrung des Heiligen verpflichtete diesen quasi zur Hilfe. Reliquiensammlungen und -zeigungen ließen die Menschen zu Zehntausenden zu den betreffenden Orten strömen. Darüber hinaus wurde das „Lesen" von Messen aufgrund der Lehre von den Messfrüchten für bestimmte Zwecke eingesetzt und trug mit zur Entstehung eines klerikalen Proletariats bei, das sich auf diese Weise finanzierte. Die Quantifizierung des Heils ist also von größter Bedeutung für die spätmittelalterliche Frömmigkeit, ihre Konsequenzen in der Ablasspraxis und im Eucharistieverständnis sollte Martin Luther scharf kritisieren.

Auf der anderen Seite steht die von der Mystik beeinflusste Wendung der Menschen nach innen, wo ein gottgemäßes Leben – z.B. für Johannes Tauler (gest. 1361) – seinen eigentlichen Sitz hat. Hier schließt sich die *Devotio moderna* ebenso an wie die Frömmigkeitstheologie. Deren Vertreter ordneten sich keiner theologischen Richtung zu, sondern verfassten Schriften zu Themen von pastoraler Relevanz: Buße, Sünde, Leben als Vorbereitung des Todes. Dass gerade die in den Städten verbreitete *Devotio moderna* zur Lesebewegung wurde, ließ das Bildungsmonopol des Klerus und damit die Monopolisierung des heilsrelevanten Wissens ins Wanken geraten – eine wesentliche Voraussetzung für die in der Reformationszeit propagierten selbstbewussten Laien, die selbst in der Bibel lesen und ihr eigenes Urteil zu fällen in der Lage sind.

In der religiösen Kunst des Spätmittelalters wurden Maria, die Geburt Jesu und seine Passion besonders häufig dargestellt. Die Realität der Heilsgeschichte wurde in den Bildern schon dadurch betont, dass der goldfarbene Hintergrund hochmittelalterlicher Darstellungen durch Landschaft, Stadt und Architektur abgelöst wurde; die Heilsereignisse spielten sich gewissermaßen in der gegenwärtigen Welt ab. Die so hergestellte Unmittelbarkeit lag ganz auf der Linie der mystischen Theologie: Der Mensch sollte sich ganz, mit allen Sinnen, in die Ereignisse versenken und ihre Relevanz für sich entdecken – allein auf Christus zu schauen, das wurde auch für den jungen Luther zu einem wegweisenden Gedanken.

2. Theologie

Der spätmittelalterliche Wegestreit (vgl. Kap. IX) hatte durchaus unterscheidbare Gottesbilder mit sich gebracht. Während der Gott der *via antiqua* in Kategorien und Kausalitäten der aristotelischen Philosophie beschreibbar war, unterschied die *via moderna* zwischen absoluter und geordneter Vollmacht Gottes: Gott bindet sich an seine Ordnungen und Verheißungen und ist damit ein verlässlicher Partner für den Menschen, er kann aber im Ausnahmefall auch direkt auf den Menschen einwirken. Diese Überlegungen werden für die Gnadenlehre relevant: Normalerweise beruht der Glaube auf Geschenk Gottes und Annahme durch den Menschen in der Taufe; im Ausnahmefall kann Gott dies durchbrechen und unmittelbar in den Menschen hineinwirken, wie etwa bei der Bekehrung des Paulus. Hier gibt es Berührungspunkte zwischen der *via moderna* und der Theologie der Mystik, auf die Martin Luther intensiv zurückgriff (vgl. Kap. X). Die von der Mystik angestrebte Unmittelbarkeit des Menschen zu Gott, die gewissermaßen eine Unmittelbarkeit des Heils herstellte, ließ jedoch die vermittelnde Funktion der Kirche und ihre Notwendigkeit fraglich erscheinen.

Eine wesentliche Brücke vom Spätmittelalter in die Reformationszeit bilden auch die humanistischen Studien. Das Bemühen der Humanisten um die alten (biblischen) Sprachen und antike Philosophie war nicht (nur) Selbstzweck, sondern sollte dazu dienen, die Bibel und die Texte der Kirchenväter besser zu verstehen. Darüber hinaus wurde an den Texten selbst gearbeitet, in die sich im Lauf der handschriftlichen Überlieferungsgeschichte Veränderungen und Fehler eingeschlichen hatten. In diesem Sinne arbeiteten etwa Erasmus von Rotterdam (1466-1536) oder die Gelehrten der Universität Alcalá de Henares am Bibeltext. Vor dem Hintergrund der humanistischen Hinwendung zu den Quellen erklären sich auch die Sympathien der Humanisten für die Reform der Kirche (im Sinne einer Hinwendung zu ihren Ursprüngen).

Wo in der Reformationszeit also Polemik gegen die scholastische Theologie betrieben wurde, speiste diese sich teilweise aus humanistischen Quellen, aber wohl mehr noch aus dem Gefühl eines Ungenügens der aristotelisch geprägten *via antiqua*, der die Anhänger des Thomas von Aquin folgten.

3. Reform an Haupt und Gliedern

Schon auf den Konzilien von Pisa, Konstanz und Basel war die Reform der Kirche an Haupt und Gliedern (reformatio in capite et membris) eine wesentliche Forderung. Vor allem im deutschsprachigen Raum galt die Förderung der Reform als Aufgabe jedes guten Christen und war auch im 16. Jahrhundert nicht abhängig von Unterstützung oder Ablehnung Luthers. Freilich wurden Reformen vor allem im Bereich der Orden realisiert (vgl. Kap. VI), eine Reform des „Hauptes", des Papsttums und der Kurie, blieb aus. Ein Reformvorschlag, der auf die Lebensführung der Kurienangehörigen zielte, fand ebenso wenig Gehör wie die im Heiligen Römischen Reich Deutscher Nation erhobenen Forderungen nach einer Reform der päpstlichen Finanzverwaltung. Nicht wenige der *gravamina nationis Germanicae* (Beschwerdepunkte der deutschen Nation), die seit der Mitte des 15. Jahrhunderts gesammelt wurden, betrafen die Generierung von Einnahmen durch die Kurie. Besonders unbeliebt waren dabei Zahlungen für päpstliche Dispense (Ausnahmegenehmigungen) oder jährlich wiederkehrende Zahlungen von Bischofssitzen, Klöstern und Pfründeninhabern. Andere Reformforderungen betrafen den Bildungsstand der Pfründeninhaber oder auch die Tatsache, dass die Kurie sich bestimmte Verfahren und Rechte reserviert hatte.

In den *Gravamina* wurden die Reformforderungen auf diese Weise „nationalisiert" und auf die deutschen Territorien bezogen, deren finanzielle Belastung durch eine geldgierige Kurie als besonders stark wahrgenommen wurde. Die Liste der *Gravamina* wurde 1520 von Martin Luther in seiner Schrift „An den christlichen Adel deutscher Nation" aufgegriffen.

4. Kirche und Landesherren

Im spätmittelalterlichen Reich hatten sich die politischen Gewichte von der zentralen Macht des König- bzw. Kaisertums hin zu den Landesherren verschoben. Dies hatte auch Auswirkungen auf die Kirche in diesen Territorien, da die Landesherren nun auf Kosten der Bischöfe Kompetenzen in der Kirchenleitung für sich beanspruchten. Die römische Kurie unterstützte diese Bestrebungen der Landesherren, deren Loyalität sie sich damit zu sichern versprach. Landesherrliche Vorgaben für die Kirche konnten sich etwa auf die Reform von Klöstern beziehen, die der Observanzbewegung zugeführt werden sollten (vgl. Kap. VI), oder auf die Zurückdrängung der geistlichen Gerichtsbarkeit, wodurch Gerichtsverfahren an den Hof des Fürsten gezogen werden sollten. Auch die Rolle der Bischöfe in Entscheidungsprozessen beim Fürsten sowie in fürstlichen Kommissionen wurde zurückgedrängt. Der niedere Klerus und die Ordensleute sollten mit diesen Maßnahmen zu Untertanen des Landesherrn gemacht werden, die Bischöfe wenigstens die Aufsichts- und Kontrollkompetenzen des Landesherrn akzeptieren.

Nicht vergessen werden darf auch, dass Bischöfe und Äbte auch in weltlicher Herrschaftsfunktion standen und Territorien zu verwalten hatten. Diese Funktionen machten Bischofs- und Abtsposten natürlich auch als Versorgungsanstalten für den Adel attraktiv, zumal die Übertragung der Einkünfte bei gleichzeitiger Befreiung von Amtspflichten möglich war. Der niedere Klerus auf dem Land war dagegen materiell häufig schlecht ausgestattet und auf die Gebühren für geistliche Amtshandlungen ebenso angewiesen wie auf den Nebenerwerb durch Landwirtschaft oder eine Gaststätte.

5. Ekklesiologie

Das große abendländische Schisma und die Reformkonzilien des 15. Jahrhunderts hatten die grundsätzliche Frage aufgeworfen, ob der Papst oder das Konzil die oberste Autorität in der Kirche sei. Die vom Konstanzer Konzil im Jahr 1415 wohl eher als situative Maßnahme verkündete Oberhoheit des Konzils wurde vom Basler Konzil in die Praxis umgesetzt und als Glaubenswahrheit verkündet. So standen Papst und Konzil nun im Konflikt, den der Papst letztlich für sich entscheiden konnte. In der zweiten Hälfte des 15. Jahrhunderts wurde die Position des Papstes in der Kirche konsequent ausgebaut, was nicht zuletzt zur Folge hatte, dass bis 1511 kein weiteres Konzil mehr einberufen wurde. Darüber hinaus verbot Papst Pius II. (1458-1468) die Appellation an ein Konzil, das heißt: Ein von der Kurie abgewiesener Antragsteller durfte nicht das Konzil als höhere Instanz anrufen. Vielmehr wurde dieser Konziliarismus von Pius II. in die Nähe von Häresie gerückt. Dies bildet den Hintergrund für Martin Luthers Konzilsappellation und ihre Wahrnehmung durch die zeitgenössischen Theologen.

Als Papst Julius II. im Jahr 1511 das Fünfte Laterankonzil einberief, geschah dies nicht freiwillig, denn in Pisa tagte bereits auf Veranlassung des französischen Königs ein (freilich nur kleines) Konzil unter der Leitung einiger Kardinäle, das den Papst absetzen wollte. So stand Anfang des 16. Jahrhunderts nicht mehr – wie in Basel – ein Konzil gegen den Papst, sondern gewissermaßen Konzil gegen Konzil. Unter gewandelten politischen Vorzeichen konnte das Pisaner *conciliabulum* („Konzilchen") aufgelöst und seine Teilnehmer mit dem Papst versöhnt werden. Grundlegende Fragen blieben jedoch und sollten in der Reformationszeit wichtig werden: Wie ist das Verhältnis von Papst und Konzil zu denken? Welche Autorität kommt der Heiligen Schrift in der Kirche zu? ■

Auf einen Blick

Wo sich die Reformatoren des 16. Jahrhunderts von bestimmten Formen des Christlichen abgrenzten und eine „neue", „reformierte" oder „gereinigte" Kirchlichkeit propagierten, blieben sie doch häufig im spätmittelalterlichen Rahmen. In dieser Perspektive erscheint die Reformation weniger als Anti-Mittelalter bzw. Bruch mit der Vorgeschichte, sondern vielmehr als Aufgreifen und teilweise kreative Fortschreibung spätmittelalterlicher Gegebenheiten. Ebenso wenig wie für den Beginn wird man daher für das Ende des Mittelalters eine eindeutige Zäsur feststellen können.

Literaturhinweis

Decot, Rolf: Geschichte der Reformation in Deutschland, Freiburg 2015. *Überblick über die Reformationsgeschichte mit einem Blick ins Spätmittelalter; für ein breiteres Publikum.*

Hendrix, Scott H.: Recultivating the Vineyard. The Reformation Agendas of Christianization, Louisville/KY 2004. *Hendrix unterscheidet eine Reihe von „Agenden" in der Reformationszeit, die nicht schon die spätere Konfessionalisierung vorweg nehmen.*

Leppin, Volker: Die fremde Reformation. Luthers mystische Wurzeln, München 2016. *Exzellente Darstellung der theologischen Wurzeln Martin Luthers im späten Mittelalter für breiteres Publikum.*

Unterburger, Klaus: Unter dem Gegensatz verborgen. Tradition und Innovation in der Auseinandersetzung des jungen Martin Luther mit seinen theologischen Gegnern, Münster 2015. *Tiefschürfende Studie, die den historischen Ort von Luthers Theologie auszuloten versucht.*

Literaturverzeichnis

Einführende Überblickswerke

Bühler, Arnold u.a.: Das Mittelalter, Darmstadt 2004. *Vorwiegend politikhistorischer Überblick über Grundfragen der europäischen Geschichte im Mittelalter.*

Fried, Johannes: Das Mittelalter. Geschichte und Kultur, München ²2012.

Goetz, Hans-Werner: Proseminar Geschichte: Mittelalter, Stuttgart ⁴2014.

Hilsch, Peter: Das Mittelalter – die Epoche, Stuttgart 2012. *Sehr guter Überblick über die allgemeine mittelalterliche Geschichte, zur Einführung und zum Nachschlagen.*

Leppin, Volker: Geschichte des mittelalterlichen Christentums, Tübingen 2012. *Exzellente umfassende und quellennahe Darstellung mit ausführlicher Bibliographie.*

Meinhardt, Matthias u.a.: Oldenbourg Geschichte Lehrbuch Mittelalter, München ²2008.

Müller, Harald: Mittelalter, Berlin ²2015. *Einführung, die zeitübergreifende Strukturen mittelalterlicher Gesellschaften in den Mittelpunkt rückt.*

Schieffer, Rudolf: Christianisierungen und Reichsbildung. Europa 700–1200, München 2013.

Schneidmüller, Bernd: Grenzerfahrung und monarchische Ordnung. Europa 1200–1500, München 2011.

Weinfurter, Stefan: Das Reich im Mittelalter. Kleine deutsche Geschichte von 500 bis 1500, München 2008.

Handbücher, Lexika und Atlanten

Biographisch-Bibliographisches Kirchenlexikon, hg. v. Traugott Bautz, Nordhausen 1990ff. *Enthält Biographien und bibliographische Angaben zu Personen aus allen Epochen der Kirchengeschichte. Durch zahlreiche Nachtragsbände ist nur die (kostenpflichtige) online-Ausgabe wirklich benutzbar. Hier erscheinen auch bibliographische Nachträge.*

Die Geschichte des Christentums. Religion, Politik, Kultur, 14 Bde., Freiburg 1994–2004. *Umfassendes konfessionsübergreifendes Handbuch zur Geschichte des Christentums weltweit.*

Dinzelbacher, Peter (Hg.): Handbuch der Religionsgeschichte im deutschsprachigen Raum, Bd. 1: Altertum und Frühmittelalter, Paderborn 2011; Bd. 2: Hoch- und Spätmittelalter, Paderborn 2000.

Gebhardt – Handbuch der deutschen Geschichte, 10. Auflage, hg. v. Alfred Haverkamp, Bd. 1–8, Stuttgart 2003–2008. *Wichtigstes Handbuch zur deutschen Geschichte.*

Großer Historischer Weltatlas, hg. vom Bayerischen Schulbuch-Verlag, Bd. 2: Mittelalter, München 1970. *Detaillierter Atlas zu allen wesentlichen Themen der mittelalterlichen Geschichte.*

Hauschild, Wolf-Dieter / Drecoll, Volker Henning: Handbuch der Kirchen- und Dogmengeschichte, Bd. 1: Antike und Mittelalter, 5. vollst. überarb. Aufl., Gütersloh 2016.

Kaufmann, Thomas / Kottje, Raymund / Moeller, Bernd / Wolf, Hubert (Hgg.): Ökumenische Kirchengeschichte, Bd. 1: Von den Anfängen bis zum Mittelalter, Darmstadt 2006; Bd. 2: Vom Hochmittelalter bis zur Frühen Neuzeit, Darmstadt 2008. *Gesamtdarstellung der Kirchengeschichte, die in der Neuausgabe teilweise die Vorgängerausgabe (1970ff.) integriert.*

Lexikon des Mittelalters, 10 Bde., München/Stuttgart/Weimar 1980–1999. *Wichtigstes Lexikon für alle Themen des Mittelalters, stark faktenorientiert. Über die Hochschulbibliotheken ist oft auch die online-Ausgabe konsultierbar.*

Martin, Jochen (Bearb.): Atlas zur Kirchengeschichte, Freiburg ³1988, Sonderausgabe 2004. *Wichtiges Kartenmaterial zur gesamten Kirchengeschichte.*

Melville, Gert / Staub, Martial (Hgg.): Enzyklopädie des Mittelalters, 2 Bde., Darmstadt ²2013. *Kleiner dimensioniertes Nachschlagewerk, das auch die aktuelle Forschung spiegelt.*

Putzger – Historischer Weltatlas, hg. v. Ernst Bruckmüller / Peter Claus Hartmann, Berlin ¹⁰⁴2012. *Der klassische Schulatlas unter den historischen*

Atlanten mit einem Schwerpunkt in der politischen Geschichte und dem Verhältnis der Religionen. Für Bayern existiert eine eigene Ausgabe.

The New Cambridge Medieval History, 7 Bde., Cambridge 1995–2007. *Handbuch, das gerade durch seine Differenzen zur deutschsprachigen Forschungslandschaft interessant ist.*

Volkert, Wilhelm: Adel bis Zunft. Ein Lexikon des Mittelalters, München 1991. *Knappe Information zu wesentlichen Aspekten der mittelalterlichen Geschichte.*

Quellensammlungen

Corpus Christianorum – Series Latina und Continuatio Mediaevalis, Turnhout 1953ff. *Kritische Edition theologischer Texte der Antike und des Mittelalters. Über zahlreiche Universitätsbibliotheken online verfügbar in der „Library of Latin Texts".*

Corpus Scriptorum Ecclesiasticorum Latinorum, hg. von der Akademie der Wissenschaften Wien, Wien 1866ff. *Kritische Edition theologischer Texte mit Schwerpunkt in der Antike.*

Deutsche Geschichte in Quellen und Darstellungen, Bd. 1: 750–1250, hg. v. Wilfried Hartmann, Stuttgart 1995; Bd. 2: 1250–1495, hg. v. Jean-Marie Moeglin, Stuttgart 2000.

Fontes Christiani. *Lateinisch-deutsche Ausgabe theologischer Texte der Antike und des Mittelalters, mit guten Einführungen zu Inhalt, Autor und Kontext.*

Ausgewählte Quellen zur deutschen Geschichte des Mittelalters (Freiherr-vom-Stein-Gedächtnisausgabe), Darmstadt 1955ff. *Lateinisch-deutsche Ausgabe wesentlicher Quellen, teilweise in Auswahl.*

Lautemann, Wolfgang (Hg.): Geschichte in Quellen, Bd. 2: Mittelalter, München [3]1989. *Auszüge aus Quellentexten in Übersetzung, für den Gebrauch von Schülern und Studierenden.*

Mansi, Giovanni Domenico: Sacrorum conciliorum nova et amplissima collectio, 53 Bde., Paris 1901–1927 (ND Graz 1960). *Nachdruck und Erweiterung der von Mansi im 18. Jh. herausgegebenen Bände mit Texten aller Art aus der Konziliengeschichte.*

Migne, Jacques-Paul: Patrologiae cursus completus, Series latina, 221 Bde., Paris 1844ff. *Nachdrucke zahlreicher Texte in einer unkritischen und daher häufig fehlerhaften Ausgabe des 19. Jh. „Der Migne" bietet aber immer noch viele bislang nicht kritisch edierte Texte zur Theologie von der Antike bis ins frühe 13. Jahrhundert.*

Monumenta Germaniae Historica, Hannover 1826ff. *Kritische Edition mittelalterlicher Quellen auf dem jeweiligen Stand der Editionstechnik in verschiedenen Serien: Geschichtsschreiber, Briefe, Urkunden, Rechtstexte, einzelne Texte. Zahlreiche Bände sind digital verfügbar und mit Volltextsuche erschlossen: www.dmgh.de.*

Ritter, Adolf Martin u. a. (Hgg.): Kirchen- und Theologiegeschichte in Quellen, Bd. 2: Mittelalter, Neukirchen-Vluyn [5]2001. *Quellensammlung zur Kirchen- und Theologiegeschichte, die Quellen sind in teilweise nur kurzen Exzerpten wiedergegeben.*

Darstellungen zur mittelalterlichen Kirchengeschichte

Althoff, Gerd: „Selig sind, die Verfolgung ausüben". Päpste und Gewalt im Hochmittelalter, Darmstadt 2013. *Kontrovers diskutierte Monographie.*

Althoff, Gerd: Kontrolle der Macht. Formen und Regeln politischer Beratung im Mittelalter, Darmstadt 2016.

Althoff, Gerd: Die Ottonen – Königsherrschaft ohne Staat, Stuttgart [3]2012. *Politikhistorisch ausgerichtete Überblicksdarstellung.*

Althoff, Gerd (Hg.): Die Deutschen und ihr Mittelalter. Themen und Funktionen moderner Geschichtsbilder vom Mittelalter, Darmstadt 1992. *Aufsatzsammlung.*

Angenendt, Arnold: Das Frühmittelalter. Die abendländische Christenheit von 400 bis 900, Stuttgart 2001. *Standardwerk für alle Fragen der frühmittelalterlichen Kirchengeschichte.*

Angenendt, Arnold: Heilige und Reliquien, München [2]1997. *Umfassender Zugriff aus theologischer, historischer und anthropologischer Perspektive auf Heilige im Christentum.*

Arblaster, John / Faesen, Rob (Hgg.): A Companion to John of Ruusbroec, Leiden u. a. 2014. *Einführende Aufsätze zu einer der Gründergestalten der Devotio moderna.*

Bärsch, Jürgen: Kleine Geschichte des christlichen Gottesdienstes, Regensburg 2015.

Bayer, Axel: Spaltung der Christenheit. Das sogenannte Morgenländische Schisma von 1054, Köln u. a. ²2004. *Profunde Darstellung von Ursachen, konkreten Auslösern und Folgen des Schismas von 1054 bis ins 13. Jahrhundert.*

Becher, Matthias: Karl der Große, München ⁵2007. *Knappe Biographie aus der Reihe C. H. Beck Wissen.*

Becher, Matthias (Hg.): Der Dynastiewechsel von 751. Vorgeschichte, Legitimationsstrategien und Erinnerung, Münster 2004. *Aufsatzband, der das Umfeld des Herrscherwechsels aus zahlreichen Perspektiven beleuchtet.*

Bequette, John B. (Hg.): A Companion to Medieval Christian Humanism, Leiden u. a. 2016. *Einführende Aufsätze zu mittelalterlichen Philosophen und Theologen.*

Bihrer, Andreas: Der Konstanzer Bischofshof im 14. Jahrhundert. Herrschaftliche, soziale und kommunikative Aspekte, Ostfildern 2005. *Umfassende und profunde Fallstudie zu einem Bischofssitz des Spätmittelalters.*

Blumenthal, Uta-Renate: Gregor VII. Papst zwischen Canossa und Kirchenreform, Darmstadt 2001.

Borgolte, Michael u. a. (Hgg.): Mittelalter im Labor. Die Mediävistik testet Wege zu einer transkulturellen Europawissenschaft, Berlin 2008. *Der lesenswerte Aufsatzband befasst sich vor allem mit Wahrnehmung und Konflikt zwischen den monotheistischen Religionen im Hochmittelalter.*

Borgolte, Michael: Europa entdeckt seine Vielfalt, 1050–1250, Stuttgart 2002. *Studienbuch mit vergleichender europäischer Perspektive.*

Borst, Arno: Lebensformen im Mittelalter, Hamburg 2013. *In zahlreichen Auflagen erschienenes Werk von 1973, das sehr quellennah in Lebensformen und Alltag im Mittelalter einführt.*

Boshof, Egon: Die Vorstellung vom sakralen Königtum in karolingisch-ottonischer Zeit, in: Franz-Reiner Erkens (Hg.), Das frühmittelalterliche Königtum. Ideelle und religiöse Grundlagen, Berlin u. a. 2005, S. 331–358.

Brandt, Niels: Gute Ritter, böse Heiden. Das Türkenbild auf den Kreuzzügen (1095–1291), Köln u. a. 2016.

Browe, Peter: Die Eucharistie im Mittelalter. Liturgiehistorische Forschungen in kulturwissenschaftlicher Absicht, hg. v. Hubertus Lutterbach / Thomas Flammer, Münster ⁴2009.

Bruns, Peter / Gresser, Georg (Hgg.): Vom Schisma zu den Kreuzzügen 1054–1204, Paderborn 2005. *Die hier enthaltenen Aufsätze beleuchten v. a. Konfliktfelder zwischen westlicher und östlicher Christenheit.*

Bysted, Ane L.: The Crusade Indulgence. Spiritual Rewards and the Theology of the Crusades, c. 1095–1216, Leiden u. a. 2014. *Detaillierte Untersuchung des Kreuzzugsablasses.*

Congar, Yves: Die Lehre von der Kirche, Bd. 1: Von Augustinus bis zum Abendländischen Schisma; Bd. 2: Vom Abendländischen Schisma bis zur Gegenwart, Freiburg 1971. *Theologiehistorische Darstellung zur Ekklesiologie mit gutem Überblick über die einschlägigen Autoren und Werke.*

Dassmann, Ernst: Die Anfänge der Kirche in Deutschland. Von der Spätantike bis zur frühfränkischen Zeit, Stuttgart u. a. 1993.

Decaluwe, Michiel u. a. (Hgg.): A Companion to the Council of Basel, Leiden u. a. 2016. *Einführende Aufsätze zum kontroversesten Konzil des Mittelalters.*

Demurger, Alain: Die Templer. Aufstieg und Niedergang 1120–1314, München 2007.

Dirlmeier, Ulf (u. a.): Europa im Spätmittelalter 1215–1378 (OGG 8), München ²2009. *Überblicksartiges Lehrbuch.*

Eberl, Immo: Die Zisterzienser. Geschichte eines europäischen Ordens, Ostfildern ²2007.

Eco, Umberto: Kunst und Schönheit im Mittelalter, Darmstadt 2002. *Quellennaher Essay, der philosophisch-theologische Aussagen mittelalterlicher Denker reflektiert. Anregend für die Betrachtung mittelalterlicher Kunst.*

Eich, Peter: Gregor der Große. Bischof von Rom zwischen Antike und Mittelalter, Paderborn 2016.

Feld, Helmut: Die Franziskaner, Stuttgart 2008. *Knapper Überblick über die Ordensgeschichte.*

Feld, Helmut: Franziskus, München ³2013. *Knappe Biographie in der Reihe C.H. Beck Wissen.*

Feld, Helmut: Franziskus von Assisi, der Namenspatron des Papstes, Darmstadt ³2014. *Bearbeitete Neuausgabe der wissenschaftlichen Franziskus-Biographie des Autors von 1994.*

Flasch, Kurt: Das philosophische Denken im Mittelalter. Von Augustin bis Macchiavelli, Stuttgart ²2001.

Flasch, Kurt: Einführung in die Philosophie des Mittelalters, Darmstadt ³1994.

Fraeters, Veerle / de Gier, Imke (Hgg.): Mulieres Religiosae. Shaping Female Spiritual Authority in the Medieval and Early Modern Periods, Turnhout 2014.

Fried, Johannes: Die Formierung Europas (840–1046) (OGG 6), München ³2008. *Überblicksartiges Lehrbuch.*

Fried, Johannes: Der Weg in die Geschichte (bis 1024) (Propyläen Geschichte Deutschlands 1), Berlin 1994. *Ausführliche und bei Erscheinen aufgrund des Stils stark diskutierte Darstellung.*

Füllenbach, Elias H. (Hg.): Mehr als Schwarz und Weiß. 800 Jahre Dominikanerorden, Regensburg 2016.

Giese, Wolfgang: Die Goten, Stuttgart 2004. *Überblicksdarstellung.*

Goetz, Hans-Werner: Die Wahrnehmung anderer Religionen und christlich-abendländisches Selbstverständnis im frühen und hohen Mittelalter (5.–12. Jahrhundert), Berlin 2013.

Goetz, Hans-Werner: Gott und die Welt. Religiöse Vorstellungen des frühen und hohen Mittelalters, bislang 3 Bde., Berlin 2011–2016.

Goetz, Hans-Werner: Europa im frühen Mittelalter, 500–1050, Stuttgart 2003. *Studienbuch mit vergleichender europäischer Perspektive.*

Goez, Werner: Kirchenreform und Investiturstreit 910–1122, bearb. v. Elke Goez, Stuttgart ²2008. *Überblicksdarstellung.*

Grünbart, Michael: Das Byzantinische Reich, Darmstadt 2013. *Übersichtliches Studienbuch.*

Hackett, Jeremiah (Hg.): A Companion to Meister Eckhart, Leiden u.a. 2012. *Einführende Aufsätze zu einem der wichtigsten spätmittelalterlichen Mystiker.*

Hamilton, Bernard: Die christliche Welt des Mittelalters. Der Osten und der Westen, Darmstadt 2004. *Vergleichender Überblick über die Geschichte der westlichen und der östlichen Christenheit im Mittelalter, einschließlich Afrika und Asien.*

Hammond, Jay M. u.a. (Hgg.): A Companion to Bonaventure, Leiden u.a. 2013. *Einführende Aufsätze zum wichtigsten Franziskaner-Theologen des Hochmittelalters.*

Harder, Clara: Pseudoisidor und das Papsttum. Funktion und Bedeutung des apostolischen Stuhls in den pseudoisidorischen Fälschungen, Köln u.a. 2014. *Grundlegende Darstellung der pseudoisidorischen Dekretalen und ihrer Bedeutung für die Struktur der Kirche.*

Hartmann, Martina: Die Merowinger, München 2012. *Knappe Darstellung der Reihe C.H. Beck Wissen.*

Hartmann, Wilfried: Der Investiturstreit, München ³2007. *Knappes Studienbuch mit Diskussion der Forschungsgeschichte.*

Hartmann, Wilfried: Karl der Große, Stuttgart 2010. *Überblick über Biographie und Kontext.*

Hartmann, Wilfried: Kirche und Kirchenrecht um 900, München 2008. *Exzellenter Überblick über das Verhältnis von Kirche und Recht.*

Hasberg, Wolfgang / Scheidgen, Hermann-Josef (Hgg.): Canossa. Aspekte einer Wende, Regensburg 2012.

Haverkamp, Alfred / Birk, Karin (Hgg.): Europas Juden im Mittelalter, Ostfildern-Ruit 2004. *Katalog mit Essays zur gleichnamigen Ausstellung in Speyer.*

Haverkamp, Alfred (Hg.): Juden und Christen zur Zeit der Kreuzzüge, Sigmaringen 1999.

Heinzle, Joachim (Hg.): Das Mittelalter in Daten. Literatur, Kunst, Geschichte 750–1520, Stuttgart 2002. *Datensammlung zum Nachschlagen.*

Heinzmann, Richard: Philosophie des Mittelalters, Stuttgart ³2008.

Herbers, Klaus: Geschichte der Päpste in Mittelalter und Renaissance, Stuttgart 2014. *Übersichtliche Darstellung für breiteres Publikum.*

Herbers, Klaus: Christen und Muslime im 9. Jahrhundert in Italien und Spanien. Gewalt und Kontakt, Konzeptualisierung und Wahrnehmung, in: Historische Zeitschrift 301/1 (2015), S. 1–30.

Hien, Hannah: Das Beginenwesen in fränkischen und bayerischen Bischofsstädten, Stegaurach 2013.

Holzem, Andreas (Hgg.), Kriegserfahrung im Christentum. Religiöse Gewalttheorien in der Geschichte des Westens, Paderborn u.a. 2009. *Enthält u.a. Aufsätze zu den Kreuzzügen und ihrer Legitimation.*

Hornbeck II, J. Patrick (Hg.): A Companion to Lollardy, Leiden u. a. 2016. *Einführende Aufsätze zur religiösen Bewegung der Lollarden im spätmittelalterlichen England.*

Houben, Hubert: Kaiser Friedrich II. (1194–1250). Herrscher, Mensch, Mythos, Stuttgart 2008. *Überblick über Biographie und Kontexte.*

Jakobs, Hermann: Kirchenreform und Hochmittelalter (OGG 7), München [4]1999. *Überblicksartiges Lehrbuch.*

Jaspert, Nikolas: Ein Polymythos: Die Kreuzzüge, in: Helmut Altrichter (Hg.), Mythen in der Geschichte, Freiburg 2004, S. 203–235.

Jezler, Peter (Hg.): Himmel, Hölle, Fegefeuer. Das Jenseits im Mittelalter, München [2]1994. *Ausstellungskatalog mit viel Bildmaterial und wichtigen Aufsätzen zu theologie- und frömmigkeitsgeschichtlichen Aspekten des „Jenseits", greift in die Frühe Neuzeit aus.*

Kaylor, Noel Harold Jr. / Phillips, Philip Edward (Hgg.): A Companion to Boethius in the Middle Ages, Leiden u. a. 2012. *Einführende Aufsätze zu einer Brückengestalt zwischen Antike und Mittelalter.*

Keller, Hagen: Zwischen regionaler Begrenzung und universalem Horizont (1024–1250) (Propyläen Geschichte Deutschlands 2), Berlin 1986. *Ausführliche und solide Darstellung.*

Kerner, Max: Karl der Große. Entschleierung eines Mythos, Köln u. a. 2000.

Kerner, Max / Herbers, Klaus: Die Päpstin Johanna. Biographie einer Legende, Köln u. a. 2010 (ND Freiburg 2011). *Wissenschaftlich fundierter Zugang zur berühmtesten Papstlegende des Mittelalters.*

Kienzle, Beverly M. u. a. (Hgg.): A Companion to Hildegard of Bingen, Leiden u. a. 2013. *Einführende Aufsätze zur bemerkenswertesten weiblichen Theologin des Mittelalters.*

Kintzinger, Martin: Wissen wird Macht. Bildung im Mittelalter, Ostfildern 2003. *Für breiteres Publikum geschriebene Darstellung der Arten, Bildung zu erwerben.*

Körntgen, Ludger / Waßenhoven, Dominik (Hgg.): Patterns of Episcopal Power. Bishops in Tenth and Eleventh Century Western Europe. Strukturen bischöflicher Herrschaftsgewalt im westlichen Europa des 10. und 11. Jahrhunderts, Berlin 2011. *Aufsatzband, der die europäische Perspektive für die Zeit vor dem Investiturstreit eröffnet.*

Körntgen, Ludger: Ottonen und Salier, Darmstadt [4]2013. *Übersichtliches Studienbuch zu einer auch kirchenhistorisch relevanten Umbruchzeit.*

Körntgen, Ludger: Heidenkrieg und Bistumsgründung. Glaubensverbreitung als Herrscheraufgabe bei Karolingern und Ottonen, in: Andreas Holzem (Hg.), Kriegserfahrung im Christentum. Religiöse Gewalttheorien in der Geschichte des Westens, Paderborn u. a. 2009, S. 281–304.

Kotzur, Hans-Jürgen (Hrsg.), Die Kreuzzüge. Kein Krieg ist heilig, Mainz 2004. *Katalog mit Essays zu einer Ausstellung in Mainz.*

Kruppa, Nathalie / Zygner, Leszek (Hgg.): Partikularsynoden im späten Mittelalter, Göttingen 2006. *Aufsatzband zu einem weniger erforschten Gebiet.*

Laudage, Christiane: Kampf um den Stuhl Petri. Die Geschichte der Gegenpäpste, Freiburg 2012. *Für ein breites Publikum geschriebene Darstellung, stellenweise verkürzend.*

Laudage, Johannes: Gregorianische Reform und Investiturstreit, Darmstadt 1993. *Sehr gute Darstellung der verschiedenen Felder der Reform im 11. Jahrhundert.*

Laudage, Johannes / Schrör, Matthias (Hgg.): Der Investiturstreit. Quellen und Materialien, Köln [2]2006. *Reichhaltige Quellensammlung zur Investiturfrage und zum Konflikt zwischen Kaisern und Päpsten. Es sollte freilich nur die (korrigierte) zweite Auflage benutzt werden.*

Lentes, Thomas: Ereignis und Repräsentation. Ein Diskussionsbeitrag zum Verhältnis von Liturgie und Bild im Mittelalter, in: Barbara Stollberg-Rilinger / Thomas Weißbrich (Hgg.), Die Bildlichkeit symbolischer Akte, Münster 2010, S. 155–184.

Leppin, Hartmut: Das Erbe der Antike, München 2010. *Überblicksdarstellung zur Geschichte der Antike und ihrer Prägung der Geschichte Europas.*

Levy, Ian C. u. a. (Hgg.): A Companion to the Eucharist in the Middle Ages, Leiden u. a. 2011. *Einführende Aufsätze zu Theologie, Liturgie, Frömmigkeit und Kunst.*

Levy, Ian C. (Hg.): A Companion to John Wyclif. Late Medieval Theologian, Leiden u. a. 2006. *Einführende Aufsätze zu einem kontrovers diskutierten spätmittelalterlichen Theologen.*

Lilie, Ralph-Johannes: Einführung in die byzantinische Geschichte, Stuttgart 2007. *Überblicksdarstellung.*

Lilie, Ralph-Johannes: Byzanz und die Kreuzzüge, Stuttgart 2004. *Überblicksdarstellung.*

Lilie, Ralph-Johannes: Byzanz. Das zweite Rom, Berlin 2003. *Standardwerk zur byzantinischen Geschichte bis 1453.*

Lutz-Bachmann, Matthias / Fidora, Alexander (Hgg.): Juden, Christen und Muslime. Religionsdialoge im Mittelalter, Darmstadt 2004. *Aufsatzband mit Beiträgen zu Religionsdialogen und ihrem jeweiligen Kontext.*

Mayer, Hans Eberhard: Geschichte der Kreuzzüge, Stuttgart ^{10}2005. *Ereignisgeschichtliches Standardwerk.*

Mazal, Otto: Geschichte der abendländischen Wissenschaft des Mittelalters, 2 Bde., Graz 2006. *Handbuch zu einem breiten Spektrum wissenschaftlichen Arbeitens im Mittelalter.*

McGinn, Bernard: Die Mystik im Abendland, 5 Bde., Freiburg 1994–2016. *Standardwerk zur Mystik als Theologie von der Antike bis ins Spätmittelalter.*

McGuire, Brian Patrick (Hg.): A Companion to Jean Gerson, Leiden u. a. 2006. *Einführende Aufsätze zu einem der wichtigsten spätmittelalterlichen Theologen.*

McGuire, Brian Patrick (Hg.): A Companion to Bernard of Clairvaux, Leiden u. a. 2011. *Einführende Aufsätze zu Theologie und Verflechtung Bernhards.*

McKitterick, Rosamond: Karl der Grosse, Darmstadt 2008.

Meier, Mischa / Patzold, Steffen (Hgg.): Chlodwigs Welt. Organisation von Herrschaft um 500, Stuttgart 2014.

Melville, Gert: Frommer Eifer und methodischer Betrieb. Beiträge zum mittelalterlichen Mönchtum, Köln u. a. 2014. *Sammlung von Aufsätzen eines der wichtigsten Ordenshistoriker der Gegenwart.*

Meuthen, Erich: Das 15. Jahrhundert, überarb. von Claudia Märtl (OGG 9), München ^{5}2012. *Überblicksartiges Lehrbuch.*

Militzer, Klaus: Die Geschichte des Deutschen Ordens, Stuttgart ^{2}2012.

Moraw, Peter, Von offener Verfassung zu gestalteter Verdichtung (1250–1490) (Propyläen Geschichte Deutschlands 3), Berlin 1985. *Ausführliche Darstellung.*

Morris, Colin: The Papal Monarchy. The Western Church from 1050 to 1250, Oxford 1989. *Papst- und ordensgeschichtlich ausgerichtete Darstellung, mit einem Schwerpunkt auf Verfassung und Recht der Kirche.*

Müller, Harald / Hotz, Brigitte (Hgg.): Gegenpäpste. Ein unerwünschtes mittelalterliches Phänomen, Köln u. a. 2012.

Müller, Heribert: Die kirchliche Krise des Spätmittelalters. Schisma, Konziliarismus und Konzilien (EdG 90), München 2012. *Knappes Studienbuch mit Diskussion der Forschung.*

Murray, Alexander Callander (Hg.): A Companion to Gregory of Tours, Leiden u. a. 2015. *Einführende Aufsätze zu einem der wichtigsten frühmittelalterlichen Geschichtsschreiber.*

Neil, Bronwen / Dal Santo, Matthew (Hgg.): A Companion to Gregory the Great, Leiden u. a. 2013. *Einführende Aufsätze zu einem der letzten Kirchenväter und ersten mittelalterlichen Papst.*

Nelson, Janet L.: Religion and Politics in the Reign of Charlemagne, in: Körntgen, Ludger / Waßenhoven, Dominik (Hgg.), Religion und Politik im Mittelalter. Deutschland und England in Vergleich, Berlin / Boston 2013, S. 17–29.

Nipperdey, Thomas: Die Aktualität des Mittelalters. Über die historischen Grundlagen der Modernität, in: Geschichte in Wissenschaft und Unterricht 32 (1981), S. 424–431.

Noble, Thomas F. X.: Carolingian Religion, in: Church History 84 (2015), S. 287–307. *Studie zur Religiosität im 8. und 9. Jahrhundert.*

North, Michael: Europa expandiert: 1250–1500, Stuttgart 2007. *Studienbuch mit vergleichender europäischer Perspektive.*

Oberste, Jörg: Visitation und Ordensorganisation: Formen sozialer Normierung, Kontrolle und Kommunikation bei Cisterziensern, Prämonstratensern und Cluniazensern, Münster 1996.

Oberste, Jörg: Der „Kreuzzug" gegen die Albigenser, Darmstadt 2003.

Oberste, Jörg: Zwischen Heiligkeit und Häresie: Religiosität und sozialer Aufstieg städtischer Eliten im hohen Mittelalter, 2 Bde., Köln 2003.

Ohler, Norbert: Die Kathedrale – Religion, Politik, Architektur. Eine Kulturgeschichte, Düsseldorf 2007.

Ohler, Norbert: Sterben und Tod im Mittelalter, Düsseldorf 2003. *Mentalitäts- und alltagsgeschichtliche Darstellung.*

Paravicini Bagliani, Agostino: Der Leib des Papstes. Eine Theologie der Hinfälligkeit, München 1997. *Grundlegende Monographie zu Theologie und Liturgie des mittelalterlichen Papsttums.*

Peters, Greg / Anderson, C. Colt (Hgg.): A Companion to Priesthood and Holy Orders in the Middle Ages, Leiden u. a. 2015. *Einführende Aufsätze zum Klerus, besonders dem Priestertum.*

Pohle, Frank (Hg.): Karl der Große – Orte der Macht (Ausst.-Kat. Aachen 2014), 2 Bde., Dresden 2014.

Prudlo, Donald S. (Hg.): The Origin, Development and Refinement of Medieval Religious Mendicancies, Leiden u. a. 2011. *Aufsatzband, der v. a. die Entstehung der Franziskaner und ihren Hintergrund in den Fokus rückt.*

Resnick, Irven M. (Hg.): A Companion to Albert the Great. Theology, Philosophy and the Sciences, Leiden u. a. 2012. *Einführende Aufsätze zu einem bahnbrechenden Theologen des Hochmittelalters.*

Rollo-Koster, Joëlle / Izbicki, Thomas M. (Hgg.): A Companion to the Great Western Schism (1378–1417), Leiden u. a. 2009. *Einführende Aufsätze zu Entstehung, Entwicklung und Bewältigung des Großen Abendländischen Schismas.*

Ryan, Michael A. (Hg.): A Companion to the Premodern Apocalypse, Leiden u. a. 2016. *Einführende Aufsätze zu apokalyptischen Ideen und der Auslegung der Offenbarung des Johannes im Mittelalter.*

Schatz, Klaus: Allgemeine Konzilien. Brennpunkte der Kirchengeschichte, Paderborn ²2008. *Knappe Überblicksdarstellung zur Konziliengeschichte von den Anfängen bis ins 20. Jh.*

Schild, Stefanie: Der Investiturstreit in England, Husum 2015. *Untersuchung des englischen Investiturstreits, der sich vom deutschen teils deutlich unterscheidet.*

Schilp, Thomas: Norm und Wirklichkeit religiöser Frauengemeinschaften im Frühmittelalter. Die Institutio sanctimonialium Aquisgranensis des Jahres 816 und die Problematik der Verfassung von Frauenkommunitäten, Göttingen 1998.

Schmidt, Bernward: Heilig bis heidnisch. Aspekte der Frömmigkeit zur Zeit Karls des Großen, in: Frank Pohle (Hg.), Karl der Große – Orte der Macht, Bd. 2: Essays, Dresden 2014, S. 370–379. *Knappe Einführung in die Frömmigkeit des Frühmittelalters.*

Schmidt, Bernward: Synodus in Spiritu Sancto legitime congregata. Zur Liturgie konziliarer Sessionen im Spätmittelalter, in: Thomas Honnegger u. a. (Hgg.), Gottes Werk und Adams Beitrag. Formen der Interaktion zwischen Mensch und Gott im Mittelalter, Berlin 2014, S. 298–310. *Deutung der Liturgie als Konstitutivum von Konzilien.*

Schneider, Reinhard: Das Frankenreich (OGG 5), München ⁴2001. *Überblicksartiges Lehrbuch.*

Scholz, Sebastian: Die Merowinger, Stuttgart 2000. *Überblick über das Frankenreich vor 751.*

Schreiner, Peter: Byzanz 565–1453 (OGG 22), München ⁴2011.

Schubert, Ernst: Einführung in die Grundprobleme der deutschen Geschichte im Spätmittelalter, Darmstadt 1992.

Seidl, Horst: Einführung in die Philosophie des Mittelalters. Hauptprobleme und Lösungen dargelegt anhand der Quellentexte, Freiburg 2014.

Seitz, Annette: Das lange Ende der Kreuzfahrerreiche in der Universalchronistik des lateinischen Europa (1187–1291), Husum 2010. *Untersuchung der Wahrnehmung des Scheiterns der Kreuzzüge im lateinischen Westen.*

Sieber-Lehmann, Claudius: Papst und Kaiser als Zwillinge? Ein anderer Blick auf die Universalgewalten im Investiturstreit, Köln u. a. 2015.

Sisson, Keith / Larson, Atria A. (Hgg.): A Companion to the Medieval Papacy. Growth of an Ideology and Institution, Leiden u. a. 2016. *Einführende Aufsätze zum Papsttum des Hochmittelalters (ca. 1000–1300).*

Šmahel, František (Hg.): A Companion to Jan Hus, Leiden u. a. 2015. *Einführende Aufsätze zu Hus, seiner Theologie und seinem Prozess.*

Stansbury, Robert J. (Hg.): A Companion to Pastoral Care in the Late Middle Ages (1200–1500), Leiden u. a. 2010. *Einführende Aufsätze zu Theorie und Praxis der Seelsorge.*

Stiegemann, Christoph u. a. (Hgg.): Canossa 1077 – Erschütterung der Welt. Geschichte, Kunst und Kultur am Aufgang der Romanik, München 2006. *Essays und Katalog zur gleichnamigen Ausstellung in Paderborn.*

Steckel, Sita: Kulturen des Lehrens im Früh- und Hochmittelalter. Autorität, Wissenskonzepte und Netzwerke von Gelehrten, Köln u. a. 2011.

Stiegemann, Christoph / Wemhoff, Matthias (Hgg.): Canossa 1077 – Erschütterung der Welt. Geschichte, Kunst und Kultur am Aufgang der Romanik, 2 Bde., München 2006. *Katalog und Essayband zur gleichnamigen Ausstellung in Paderborn. Die Essays stellen zahlreiche Aspekte von Kirche, Königtum und Kultur im 11. Jahrhundert in übersichtlicher Form dar.*

Stratmann, Martina: Hinkmar von Reims als Verwalter von Bistum und Kirchenprovinz, Sigmaringen 1991. *Einführend zu einem der wichtigsten Bischöfe der Karolingerzeit.*

Suckale, Robert: Die mittelalterlichen Damenstifte als Bastionen der Frauenmacht, Köln 2001.

Swanson, Robert N.: The Routledge History of Medieval Christianity. 1050–1500, London 2015. *Strukturen, Praktiken und Ideen der mittelalterlichen Christenheit werden in thematisch sortierten Aufsätzen präsentiert.*

Tellenbach, Gerd: Libertas. Kirche und Weltordnung im Zeitalter des Investiturstreites, Stuttgart 1936 (ND 1996). *Wichtiger Klassiker, der teilweise von der Forschung überholt, aber immer noch sehr anregend ist.*

Toch, Michael: Die Juden im mittelalterlichen Reich (EdG 44), München ²2003.

Unterburger, Klaus: Die bischöfliche Vollmacht im Mittelalter und in der Neuzeit, in: Sabine Demel / Klaus Lüdicke (Hgg.), Zwischen Vollmacht und Ohnmacht. Die Hirtengewalt des Diözesanbischofs und ihre Grenzen, Freiburg 2015, S. 65–89.

van Rhijn, Carine / Patzold, Steffen (Hgg.): Men in the Middle. Local Priests in Early Medieval Europe, Berlin 2016.

Voigt, Jörg / Schmidt, Bernward (Hgg.): Das Beginenwesen in Spätmittelalter und Früher Neuzeit, Stuttgart 2015.

Wallace-Hadrill, J. M.: The Frankish Church, Oxford 1983. *Chronologisch-problemorientierter Überblick über die Kirchengeschichte im Frankenreich vom 5. bis ins ausgehende 9. Jahrhundert.*

Walter, Peter: Universität und Theologie im Mittelalter, in: Internationale Katholische Zeitschrift Communio 42 (2013), S. 127–137.

Weinfurter, Stefan: Canossa. Die Entzauberung der Welt, München 2006. *Übersichtliche Darstellung von Ereignissen und gedanklichen Hintergründen des Kaiser-Papst-Konflikts.*

Weinfurter, Stefan: Das Jahrhundert der Salier, Ostfildern 2004.

Weinfurter, Stefan: Salzburger Bistumsreform und Bischofspolitik im 12. Jahrhundert. Der Erzbischof Konrad I. von Salzburg (1106–1147) und die Regularkanoniker, Böhlau, Köln/Wien 1975.

Wickham, Chris: Framing the Early Middle Ages. Europe and the Mediterranean 400–800, Oxford 2005.

Wickham, Chris: The Inheritance of Rome. A History of Europe from 400 to 1000, London 2010.

Wilson, Gordon A. (Hg.): A Companion to Henry of Ghent, Leiden u. a. 2010. *Einführende Aufsätze zu einem wichtigen spätmittelalterlichen Theologen.*

Online-Ressourcen (Stand: Oktober 2016)

www.mittelalterliche-geschichte.de *Einführung in die mittelalterliche Geschichte an der Universität Augsburg*

http://www.mittelalter.uni-tuebingen.de/?q=tutorium/ *Der Klassiker unter den online-Tutorien mit vielen nützlichen Hinweisen zum wissenschaftlichen Arbeiten*

www.dmgh.de *Digitale Ausgabe der Monumenta Germaniae Historica mit Volltextsuche (noch nicht vollständig)*

Namensregister

Abaelard 117, 124
Adalbero, Bischof von Laon 11
Adalbert, Bischof von Prag 40
Adalbert von Calw 85
Aethelbert, König von Kent 24
Agnes, Kaiserin 45, 59
Alanus von Lille 101
Alberich, Abt von Cîteaux 86
Albertus Magnus 126, 129
Alexander III., Papst 47, 48, 50
Alexander V., Papst 76
Al-Kamil, Sultan 112
Alkuin 29, 37, 120f., 135
Amalarius von Metz 120
Ambrosius, Bischof von Mailand 13–15
Anaklet II., (Gegen-)Papst 47, 71
Anna, Heilige 135
Anne, englische Königin 129
Anno, Erzbischof von Köln 45
Anselm von Canterbury 123, 124
Ansgar, Bischof von Hamburg 30
Aristoteles 116, 125–128, 131
Arnold von Brescia 97
Athenagoras, Patriarch von Konstantinopel 43
Atto, Bischof von Mailand 45
Augustinus, Bischof von Hippo 67, 87, 92, 98, 108, 121, 122, 126, 127, 130, 131
Augustinus, Erzbischof von Canterbury 24, 67
Autharis, Langobardenkönig 22
Averroes, Philosoph 116, 126
Avicenna, Philosoph 116

Benedikt von Aniane 83
Benedikt IX., Papst 42
Benedikt von Nursia 16, 82
Benedikt X., Papst 43
Benedikt XIII., (Gegen-)Papst 76
Berengar von Tours 64, 70
Bernhard, Abt von Clairvaux 32, 47, 50, 87, 88, 108, 110, 113, 124, 142
Bernward, Bischof von Hildesheim 58, 137
Bertha, Königin von Kent 24
Bismarck, Otto von 46
Boethius 119
Bolesław Chrobry, polnischer König 40
Bonaventura 127
Bonifatius, Missionar, Erzbischof von Mainz 20, 27, 28, 35, 68, 83, 134
Bonifaz VIII., Papst 49, 50, 51, 74, 75, 140
Bruno, Erzbischof von Köln 80, 89
Burchard, Bischof von Worms 58

Caetani, Benedetto, s. Bonifaz VIII. 50
Caesarius, Bischof von Arles 81
Calixt II., Papst 61
Cassiodor 120
Cellarius, Christoph 9
Cicero 130
Childerich III., fränkischer König 35
Chlodwig, fränkischer König 9, 20, 22, 25, 26, 29, 33, 67, 133
Chrodechilde, fränkische Königin 25
Chrodegang von Metz 28, 35, 56, 88
Clemens II., Papst 42
Clemens III., (Gegen-)Papst 46
Clemens V., Papst 34, 51, 74, 114
Clemens VII., (Gegen-)Papst 52
Cölestin V., Papst 50
Colonna, Sciarra 52, 76
Columba (d. Ä.) 22, 24
Columban (d. J.) 26, 27, 82, 83

Damasus II., Papst 42
Diego de Acebo, Bischof von Osma 91
Dionysius Areopagita 119, 126
Dominikus de Guzman 91, 101
Duns Scotus, Franziskaner 127, 128

Ebo, Bischof von Reims 30
Einhard 36, 120
Emmeram, Bischof von Regensburg 27, 41
Erasmus von Rotterdam 130, 145
Etienne Tempier, Bischof von Paris 127
Eugen III., Papst 48, 87, 108, 110
Eugen IV., Papst 78
Eusebius, Bischof von Nikomedien 21
Eusebius von Vercelli 87

Felix V., (Gegen-)Papst 78
Ficino, Marsilio 130
Franziskus von Assisi 90, 91, 97, 112
Fredegar 25
Friedrich I. Barbarossa, Kaiser 34, 47, 48, 110
Friedrich II., Kaiser 49, 73, 110, 112
Friedrich von Lothringen 42
Fulrad von St. Denis 28

Gallus 27
Gaunilo von Marmoutiers 123
Gelasius I., Papst 15
Gerson, Jean 142
Géza, ungarischer König 32
Gottfried, Bischof von Mailand 45

Namensregister

Gottschalk von Aachen 47, 121, 122
Gratian 49, 100, 131
Gregor I. d. Gr., Papst 24, 138
Gregor II., Papst 27
Gregor VI., Papst 42
Gregor VII., Papst 34, 42–47, 50, 59, 70
Gregor IX., Papst 49, 92, 102, 112
Gregor XI., Papst 52
Gregor XII., Papst 76
Gregor, Bischof von Tours 25, 26, 113
Gregor von Rimini 129
Guigo, Prior 89
Gundekar, Bischof von Eichstätt 59

Hadrian I., Papst 36
Hadrian IV., Papst 48
Harald Blauzahn, dänischer König 20, 30
Heinrich I., deutscher König 30, 39
Heinrich II., Kaiser 41, 58, 85
Heinrich III., Kaiser 39, 42, 58, 70
Heinrich IV., Kaiser 45–47, 59, 60, 106
Heinrich V., Kaiser 46, 60, 61
Heinrich VI., Kaiser 48
Heinrich VII., Kaiser 52
Heinrich von Segusia 109
Heinrich von Gent 127
Helena, römische Kaiserin 135
Hildebrand, s. Gregor VII.
Hinkmar, Erzbischof von Reims 39, 57
Honorius II., Papst 47
Honorius III., Papst 91
Hrabanus Maurus 121, 122
Hugo, Abt von Cluny 83
Hugo Candidus 42
Hugo von Payens 113
Hugolino, Bischof von Ostia 90
Humbert von Silva Candida 42, 43, 59, 60
Hus, Jan 77, 103, 129

Innozenz II., Papst 47
Innozenz III., Papst 48, 50, 72, 98, 101, 109, 112
Innozenz IV., Papst 73, 92
Irene, byzantinische Kaiserin 37
Isidor, Bischof von Sevilla 21
Istvan (Stephan), ungarischer König 32

Johannes Buridan 129
Johannes Cassian 16, 81, 85
Johannes de Plano Carpini 73
Johannes XII., Papst 40
Johannes XXII., Papst 52, 94, 103
Johannes XXIII., (Gegen-)Papst 76
Johannes Scotus Eriugena 121
Juan de Torquemada 104

Justin I., Papst 68
Justinian, oströmischer Kaiser 14, 18, 22, 68

Karl d. Gr., fränkischer König und Kaiser 20, 29, 30, 34, 36–39, 54, 56, 57, 69, 83, 120, 121, 135, 136
Karl der Kahle, westfränkischer König 121
Karl IV., Kaiser 52
Karl von Anjou 49, 50
Karlmann, fränkischer König 36, 68
Kilian 27
Klara von Assisi 91
Konrad II., Kaiser 58
Konrad von Salzburg, Bischof 88
Konstantin I. d. Gr., römischer Kaiser 9, 12–14, 24, 25, 36, 37, 41, 135
Konstantinos, s. Methodius
Konstanze, Königin von Sizilien 48
Korbinian 27, 28

Lanfranc 123
Leibniz, Gottfried Wilhelm 61
Leo I., Papst 22
Leo III., Papst 36, 37
Leo VIII., Papst 40
Leo IX., Papst 42, 43, 70, 85
Leo X., Papst 95
Liemar, Bischof von Bremen 44
Llull, Ramon 117
Lothar I., Kaiser 38
Lothar II., fränkischer König 39
Lucius III., Papst 98, 100
Ludwig der Fromme, fränkischer König 30, 37, 38, 57, 83
Ludwig IV., Kaiser 52, 94
Ludwig IX., französischer König 112
Lupus von Ferrières 121
Luther, Martin 95, 144–147

Maria Magdalena 136
Marie von Oignies 93
Martin von Tours 16
Mechthild von Magdeburg 93
Meister Eckhart 93, 103
Melville, Gert 95
Merowech, fränkischer König 26
Methodios, Missionar 31
Michael VIII. Palaiologos, Kaiser 73
Mieszko I., polnischer König 32
Moses Maimonides, Philosoph 116

Nikolaus I., Papst 39
Nikolaus II., Papst 43
Nikolaus V., Papst 78
Nikolaus von Kues 117
Nikolaus von Lyra 130
Norbert von Xanten 80, 88, 110

Namensregister

Odilo, Abt von Cluny 83
Origenes 130
Otto I. d. Gr., Kaiser 30–32, 34, 39, 40, 57, 70
Otto II., Kaiser 34, 40
Otto III., Kaiser 32, 40

Paschalis II., Papst 61, 70, 87
Paschasius Radbertus 121, 122
Patrick, Missionar 22, 23
Paul VI., Papst 43
Paulinus 24
Paulus, Apostel 15, 145
Paulus Diaconus 120
Pectarit, Langobardenkönig 22
Peter von Amiens 109
Petrarca, Francesco 130
Petrus, Apostel 37, 40, 44, 45
Petrus Cantor 101
Petrus Damiani 42, 60
Petrus Lombardus 125
Petrus Venerabilis 84, 124
Pico della Mirandola, Giovanni 130
Pierre d'Ailly 76
Pierre de Castelnau 101
Pippin der Jüngere, fränkischer König 35, 36, 56
Pirmin 27

Ratramnus 121, 122
Rekkared, König der Westgoten 20, 21, 67
Remigius, Bischof von Reims 26
Richard II., englischer König 129
Robert von Molesme 80, 86, 89
Romanos IV. Diogenes, byzantinischer Kaiser 106
Romuald 85
Rostislav, mährischer Fürst 31
Rudolf von Rheinfelden, Gegenkönig 46
Ruotger 58

Saladin, Sultan 105, 110, 116
Siegfried, Erzbischof von Mainz 46
Sigismund, deutscher König 76, 129
Silvester I., Papst 36
Silvester II., Papst 40
Silvester III., Papst 42
Stephan II., Papst 35, 36
Stephan IV., Papst 38
Stephan Harding 86, 87
Stutz, Ulrich 54

Tauler, Johannes 142, 144
Tebaldeschi, Francesco 52
Tedald 45
Theoderich, ostgotischer König 18, 21, 22
Theodor, Erzbischof von Canterbury 25
Theodosius I., römischer Kaiser 12, 13
Theodosius II., römischer Kaiser 14
Theodulf, Gelehrter am Hof Karls d. G. 120
Theolinde, Königin der Langobarden 22
Theophanu, Kaiserin 34, 40
Theutberga, Kaiserin 39
Thietmar, Bischof von Merseburg 58
Thomas von Aquin 73, 92, 123, 126, 127, 129, 146

Ulrich, Bischof von Augsburg 41, 134
Urban II., Papst 60, 61, 89, 105–109, 140
Urban V., Papst 52
Urban VI., Papst 52, 74

Valdes, Petrus 98
Valla, Lorenzo 36
Vigilius I., Papst 69
Viktor II., Papst 42
Viktor IV., Papst 47

Wenzel, böhmischer König 129
Widukind 29
Wilfrid, Missionar 27
Wilhelm, Abt 85
Wilhelm von Aquitanien 83
Wilhelm von Ockham 128, 129
Wilhelm von Volpiano, Abt 85
Willibrord 27
Willigis, Erzbischof von Mainz 58
Winfrid, s. Bonifatius
Wulfila, Bischof der Goten 20, 21
Wyclif, John 77, 103, 128, 129

Abbildungsnachweis

Abb. 1: Zeichnung: schreiberVIS, Bickenbach.
Abb. 2: akg-images / Andrea Jemolo.
Abb. 3: Zeichnung: schreiberVIS, Bickenbach.
Abb. 4: C. Löser [CC BY 3.0 DE].
Abb. 5: Bayerische Staatsbibliothek München, Clm 4456, fol. 11r.
Abb. 6: Wikimedia Commons (gemeinfrei).
Abb. 7: Zeichnung: schreiberVIS, Bickenbach.
Abb. 8: Georg Dehio/Gustav von Bezold: Kirchliche Baukunst des Abendlandes, Stuttgart: Verlag der Cotta'schen Buchhandlung 1887–1901, Tafel 212.
Abb. 9: Zeichnung: schreiberVIS, Bickenbach.
Abb. 10: Nach: Georg Mross, Ins Leben gehoben (mit Fotos von Hermann Wehmayer), Hildesheim: Bernward Verlag 1985.
Abb. 11: Foto: Vassil [CC0 1.0].

Der Verlag hat sich bemüht, die Bild-Abdruckrechte zu klären. Sollte dies nicht in allen Fällen gelungen sein, bitten wir die Rechteinhaber, sich beim Verlag zu melden. Die Abdruckrechte werden dann nach branchenüblichen Konditionen vergütet.